KB031776

상업영화
중국을
말하다

아시아총서 19

상업영화 중국을 말하다

김명석 지음

산지니

이끄는 글

필자는 이른바 흥행작이자 문제작인 중국의 상업주의 영화에 관심을 갖고 국내외 여러 학술지에 논문을 발표한 바 있다. 『중국학논총』, 『중국학』, 『한중언어문화연구』, 『신라학연구』, 『국제언어문학』 등의 학술지에 2006년부터 2011년까지 발표한 글들인데 이번에 정선해서 편집하고 독자가 읽는 데 도움을 주는 그림을 대거 덧붙이는 등 수정에 수정을 거쳤다.

이 책에 망라된 영화의 장르는 무협, 역사, 전쟁, 멜로드라마, 범죄코미디 등 다양하다. 한편 감독으로는 장이머우(張藝謀)부터 펑샤오강(馮小剛), 쉬커(徐克), 청샤오둥(程小東), 닝하오(寧浩) 등이 망라되었다. 장이머우는 흥행은 물론 작품성까지 겸비한 명실상부한 중국 제6세대 영화 대표감독이다. 펑샤오강은 연말연시 흥행작의 보증수표라 불리는 중국의 대표적인 흥행감독이고 쉬커는 홍콩의 스필버그라 불리며 오랜 시간 홍콩영화의 전성기를 이끌었던 대표적인 흥행감독이고 청샤오둥 또한 홍콩의 유명한 무술감독이다. 그리고 30대의 신예 닝하오 감독도 있다. 이 영화들 중에는 할리우드 자본까지 투자된 블록버스터 영화가 있고 중국 당국의 지원으로 만들어진 주선율 영화가 있는가 하면 저예산임에도 불구하고 유례 없이 흥행에 크게 성공한 화제작도 있다. 이렇게 다양한 감독의 다양한 장르의 흥행영화를 골라 수록한 이 책의 내용을 정리해서 소개하자면 다음과 같다.

1장 '탈영토화된 영웅주의의 귀환'은 역사적 사실을 배경으로 무협 스펙타클을 보여주는 장이머우의 블록버스터 〈영웅英雄〉, 〈연인十面埋

伏〉, 〈황후花〉가 겹치고 어긋나는 지점을 찾아보았다. 특히 장이머우의 영화 중 직접 집필한 유일한 각본이라고 하는 〈영웅〉과 〈연인〉은 장이머우의 작가정신을 탐구하는 데 유용할 듯해서 대상으로 삼았다. 고전 역사극에 가까운 세 영화가 중국의 현실과 어디서 겹치는지를 다양한 대립구도로 고찰해보았다.

남성 위주인 영화 〈영웅〉과 〈황후花〉에서 성별 역할분담이 유지되어 있다면 〈연인〉에서는 성별 역할분담이 해체되어 있다. 특이하게도 장이머우의 이전 작품에서 사회적인 스트레스, 히스테리, 복수, 가학성 등이 여성인물에게 집중되었다면 무협대작 〈영웅〉, 〈연인〉, 〈황후花〉에서는 남성에게 전이되어 있는 것이다. 그런 점에서 〈영웅〉은 성인식의 측면에서 장이머우의 영화세계가 전환되는 기로에 서 있다. 이렇게 관객이 장이머우 무협대작을 보는 체험은 중화민족으로서 개인의 위상을 각인시키고 큰 영웅을 절대적 당위로 받아들임으로써 거듭나는 과정이 되는 것이다. 〈영웅〉이나 〈황후花〉에 비해 〈연인〉은 관객들의 혹평을 받았다. 그러나 장이머우의 근작 가운데 〈연인〉은 '십면매복(十面埋伏: 사방팔방에 적이 매복해 있다)'이라는 원제처럼 곳곳에 알레고리가 숨어 있어서 다층적인 해석이 가능한 흥미로운 작품이다. 〈영웅〉과 〈황후花〉를 굳이 〈연인〉과 함께 비교 분석한 이유는 여기서 찾을 수 있다.

2장 '가족의 해체에서 중화의 통합으로'는 셰익스피어의 「햄릿」을 중국 배경으로 하여 번안한 펑샤오강의 영화 〈야연夜宴〉과 소설 「소송官司」이 원작인 전쟁영화 〈집결호集結號〉가 분석대상이다. 흥미롭게도 〈집결호〉는 한국영화 〈태극기 휘날리며〉의 MK픽쳐스가 특수제작 파트를 맡아 실감나는 전쟁신을 보여준다. 이렇게 탄생된 〈집결호〉에서 현실 중국을 비추어 보기는 힘들지만 블록버스터 전쟁영화 장르에 환호하는 관객들의 욕망을 뒤쫓아가 보면 중국사회의 집단적 욕망과 무의식이 남김없이 드러난다.

평샤오강은 〈야연〉에서 '신비화된 볼거리로서의 동양'이라는 오리엔탈리즘을 전략으로 삼고 이를 극한까지 밀어붙이는 방법을 통해 원작 「햄릿」을 극복하고자 했다. 〈야연〉의 인물들은 가상의 역사를 그리려는 듯 탈역사적인 몸짓을 취하고 있지만 최근 중국에서 유행하는 (무협)사극이라는 거대한 그림자를 벗어나지 못한다. 반면 〈집결호〉에는 '하나된 중국'이라는 체제 이데올로기의 욕망을 비추어볼 수 있다. 이 영화는 국민당이라는 타자를 배제하고 공산군 내의 전우애라는 휴머니즘으로 '하나된 중국'이라는 상상력을 자극한다. 홍콩은 물론 타이완도 결국에는 하나의 중국으로 귀속된다고 보는 걸까? 이것을 '일국가 이체제(一國兩制)'라는 흡수 통일의 상상에 근거한 식민화 욕망으로 보아도 좋을 듯하다. 그러나 이 때문에 분단의 현실을 해체하고 탈분단이라는 가능성을 보여주지는 못한다. 체제 이데올로기와 민족주의를 끌어들인 〈집결호〉는 갈등 구조가 모호하다. 그래서 영화가 기대서 있는 이데올로기도 모호해진다. 같은 작가가 비슷한 시기에 제작한 〈야연〉과 〈집결호〉가 너무도 상이한 스타일을 보이는 것은 결국 체제 이데올로기와 민족주의를 기반으로 하기 때문이다. 체제 이데올로기와 민족주의에 균열된 현실 앞에서 논리적 판단은 거부된다. 〈야연〉은 결국 대중화(大中華)의 비극을 불러올 뿐이다.

민족주의는 가족주의에서 출발한다. 민족이란 소가족이 모인 확대가족이기 때문이다. 〈야연〉에서 가족이 해체된다면 〈집결호〉에서 가족은 거의 재현되지 않는다. 〈집결호〉의 전우들은 마치 고아 같은 존재로 등장한다. 고아 같은 전우들의 주검을 찾아 헤매는 구쯔디(谷子地)는 전우애를 민족주의로 승화시킨다. 이런 민족주의는 결국 '나라 세우기'라는 역할을 하게 될 것이다. 여기서 우리는 서사로서의 국가 만들기라는 국가 서사장치를 떠올리게 된다. 이를 통해서 작인으로서 중화 민족주의는 국민국가로 수렴되는 것이다.

한편 3장 '강호(江湖)로서 홍콩 지우고 넘어서기'는 진융(金庸)의 무협소설 「사조영웅전射雕英雄傳」과 여기서 모티프를 얻어 만든 웡카와이(王家衛)의 영화 〈동사서독東邪西毒〉의 상호텍스트성을 탐구하였다. 진융의 초기 소설은 화(華)와 이(夷)의 이원대립적 관점으로 볼 수 있다. 여기서 소수민족 국가 간의 다툼과 중화주의의 부활을 꿈꾸는 후기소설로 넘어가는 전환기에 자리하는 것이 「사조영웅전」이다. 3장은 「사조영웅전」이 〈동사서독〉이라는 영화로 재탄생된 계기와 사회적 알레고리를 비교하는 내용이다. 소설 「사조영웅전」은 허구와 환상의 세계로 이끄는 강력한 흡인력을 가지고 있다. 그것은 이 소설이 무협이라는 장르 자체에 충실하기에 그렇다. 영화 〈동사서독〉도 마찬가지다. 그러나 〈동사서독〉은 작가주의적으로 개작된 점이 가장 큰 차이다. 어우양펑(歐陽鋒)의 자술(自述)에 황야오스(黃藥師)의 서술을 삽입하는 일기체 형식으로 전개되는 〈동사서독〉은 감독의 강력한 주관적 시각으로 「사조영웅전」의 구도를 재배치하여 포스트모던한 상상의 세계에 던져진 협객들의 실연의 고통을 다루고 있다. 3장에서는 이들이 추구하는 근대적 주체의 모습이 영화 〈동사서독〉에서 어떻게 개작되었는지를 근대 '지우기'와 '넘어서기'의 차원에서 고찰하게 될 것이다.

4장 '진융 「소오강호」의 영화적 변주'는 소설 「소오강호笑傲江湖」를 번안해 쉬커, 청샤오둥 감독 등이 제작한 무협영화 〈소오강호〉와 이 영화의 속편 〈동방불패東方不敗〉가 겹치고 어긋나는 지점을 탐색했다. 영화 〈소오강호〉는 원작소설에서 무공비급 「규화보전葵花寶典」을 둘러싼 욕망을 중심으로 소설 내용을 개작하였다. 이 영화가 소설 원작에 기반을 두고 있다면 영화 〈동방불패〉는 소설 텍스트에서 동방불패의 성별 역전과 사랑, 권력욕을 중심으로 재해석하고 있다. 쉬커의 말에서처럼 1980~90년대 대거 등장한 진융 소설의 영상물에서 강호는 극중국의 은유에 다름아니다. 이것은 진융소설 원작과 다른 점이다. 쉬커는 1997년 홍콩의 중국 반환을 앞둔 시점에서 영화 〈소오강호〉를 통해 화와 이의 대립 양상을 중원을 무대로 펼쳐지는 성별과 욕망의 대립구도로 그려냈다. 이는 '화(중국):이(영국)'라는 이원대립의 질서가 무너지고 중심과 주변이 교차되는 가운데에서의 생존논리로서, 중국으로의 반환을 앞둔 홍콩사회의 생존경쟁과 권력 다툼이 영상화되었다고 볼 수 있다. 특히 영화 〈동방불패〉는 1990년을 전후한 홍콩사회의 불안한 분위기를 잘 투영하고 있다. 이렇게 쉬커가 극화한 영화에서 강호는 인생과 세계의 축도이다. 이런 알레고리 형식은 문화사막이라는 홍콩을 살아가는 현대 홍콩인들의 운명에 대한 자각과 정체성의 갈망을 곡절 있게 반추하게 한다.

다음으로 5장 '디아스포의 여정 찾기'는 펑샤오강의 로맨틱 코미디 영화 〈올 때까지 기다려 줘不見不散〉를 '디아스포라'라는 모티프를 중심으로 국가와 민족에 대한 의미를 고찰한 것이다. 디아스포라 영화를 이데올로기적으로 해석한다면 중국사회의 현실이 드러나게 된다. 〈올 때까지 기다려 줘〉에서 부유하고 유동하는 정체성은 마치 부모와 자식 간의 관계처럼 떼려야 뗄 수 없는 개인과 민족, 국가 간의 정체성 카테고리 안에 있다. 이 영화가 연말연시 영화로 흥행에 성공하고 속편까지 여러 편 제작된 데서 우리는 관객의 대중심리까지 읽어낼 수 있다. 이렇게 〈올 때까지 기다려 줘〉의 디아스포라적 정체성의 좌표를 되짚어보는 것은 로맨틱 코미디로 틀 지어진 펑샤오강 영화를 새로 보는 계기가 될 것이다.

끝으로 6장 '출구 없는 도시의 범죄코미디'는 닝하오의 범죄코미디 영화 〈크레이지 스톤〉에 관한 내용이다. 〈크레이지 스톤〉은 비취의 향방을 좇는 인간의 욕망과 여기서 무너지는 선악의 구분을 통해 중국 범죄코미디 영화가 어떻게 변모했는지를 보여주는 영화이다. 〈크레이지 스톤〉에서는 홍콩무협이나 누아르에서처럼 깡패를 영웅 대협의 존재로 올려세우기보다 반제도의 표상인 그들을 제도와의 접점으로 끌어내리고자 했다. 인생역전을 꿈꾸는 것은 깡패나 일반인이나 마찬가지라는 식의 결론을 통해 모든 반사회계층마저 두루 제도화시킨 것이다. 중국에서는 이 영화를 통해서 제도 안과 제도 밖을 경계로 한 분리의 벽이 무너진 셈이다. 1990년대 초까지 인기를 끌었던 홍콩누아르의 전성기를 한참 지나 대륙에서 평지돌출한 이 영화가 드러내는 특이성 또한 바로 여기서 찾을 수 있다.

이 책의 분석 대상인 된 영화 가운데 할리우드 영화를 연상케 하는 블록버스터가 눈에 띈다. 바로 〈영웅〉, 〈황후花〉, 〈야연〉, 〈집결호〉다. 이 영화들은 천하통일을 위해 목숨을 바치는 우국충정의 내용으로 천편일률적이다. 과거 〈동방불패〉나 〈소오강호〉 등에서 주인공들이 대의를 중시하며 권력을 멀리하고 인륜, 도덕과 질서를 우선하던 것과는 확연한 차이를 보인다. 무협영화에서 블록버스터로 영화 제작의 흐름이 바뀌면서 국가를 부정하던 도교적 인물들이 국가 권력을 옹호하는 파시스트 캐릭터로 자리바꿈한 것인가?

아무튼 중국형 블록버스터란 위대한 중국을 내세운 문화상품으로 '중국 천하'를 내세우거나, '중국 제국'을 찬양하는 콘텐츠로 소프트파워를 드러내는 모양새다. 뿐만 아니라 주선율 영화마저 과거의 천편일률적인 대립구도에서 벗어나 애정영화, 첩보영화, 전쟁영화 등 다양한 장르로 변신하며 관객의 마음을 파고든다. 중국에서 이런 무협대작 또는 흥행을 목표로 한 주선율 영화의 폭발적 성장에는 할리우드 거대자본의 중국시장 잠식에 대한 문화적 대응전략이 도화선이 되었다. 할리우드 영화의 파고를 헤치고 중국을 강대국으로 만들어줄 카리스마 넘치는 지도자의 출현에 대한 대중의 갈망을 문화전략이 겨냥하고 있는 것이다. 그러한 큰 영웅의 지도에 기꺼이 복종할 준비가 되어 있는 관객 대중은 중국형 블록버스터를 보며 대중화의 치세를 꿈꾸는 것이다.

최근 중국이 상하이국제영화제에 부산국제영화제 예산보다 10배 넘게 투자하며 아시아 대표영화제로 키우려 한다는 얘기가 들려온다. 이런 움직임 또한 중국형 블록버스터의 연이은 제작 열풍과 무관하지 않다. 중국의 흥행영화와 관련한 당국의 정책을 그들은 문화공정(文化工程)이라 부른다. 따라서 우리는 중국영화를 외국영화로 볼 것이 아니라 중국 당국의 문화정책과 연관지어 읽어낼 필요가 있다. 이 책에서 다룬 영화 중 상당수는 중국의 문화정책이 상업주의와 만나 탄생한 사회적 산물로 읽는 것이 더 적절할 것이다. 여기서 염두에 두어야 할 것은 과잉 집단의식으로 변할 수 있는 민족주의의 왕성한 번식력이 자본의 욕망과 만나면서 관객을 상업영화의 장르주의에 매몰시키는 위험성이다. 이 책의 제목을 '상업영화, 중국을 말하다'라 붙인 것은 바로 이 때문이다. 필자는 중화주의와 상업주의의 자장을 넘어서려는 감독들의 고민이 담겨 있는 제6세대 작가주의 영화에 대한 저술도 준비 중이다.

작가주의 영화 저작이 나오기 전에 집필된 이 책에서 영화에 대한 분석이나 표기, 내용에서 오류가 있다면 전적으로 필자의 책임일 수밖에 없다. 책 속의 도표나 그림은 관련 서적에 있는 것이 아니라 필자가 직접 영화의 장면을 캡쳐하거나 인터넷 등에서 널리 구하여 실은 것임을 밝힌다. 끝으로 이 책을 사랑하는 이에게 바치고 도판의 편집 및 원고작업에 수고하신 산지니 편집부에 감사드리며 이끄는 글을 마치기로 한다.

2015년 9월 25일

경주에서 저자 씀

차례

1장

탈영토화된 영웅주의의 귀환

〈영웅〉, 〈연인〉, 〈황후花〉

1. 현실사회에서 무협스펙타클로

장이머우는 중국의 문혁(文革)세대며 제5세대 감독이다. '문화대혁명(文化大革命)' 시기에 자라나 성인이 되었기 때문에 청년 시기를 중국의 대혼란기에 보낸 셈이다. 문혁세대의 감수성이 두드러진 그는 1993년 영화 〈귀주 이야기〉를 기점으로 계몽주의적으로 중국의 현실을 반영하기 시작한다. 이후 〈책상서랍 속의 동화〉(1998)에서는 마치 다큐멘터리를 찍는 것처럼 중국사회의 리얼리티를 포착해냈다.

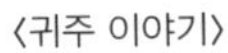
〈귀주 이야기〉

〈책상서랍 속의 동화〉

그리고 〈영웅〉(2002)에서는 쉬커식 무협스펙타클 형식을 통해 노골적으로 전체주의를 옹호하는 파시즘을 드러낸다. 이후 장이머우는 〈연인〉(2004), 〈황후花〉(2006)를 거치면서 중국형 블록버스터로 관객을 이끄는 영화전략으로 전환하였음을 보여주었다. 여기서는 장이머우가 2000년대에 들어와 제작한 블록버스터 세 편을 분석대상으로 삼기로 한다.[1)] 특히 〈영웅〉과 〈연인〉은 장이머우의 영화 중 직접 집필한 유일한 각본으로 장이머우의 작가정신을 분석하는 데 유용할 것으로 보인다. 이렇게 본고에서는 영화의 내용과 중국의 현실 간의 접점을 찾으며 남과 여, 화와 이라는 구도로 무협사극을 분석하고자 한다.

과거는 현재에 영향을 미치고 역사 속의 인물들은 현재 우리의 거울이다. 그래서 영화 속 협객들의 성격과 갈등은 현재와 관련되어 있다. 폭력이 스펙타클로 표출되는 무협대작이 중국에서 흥행에 성공할 수 있었던 것은 무엇 때문일까? 그것은 중국사회의 약자들이 스펙타클에 공감하기 때문이다. 중국사회의 위선과 모순은 사회적인 약자를 희생물로 만든다. 그래서 약자들이 무협물에 공감한다면 대단히 아이러니하다. 중국사회 내에서 증폭하는 내부의 갈등은 그 정체를 드러내지 않는다. 갈등의 희생양이 된 약자들은 분노를 분출할 출구를 찾게 된다. 무협은 희생물의 문화적 장치로 기능하며 대중이 무협에 열광할 때 무협은 권력의 욕망을 은폐시켜준다. 그 권력은 정치 사회적 또는 자본을 향해 질주하는 욕망이다. 장이머우는 인터뷰에서 〈영웅〉 속 '무(武)'와 '협(俠)'을 다음과 같이 이야기한다.

---

1) 이 책에서 영화의 촬영기법은 영화 전공자의 몫으로 남기고 영화 속의 내러티브를 중심으로, 그것이 담지하고 있는 문화적 사회적 의미를 추적하는 데 주안점을 두기로 한다. 지면상 영화의 줄거리 소개는 가급적 생략하되 논의를 진행하면서 필요한 내용을 한 부분씩 언급하기로 하고, 영화제목은 한국에 개봉된 제목을 그대로 쓰기로 한다. 〈황후花〉는 무협물은 아니나 은혜-원한 관계와 자객과의 결투 등 적지 않은 무협적 요소를 담고 있는 작품으로 논의대상에 포함시키기로 한다.

기존의 무협영화는 탁자가 부서지고 집도 무너지고 피도 튀기는 상투적인 장면이 많은데, 〈영웅〉은 최고수의 최고 경지를 예술적으로 표현한 영화이다. '협'의 최고 경지, 그것이 〈영웅〉에서 보여지는 '무'이다. 협의 정신에 대해서도 다른 입장이다. 기존의 영화가 복수를 중심으로 '협'이 정의되는 반면, 이 영화는 믿음을 바탕으로 천하와 평화를 위해 싸우는 사람들에 관한 이야기이다. 중국인들마다 각기 다른 해석을 하겠지만, 내게 있어서 '협'은 천하와 평화, 두 가지로 요약된다. 이 영화의 영웅들은 사사로운 목적이 아닌 자기 개인과 대의를 위해 희생하는 사람들이다. 이것은 또한 중국의 전통과 문화를 표현하는 다른 방법이라 생각한다.[2)]

여기서 장이머우는 〈영웅〉에서 '무협'의 함의를 설명하면서 '협'의 최고의 경지가 '무'라고 한다. 그만큼 영화 속 '무', 즉 무술이 예술적으로 표현되었다는 것이다. 이어서 '협'이 천하와 평화로 요약된다는 것은 무슨 뜻일까? 협은 무의 정신이다. 영화 속 협이 천하 즉 중국을 통일해서 평화를 이루는 것이라면 그것은 대중화의 치세를 의미한다. 그래서 우리는 그가 만드는 무협물의 주제가 대중화의 치세에 대한 꿈임을 알 수 있다.

장이머우 감독

2) http://movie.naver.com/movie/mpp/mp_preview.nhn?mid=1136&mcode=34431&low=0 참고.

본고의 분석대상이 되는 세 작품 가운데 〈영웅〉은 가공으로 만들어진 큰 영웅[잉정(嬴政)]과 작은 영웅[우밍(無名)]의 이야기이다.[3] 영웅이 가공으로 만들어졌다면 그것을 객관적인 사실(史實)과 일치시킬 수는 없을 것이다. 〈영웅〉은 진시황을 진정한 영웅으로 귀결시키면서 폭군을 미화했다고 중국관객들로부터 혹평을 받았다. 영화연구자 천모(陳墨)는 이 영화가 사실과 불일치하고 천하의 협사 영웅들이 평등과 정의의 이상을 전부 전제주의 권력자에게 기탁하는 폭군의 논리요, 파시스트의 논리라고 한 바 있다. 그러나 한편 그는 다음과 같이 〈영웅〉의 의의를 인정하기도 한다.

> 통상적 무협영화와 비교해서 〈영웅〉의 관중과 영화 간의 상호 작용관계는 더 주목할 만하다. 영화가 상호작용하는 유희로서 새로운 요소 또는 미래지향을 포함하는 것이다.[4]

천모가 말하는 '새로운 요소', '미래지향'은 무엇일까? 바로 '영웅'의 포커스를 과거 진시황에 맞추는 것이 아니라 미래에 맞추는 것이 아닐까? 미래지향이란 앞으로 세계시장에 내놓을 블록버스터 영화의 시작

---

3) 세 영화 모두 시대적 배경이 있지만 〈영웅〉은 가장 구체적인 사실(史實)을 바탕으로 하고 있다. 비교하자면 연(燕)나라를 위협하는 진(秦)나라를 두려워한 연나라의 태자는 톈광(田光)이라는 이에게 진나라 왕을 칠 것을 부탁하게 되고, 그는 이를 자신과 친한 징커(荊軻)라는 인물에게 부탁하게 된다. 징커는 티앤광과의 의리와 우정으로 이를 수락하였고, 진나라 왕 잉정으로부터 도망 온 판위치(樊於期) 장군의 머리와 연나라의 기름진 땅 두캉(督亢)의 지도를 진나라 왕에게 바쳐 그를 가까이서 알현하게 된다. 이때 숨겨놓은 비수로 암살을 시도했으나 실패하여 죽음을 맞이하게 되었다. 이밖에 징커의 친구 가오졘리가 왕실에 불려가서 축(筑)을 탔다는 기록도 영화의 장면 속에 변형되어 펼쳐지고 있다. 쓰마쳰(司馬遷), 김원중 역, 「자객열전刺客列傳」, 『사기』(민음사, 2007) 참고.

4) 陳墨, 『張藝謀的電影世界』(風雲時代, 2006), 255쪽.

또는 중화권을 이끌 새로운 지도자를 바라보는 것으로 보인다. 그렇다고 중국인인 그가 새로운 요소를 민족주의로서 중화주의(中華主義)라고 하지는 않는다. 그것은 현실적으로는 중국정부가 체제를 유지하기 위한 이데올로기에 가까울 것이다. 예전에는 중국영화라면 무협영화를 떠올리는 사람이 많았을 정도로 '무협'이란 중국의 역사와 문화를 대표하는 이미지였다. 당연히 중국인들도 '무협'이란 것이 중국문화에 있어 자명한 어떤 것이라고 인식한다. 물론 〈영웅〉에 특별히 현재의 체제이데올로기가 담지되어 있다고 할 수는 없다. 그보다 '원래부터 중국에 있었던[고이유지(古已有之)]' 무협서사의 장이머우 버전 영화라고 생각하는 것이 나을 것이다.

주지하듯이 무협서사의 주제는 무림의 천하통일[일통강호(一統江湖)]이다. 오늘날 우리가 이런 대동소이한 주제를 가진 무협서사를 읽을 때 대중화의 통합을 떠올리는 것도 무리는 아니다. 그것은 현재 중국 블록버스터 영화제작을 지원하는 당국의 궁극적인 이상으로도 볼 수 있다. 이런 장이머우의 전략은 대중화라는 알레고리는 감추어 두고 겉으로 관객의 눈과 귀를 사로잡는 스펙타클에 중점을 두는 것이다.

평소 그는 영화를 만들 때 작가정신보다 통속적인 무협 장르주의를 중시한다고 해왔다. 또한 〈영웅〉은 정통무협을 상업화한 것으로, 관객의 흥미를 끄는 장르영화가 자신의 목표라고 한 적이 있다. 그는 다음과 같이 말한다.

> 솔직히 말해서, 이 영화는 배우영화라기보다는 감독영화라고 할 수 있다.[5)]

---

5) 위의 책, 260쪽.

무협 장르주의를 중시한다는 말과 장르영화가 자신의 목표라는 말은 상충된다. 이것은 무슨 의미일까? 장이머우가 상업영화를 표방하고도 감독의 영화라고 한 것은 상업영화에 작가주의를 심으려고 노력했다는 의미가 아닐까? 감독의 말에서 우리는 〈영웅〉이 얼마나 작가주의적으로 만들어졌는지 생각하게 되지만, 장이머우는 언제나 장르주의를 내세웠음을 잊어서는 안 된다. 그는 영화에서 철학[-주의(-主義)]을 홀시하고 통속성을 추구한다고 했기 때문이다.[6] 그의 영화에서 배우는 연기를 하는 예술가가 아니다. 배우는 통속성을 구현하고자 하는 감독의 뜻을 나타내는 수단일 뿐, 인격이나 개성으로 홀로 서기가 힘들다. 그래서인지 장이머우의 영화세계에서 드러난 중국의 현실은 계몽주의에 함몰된 담론이라는 평가를 받곤 했다. 또 한편 역사적 사실과는 다른 내용을 스펙타클로 포장한 장이머우의 영화는 서구인들에게 중국적인 것, 나아가 아시아적인 것에 대한 환상을 심어주고 있다. 진시황이 주인공인 〈영웅〉이나 역대 중국의 가장 화려한 시기를 다루고 있는 〈황후花〉에는 서구인들이 매료될 중화주의가 화려한 영상으로 재현된다. 때로는 파시즘을 연상케 하는 영화 속 중화주의는 할리우드 영화에 담긴 미국 중심주의를 떠올리게 한다.

〈영웅〉이나 〈황후花〉에 비해 〈연인〉에 대한 관객의 평가는 더욱 혹독하다. 평자들의 비판은 〈연인〉의 허술한 플롯에 집중된다.[7] 그런데 플롯의 허술함은 대중문화 서사의 일반적인 특징이기도 하다. 무협물의 허술한 플롯이야말로 대중에게 비현실적인 환타지 세계를 열어주는 관문으로 기능한다. 장이머우의 작품 가운데 보기 드물게 여협

6) 위의 책, 10쪽과 252쪽, 본고의 각주8을 참고할 것.

7) http://www.movist.com/comm/m_list.asp?mid=8832. 참고. 이 영화는 전체적으로 대사가 적고 액션이 넘치는 등 이미지의 과잉을 보여준다. 〈연인〉의 서사적 허점을 짚어낸 이런 지적은 타당한 면이 있다.

〈영웅〉

〈연인〉

〈황후花〉

이 주인공으로 나온 이 영화의 원제는 '십면매복'이다. '십면매복'은 초(楚)와 한(漢)의 가이샤(垓下) 결전을 묘사한 비파 곡명이다. 또 한편 직역해서 위기요소가 '사방팔방에 숨어 있다'는 뜻으로 해석할 수도 있다. 이처럼 이 영화에는 허술해 보이는 플롯 곳곳에 알레고리가 담겨 있다. 다양한 알레고리는 관객에게 기호학적 해석이 가능한 세계를 펼쳐 보인다. 천모가 〈영웅〉보다 이 영화가 풍부하고 다채로우며 더욱 세밀하고 찬란하다고 한 것은 이를 가리킨 것이다.[8]

2. 화(華)와 이(夷), 탈주와 귀환

중국역사는 각 나라의 정착, 곧 정주에 기초를 둔 문명의 흥망을 중심으로 기술되어 있다. 고대 중국인들은 정주민으로서 자신을 문화를 갖춘 '중심'으로, 떠돌이 이민족을 문화를 갖지 못한 '주변'으로 구

8) 『張藝謀的電影世界』, 403쪽. 장이머우는 통속적 무협장르주의를 추구한다고 했지만 '내함(內涵: 알레고리)'을 중시한다고 한 적도 있다.

분지었다.[9] 흔히 중국역사는 '화이론(華夷論)'이라는 역학구도로 설명된다. '화이론'이란 중국이 중심이 되고 오랑캐가 주변이 되는 구도이다. 화(중국)는 중심이고 이(오랑캐)는 주변이다. 중국사의 역학구도를 화와 이, 즉 중심과 주변의 대치로 본다면 우리는 유목론(nomadologie)적 사유를 통해 이 구도를 다시금 해석할 수 있는 근거를 갖게 된다. 들뢰즈와 가타리의 구분에 따르면 화는 정주민에, 이는 유목민에 비교될 수 있을 것이다. 정주적인 것이 중심이라면 유목적인 것은 주변이다. 이런 화와 이의 대결은 중국역사에서 중원을 중심으로 한 분열과 통합으로 나타났고 역사 기록은 정주민 중심의 역사, 즉 국가장치의 역사로 기술되게 된다. 그리고 상상이 기반이 된 무협사극의 과장된 세계가 여기서 탄생하게 되었다.

그런데 정주민 중심으로 역사가 기록되는 것은 현대에도 마찬가지다. 정주문명을 밖에서 위협하고 정복하는 이(유목민)는 화라는 중심의 틈바구니에서 끝없는 탈주의 선을 찾는다. 이런 이는 화 중심의 역사에서 '소수자(minorities)'로 불릴 수 있다. 물론 수가 적어서 소수자라 불리는 것은 아니다. 권력이 강요하는 다수자의 모델을 버리고 욕망의 탈주선을 좇는 소수라는 의미이다.[10]

---

9) 왕샤오밍, 「현대중국의 민족주의」, 『황해문화』 40호(2003년 가을), 307쪽.

10) 그런데 이들은 왜 이주민이 아니라 유목민이라 부르는 걸까? 외양상으로는 탈경계의 이동이나 탈주를 하는 듯 보이는 영화의 인물들은 이진경의 말에 따르면 "떠돌아다니지만 끊임없이 어딘가 멈출 곳을 찾는" 실질적 고착자들이다. 이들의 삶을 유목민적이라고 하는 것은 그런 경향성이 강하다는 것이다. 유목론을 내세운 들뢰즈와 가타리는 현실적으로는 유목민, 이주민, 정주민이 존재한다고 본다. 이들 각각에 모두 유목민적인 것의 경향성이 다양한 정도로 분포한다는 말에서도 이를 알 수 있다. 유목론에 관해서는 「우리시대 지식논쟁」, 『한겨레신문』(2007년 12월 29일)을 참고하였다. 한국에서 '유목론'은 들뢰즈와 가타리가 저술한 『천개의 고원』에 나타난 유목주의를 이진경이 2002년 도입하면서 공론화되었다. 이 '유목론'에 대해서는 김재인, 천규석 등의 비판이 최근 제기된 바 있다. 들뢰즈와 가타리는 정주민이 편집증적인 세습 전제군주를 정점으로 받드는 국가를 형성하는 데 비해, 유목민은 전쟁기계(war

이런 유목론에 따르면 〈연인〉에서 샤오메이(小妹)는 정주민의 안녕을 위한 제물, 즉 희생양이 된다. 정주민은 들판의 짐승(샤오메이)을 그 자리에 묶어두고 고문하듯 조금씩 길들이려고 한다. 짐승을 길들여야 가축으로 키울 수 있지 않은가. 그러나 유목민은 좀처럼 짐승을 길들이지 않는다. 그들 스스로도 토지에 길들여지지 않기 때문이다. 그래서 유목민은 강호를 떠돈다. 영화 속에서 강호를 이렇게 떠도는 무리는 비도문(飛刀門)이다. 영화 속에서 샤오메이와 비도문의 관계는 전쟁이라기보다는 샤오메이를 찾는 사냥게임처럼 보인다.

여기서 우리는 사냥꾼처럼 정주민이 샤오메이를 잡기 위해 대나무밭에 함정을 설치하고 대나무로 짠 압송우리로 김(金)포리대장과 샤오메이를 데려가는 장면에 주목할 필요가 있다. 그것은 온통 녹색으로 나타난다.[11] 또 김포리대장과 류(劉)포리대장이 샤오메이를 찾아간 비도문의 근거지가 푸른 수풀 속인 것도 마찬가지다. 일반적으로 녹색은 평화, 안녕을 상징한다. 그러나 비도문 사매들이 모두 녹색 두루마기를 입고서 '녹색낭자군'이 되는 데서 우리는 이들이 평화의 사자가 아니라 전쟁기계임을 느끼게 된다. 그들은 녹색 두루마기를 입고 혈전을 벌인다. 따라서 〈연인〉에서 녹색은 정주민이 파놓은 함정과 유혹에 빠지고 충돌하는 유목민을 상징하는 것으로 보아야 할 것이다.

---

machine)를 형성하고 보다 우연적으로 수장을 선출하는 것이 차이다. 유목적인 것은 주어진 조건에서의 창조활동을 함축하며, 탈주선을 만드는 그 창조적 동력이 전쟁기계다. 그러나 전쟁기계는 전쟁을 목표로 하지 않으며, 일정한 조건에서의 창조 일반, 즉 예술, 과학, 철학의 창조를 이끌기도 한다. 김재인, 「사회를 떠도는 노마디즘, 개념 불명확해」, 『고대신문』1563호(2007년 5월 20일)와 홍윤기, 「실체없는 유목주의, 이미지만 떠돈다」, 『한겨레신문』(2007년 12월 29일) 참고.

11) 여기서 이들이 일전을 벌이는 대숲은 '무림(武林)'을 상징한다고 볼 수 있다.

탈주자를 자처하는 남녀는 개인의 자유를 추구하는 노정을 걷는다. 그러다 똑같이 어려운 위험에 직면한다. 김포리대장의 이름은 수이펑(隨風)이다. '바람부는 대로'라는 뜻이다. 그 이름처럼 바람처럼 살다 가려면 자기가 소속한 집단에서 벗어나는 수밖에 없다. 그래서 이들은 시공을 넘는 탈영토의 길을 걷는다. 그것은 국가장치라는 규격화된 코드를 벗어난 길이다. 자유를 갈구하며 걷는 탈영토의 길은 이들의 욕망이 유목민적인 것임을 알 수 있게 한다. 그것은 당시대 욕구의 윤리학적 가치에 머물지 않고 탈주하려는 유목적 사유이다.

여기서 우리가 주목할 것은 영화에 드러나는 중국인들의 집단무의식 세계이다. 그것은 길들여진 것에서 벗어나려는 중국인의 유목적 전통이며 탈현실의 기획이다. 영화 속 인물들은 푸른 숲 속에서 말을 타고 달린다. 그렇게 끝없는 탈주 행각을 벌이는 것은 중국인들 집단무의식의 표출이라 할 수 있다. 이 집단무의식은 바로 현실에서 벗어나고자 하는 욕망이다. 그렇다면 탈주하던 샤오메이가 죽음을 맞는 것은 어떻게 해석할 수 있을까? 영화의 주제가[12)]를 살펴보자.

There was a field in my old town

내 고향에는 들판이 있었지

Where we always played hand in hand

우린 거기서 항상 손을 잡고 놀았지

The wind was gently touching the grass

바람은 부드럽게 풀밭을 건드리고

We were so young so fearless

우린 어렸고 두려울게 없었지

Then I dreamt over and over

그리고 난 계속해서 꿈을 꾸었지

Of you holding me tight under the stars

별빛 아래 그대가 날 꼭 끌어안고 있는

I made a promise to my dear Lord

난 하느님께 약속을 했어

I will love you forever

그대를 영원히 사랑하겠다고

Time has passed. So much has changed

시간이 흘러 많은게 변했지

But the field remains in my heart

그러나 그 들판만은 내 가슴에 남아 있어

Oh, Where are you? I need to tell you I still love you

그대는 지금 어디 있지? 난 아직도 그댈 사랑한다고 말해야겠어

---

12) 이 노래는 우메바야시 시게루(梅林茂)가 작사, 작곡하고 캐슬린 배틀(Kathleen Battle)이 불렀다.

So I reach out for you

그래서 난 그대에게 손을 내밀고 있어

You fly around me like a buttertly

그대는 내 주위를 나비처럼 맴돌고 있어

Your voice still echoes in my heart

그대 음성은 여전히 내 귓가를 맴돌지

You are my true love

그댄 진정한 내 사랑이야

There was a field in my old town

내 고향에는 들판이 있었지

Wherein spring all flowers blossomed wide

봄이면 꽃들이 만발하는

We were chasing butterflies

우린 나비를 쫓아다녔어

Hand in hand til close of day

날이 저물 때까지 손을 잡고

Your voice still echoes in my heart

그대 음성은 여전히 내 귓가를 맴돌지

영화의 주제는 사랑하는 이와 들판을 내달리던 추억을 노래하고 있다. 샤오메이의 죽음은 개인이 자유를 얻기 위해 몸부림치다 맞게 된 비극이다.

그런데 김포리대장과 류포리대장이 샤오메이를 좇아 비도문 근거지로 들어가는 것은 점점이 끊어지지 않는다. 이들의 탈주는 멈출 줄 모르기 때문이다. 그래서 '점'이 아니라 계속해서 탈주하는 '선'으로 보인다. 또 한편 이들의 샤오메이에 대한 사랑은 맹목적이다. 유목론

(nomadism)에서는 이를 유목을 가장한 정주민의 스키조(schizophrenia: 정신분열증)라 했던가? 아무튼 정주민으로서의 정체성을 지닌 채 유목민의 삶 가운데로 들어가려는 정신적 강박은 연인에 대한 사랑으로 허물어진다. 수이펑의 경우 금욕적인 선비의 모습도 함께 가지고 있다. 선비가 유목민처럼 연인을 좇아 말 달리는 모습이 교차되어 나타난다. 이렇게 수이펑은 정주민의 금욕적 기질과 낭인기질 사이를 오간다. 연인을 마음대로 사랑할 수 없는 신분이지만 사랑을 좇아가는 모습, 그것은 이름처럼 '바람부는 대로' '자연이 원하는 대로' 하는 삶이다. 자크 아탈리(Jacque Attali, 1943~)의 말을 빌리자면 그의 정체성은 유목을 존재의 본질로 하는 '유목하는 인간(Homme Nomade)'인 셈이다. 호모노마드로서 수이펑의 독립된 인격은 자유로운 의지에 기인하는 것이다. 이런 수이펑의 애정에도 불구하고 샤오메이는 수이펑이 보여주는 인격적 독립과 의지적 자유가 얼마나 소중한 것인지 깨닫지 못한다. 흥미로운 것은 수이펑이라는 이름처럼 이들의 탈주와 방황은 '바람'이 모티브가 된다는 사실이다.

수이펑 : 그렇게 진지하게 나올 것 없소. 난 바람처럼 자유로운 영혼이오. 앞만 보고 갈 뿐 한곳에 머물지 않소.

샤오메이 : 그럼 바람처럼 길을 가요. 저도 바람이 되어보고 싶어요.

영화의 후반부에서 수이펑이 그녀에게 '바람처럼 세상을 떠돌며 자유롭게 살자'고 할 때에야 그녀는 수이펑의 말을 각성하게 된다. 우리는 보통 '바람기가 있다'. '바람 피운다'는 표현을 남녀 간의 불륜에 쓰고 있는데 그것은 몰래 하는 사랑이 인간에게 있어서 '신바람 나는 것'이기 때문일 것이다. 또 한편 중국어로 '바람기가 있다'는 표현을 '여

우평류(有風流)'라고 하는 것과 상통한다.[13)]

이와 달리 〈영웅〉에서는 진군(秦軍)의 "바람! 바람! 바람! 큰 바람! 큰 바람! 큰 바람!"이라는 외침이 나온다. 진군은 왜 바람(風)을 외쳤을까? 이들의 '바람!'이라는 외침에 이어 셀 수 없이 많은 화살이 하늘을 뒤덮더니 땅으로 쏟아진다. 여기서 바람은 승리의 신을 부르는 소리이다. 그것은 '신명나는 것'도 '바람기'도 아닌, 고대인들이 절대권력이라는 신령(神靈), 즉 신(神)을 부르는 소리였던 것이다.

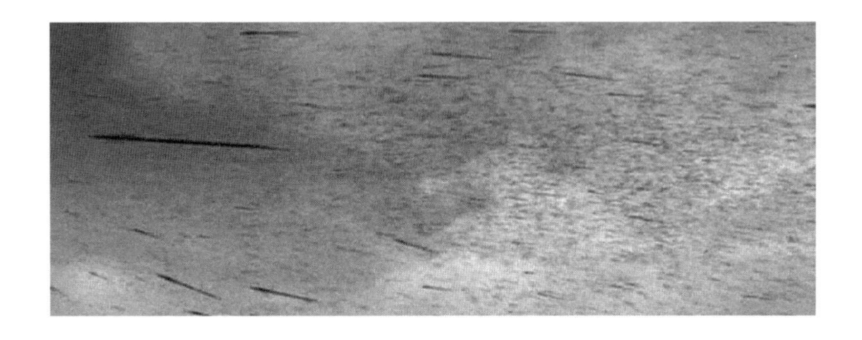

13) 김포리대장은 샤오메이에게 자신의 이름을 다음과 같이 설명한다. "隨風, 風流的風." 한편 '신(神)바람 나는 것'이라는 우리말 표현에서 '신'과 '바람'을 함께 쓰는 데서, '바람'에 깃든 고대인의 신성(神性)을 엿볼 수 있다. 흔히 쓰는 한국어에서 바람이 들어가는 단어, 예컨대 풍토(風土), 풍기(風氣), 풍속(風俗) 같은 말에도 고대인의 신성이 무의식적으로 깃들어 있는 셈이다. 이렇게 성(性: 바람)은 곧 성(聖: 신)과 연결된다. 바람기 있는 샤오메이를 좇아 바람처럼 떠나려는 수이펑, 이들의 사랑의 도피행각은 '신바람 나는 것'이다. 이것은 무속에서 말하는 일상에서의 신기(神氣)의 극적 체험과도 상통한다. 이처럼 〈연인〉에서 '바람'은 개인의 독립과 자유를 갈구하는 무속신앙의 해방적 측면에 가깝다고 할 수 있다. 흥미롭게도 우리말 '바람'은 '풍(風), 봉(鳳), 붕(鵬)' 등 중국어와 동원(同源)으로 보인다. 「장자莊子 · 소요유逍遙遊」 편에 나오는 대붕(大鵬)이 신적(神的)인 바람을 상징하듯, 「초사楚辭 · 이소離騷」에 나오는 비렴(飛廉), 풍륭(豐隆)이나 「이아爾雅」에 나오는 분륜(焚輪) 모두 원래는 신을 가리키는 것으로 현대어 '바람'과 연관지을 수 있다. 이런 신성은 기독교 「성경 · 요한복음」과도 맥락이 닿아 있다. '바람'과 '성령'은 희랍어로 동일한 '프뉴마(pneuma)'란 글자이다. 프뉴마, 즉 바람은 성령이며 성령은 바람이다. 김용옥, 『여자란 무엇인가』(통나무, 2000), 139~140쪽 및 『나는 불교를 이렇게 본다』(통나무, 1999), 133~202쪽 참고.

그런데 진군의 바람이라는 외침이 울려퍼지는 곳은 조(趙)나라와 대치하는 진나라 영토의 바깥, 푸른 산하가 아니라 황량한 황토벌판이다. 이 벌판은 진이라는 통일제국을 이루기 전 주인 없이 버려진 땅이다. 전쟁이 벌어지고 협객들이 칼과 창을 버팅기는 곳, 그곳은 강호이다. 이곳이 푸른 산하라면 정주민이 사는 곳이겠지만 황량한 벌판이라는 데 주목할 필요가 있다. 황량한 벌판, 한마디로 영화 속 강호는 중국인들 뇌리에 잠재되어 있는 전통적인 야만인의 땅인 것이다. 이와 대조적으로 진의 황궁은 관객을 압도할 만한 웅대장려한 모습이다. 이것은 〈황후花〉에 나오는 대당(大唐)제국의 황궁에서도 마찬가지고, 황궁이 등장하지는 않지만 〈연인〉 역시 대당제국의 도성 창안(長安)과 펑톈(奉天) 현을 배경으로 하고 있다. 여기서 한족은 황제를 중심으로 자기들만의 자폐와 유희의 궁궐에 은거한다. 바로 이들이 문명인이자 정주민인 셈이다. 정치는 그들이 점거하고 있는 공간 안에 존재할 뿐이다. 그곳은 〈황후花〉에서 바로 '충효예의(忠孝禮儀)'라는 현판이 걸려 있는 곳이다. 영화의 시간적 배경이 되는 '중양절' 의식이 진행되는 누대도 자폐와 유희의 궁궐이라 할 수 있다. 황제는 누대에 대해 다음과 같이 설명한다.

> 누대는 둥글고 탁자는 모가 났지. 이것은 하늘은 둥글고 땅은 모가 났으니 천지를 다스리는 불변의 법칙이다. 이 세계 안에서 너희가 각자 맡은 자리가 있으니 그것은 규칙이라 한다. 군신(君臣)과 부자(父子)는 서로 예의를 갖추어야 하니 규칙을 어지럽히면 안 될 것이야.

이 누대는 바로 황제가 다스리는 천하의 축소판인 셈이다. 바로 황궁이 정주민의 영토라면 〈영웅〉에서 페이쉐(飛雪), 찬젠(殘劍)이 와신상담하던 땅은 버려진 유목민의 영토인 것이다. 이를 그림으로 나타내 보면 다음과 같다.

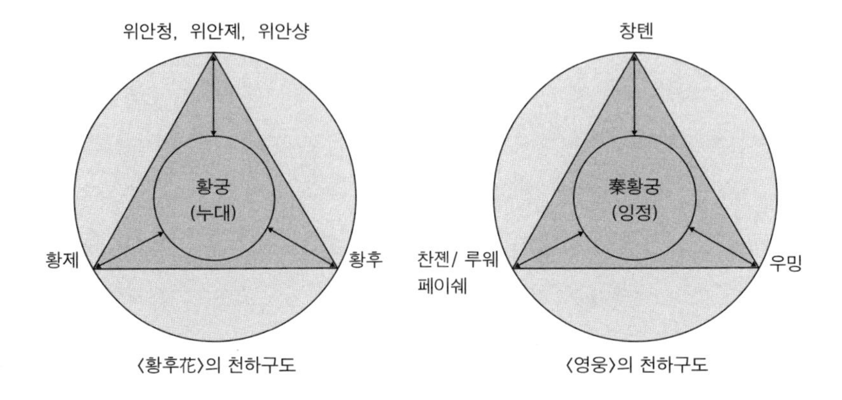

〈황후花〉의 천하구도　　〈영웅〉의 천하구도

두 그림에서 삼각형의 안은 정주민의 영토이고 삼각형 바깥의 원은 유목민의 영토이다. 여기서 우리는 거주하는 공간에 있어서 가운데 삼각형이 그렇듯이 정주민이 안과 밖의 구별이 확실한 닫힌 우주 속에 사는 데 비해, 유목민은 정주공간 사이의 노모스[14]적 개방공간에 있음을 떠올린다. 이것이 유목민의 존재방식이다. 그러나 목단방(牧丹坊)에서 비도문 근거지로 샤오메이를 따라 펼쳐지는 〈연인〉의 진법은 〈영웅〉과 상반된다.

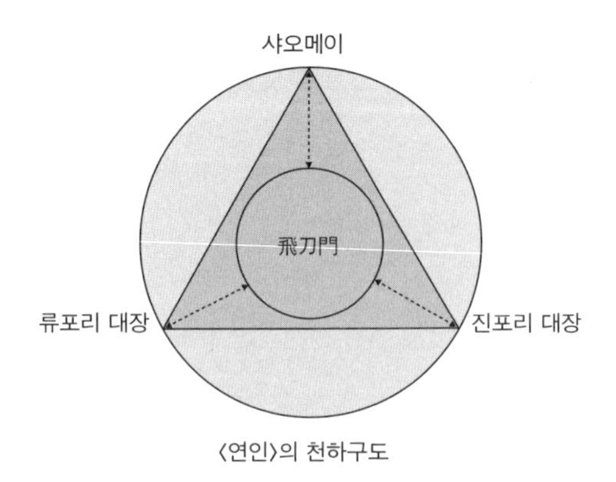

〈연인〉의 천하구도

14) 노모스(nomos)란 원래 이집트어의 '운하로 구획된 토지'라는 의미인 '세페트'의 그리스어이다. 각각 지도자를 가진 독립된 부족으로 이루어졌는데, 노모스마다 고유의 신과 독자적인 표식도 있었고 중앙의 왕조 세력이 쇠미한 시대에는 독립국가 같은 양상을 띠기도 하였다.

위의 그림에서는 삼각형 안이 유목민의 영토이고 바깥의 원이 관부, 즉 정주민의 영토가 된다. 〈영웅〉, 〈황후花〉와는 정반대의 양상이다. 영화 속에서 샤오메이는 목단방과 비도문의 근거지라는 자신만의 영토를 지니고 있다. 그렇게 정주민의 영토와 유목민의 영토를 오간다. 비도문의 스파이로 드러나는 류포리대장도 마찬가지다. 그 역시 정주민의 영토와 유목민의 영토를 오간다. 샤오메이는 영화의 초반부 목단방에서 자신의 시간과 공간 즉 당말(唐末) 북방(北方)에서 자기 자신이 주인임을 노래 부른다.

> 북방에 미인이 있었네. 세상 끝날 때 홀로 섰다네. 한 번 돌아보면 도읍이 기울고 두 번 돌아보니 나라가 기우네. 어찌 도읍을 기울게 하고 나라를 기울게 하는지 모른단 말인가. 미인은 다시 얻기 어려운 것을.[15)]

한편 상기한 〈영웅〉의 구도에서 알 수 있듯이 〈영웅〉에서는 정주민에 속한 자와 그렇지 않은 자들이 서로 대립구도를 이룬다. 〈황후花〉에서도 대립구도는 마찬가지다. 이런 대립구도에서 정주민과 유목민이 서로의 영토를 오가며 살기란 어렵다. 제도에 순응하며 살아가는 이들이 반(反)제도적 세계에 연루되거나 가담될 가능성이 애초부터 배제되어 있기 때문이다.

이런 대립구도를 진시황(秦始皇) 암살사건을 다룬 〈영웅〉에서 살펴보기로 하자. 이 영화에서는 페이쉐, 찬젠, 창텐 등 자객들이 진시황

---

15) '北方有佳人, 絶世而獨立, 一顧傾人城 再顧傾人國 寧不知傾城與傾國 佳人難再得': 『한서 · 외척전漢書 · 外戚傳』에 실린 이 노래는 원래 리옌녠(李延年)이 노래한 것으로 한무제(漢武帝)의 극찬을 받았다고 한다. 주목할 점은 김포리대장과 샤오메이가 찾아가는 비도문의 근거지가 북쪽에 있는 것처럼 이 가사에 나오는 유목민의 영토 또한 북방이라는 데서 2장에서 분석한 화와 이의 대립구도를 확인할 수 있다. 『張藝謀的電影世界』, 289, 292쪽 참고.

암살을 시도한다. 이것은 「사기史記」의 서술과 일치한다. 무협물은 정(正)과 사(邪)의 대립구도로 전개된다. 영화가 끝날 때까지 자객들이 대협(大俠)인지, 진시황이 대협인지 드러나지 않는다. 어쨌든 이들이 강호의 대협으로 사는 것은 감독이 역사 속 사실을 탈역사화시키고 무협과 신화적 상상력을 전이시킨 것이다. 자객들의 암살 시도는 실패하지만 역사 속 또 다른 타자(우밍)가 나타나 탁월한 무공을 보여준다. 그러나 결국 그는 진시황이 진정한 대협임을 인정하고 암살계획을 포기한다. 정주민이 결국 승리하는 역사의 예정 인과율이 영화의 결말이다. 그것은 장이머우 영화에서 필연처럼 반복되던 구도이다. 영화에서 정사의 대립구도가 무너지는 것은 역사의 예정 인과율을 이탈하는 것이다. 장이머우 영화는 결코 반복되는 궤도 위를 이탈하지 않는다.

이런 대립구도에서는 영화 속 인물들의 영토가 제도 안에 있느냐 밖에 있느냐는 중요하지 않다. 바꾸어 말해 제도권 바깥이나 제도권과 반제도권과의 접점이 문제되지 않는다. 그런데 〈연인〉의 결말에는 정주민으로서 사냥꾼에 해당하는 김포리대장과 사냥감에 해당하는 샤오메이 모두가 희생된다. 김포리대장과 류포리대장은 샤오메이를 두고 최후의 결전을 벌인다.

김포리대장과 류포리대장

영화 내내 이들은 정주민의 영토와 유목민의 영토를 오간다. 이를 통해 장이머우의 영화는 비로소 제도 안과 제도 밖 사이에서 소통과 협력을 이루게 되었다. 다시 말해 이 영화에는 정주민과 유목민의 영토 구분이 무의미하고 정사의 구분도 무의미하다. 영화는 무협물의 장르적 구조와 블록버스터의 공식을 받아들이고 있다. 그러면서도 장르주의와 블록버스터의 공식을 벗어나기도 한다. 이렇게 제도를 경계로 한 배타적인 분리의 벽을 무너뜨리는데 이것은 보기 드문 일이다. 이와 관련해 천모는 다음과 같이 이야기한다.

> 〈연인〉의 참된 의의는 개인의 생명과 그 개체로서 인생의 입장에 입각해서이다. 관방이든 민간조직이든 모든 계급집단이 개인적 정감, 개체로서의 생명에 대해 무자비하게 무시하고 포위공격하며 목 졸라서 질식시키는 데 저항하는 데 있다. (…) 〈연인〉은 〈붉은 수수밭〉에서 개체로서 한 생명이 노래하는 주제를 잇는다. 전통문화 비판의 현장 깊은 곳으로 진입한다.[16)]

〈영웅〉에서 자객들은 반제도의 표상인 협객이다. 이들이 진시황을 암살하러 오는 것은 제도 안으로 들어오는 것이다. 그러나 자객들의 암살 시도는 모두 실패한다. 특히 우밍이 암살을 포기하면서 영화는 자의적 패배로 귀결지어진다. 〈영웅〉에서 협객을 제도화하는 것은 사실상 협객의 정체성 자체를 위협하는 것이다. 협객이 활동하는 강호는 제도권 밖에 있기 때문이다. 그래서 영화가 자의적 패배로 결론나는 것은 자명한 셈이다. 그것은 이 영화가 끌어들인 우밍이 정주민 중심의 중국 역사서술을 재현하는 타자였기 때문이다. 이와 달리 〈연인〉

16) 『張藝謀的電影世界』, 288쪽.

에서는 비도문의 여협들이 제도 안과 제도 밖을 종횡무진한다. 그렇게 영화는 이민족(유목민) 여성을 중화에 편입시킨다. 이것은 장이머우 자신이 중국역사를 화이론, 즉 화와 이의 대립으로 보는 사관(史觀)에 대한 상상적 극복이다. 자의적 패배로 끝난 〈영웅〉에서 보여준 역사 상상의 결함에 대한 보충적 차원이기도 하다. 역사 상상이라 함은 두 영화 속의 강호가 작가나 독자의 상상 속 세계이기 때문이다.

그러한 맥락에서 볼 때 장이머우의 영화가 〈영웅〉에서 〈연인〉으로 이어진 것은 화에서 이로, 정주민의 영토에서 유목민의 영토로 확장된 양상을 보여주는 것이다. 이와 관련해 다음 대목에 주목해보자. 〈영웅〉에서 유목민의 영토를 떠도는 협객들이 정주민의 영토를 꿈꾸는 대목이다. 페이쉐는 〈영웅〉이 끝날 때까지 잉정(진시황) 암살계획을 접지 않는다. 그녀는 잉정을 암살하고 찬젠과 고향으로 가는 것이 꿈이다. 바로 그곳이 검이나 무사가 존재하지 않는 정주민의 영토인 것이다. 한편 관객이 넋을 잃고 보는 무협스펙타클은 유목민의 영토에서 펼쳐진다. 〈영웅〉에서 찬젠과 페이쉐가 광야에서 우밍과 벌이는 일합과 〈연인〉에서 샤오메이를 쫓아가며 펼쳐지는 반제도의 영토가 그것이다. 그렇게 펼쳐지는 유목민의 영토는 황량하지만 매혹적이다. 일탈이 주는 달콤한 매혹의 종착 지점은 다시 제도권이다. 이렇게 〈연인〉에서 일탈은 결국 회귀로 이어진다.

일탈과 제도, 반제도의 구도에서 우리는 중국 영화에서 검열기제를 떠올리게 된다. 검열기제 하의 중국영화에 있어서 반제도란 가능하지 않으며, 탈제도를 시도했던 그 누구도 제도권으로 돌아오기 마련이다. 비록 현실 중국을 반영한 내용은 아니지만 〈연인〉이라는 영화는 제도 밖의 세계를 보여준다. 상술한 바대로 제도와 반제도 사이를 오간다. 그러나 영화를 이끌어가는 것은 제도 안의 두 남자, 즉 류포리대장과 김포리대장이다. 류포리대장이 비도문의 스파이임이 결국 드러나긴

하지만 이들은 국가장치라는 틀에 박힌 질서와 규격화된 코드에 환멸을 느끼는 듯하다. 유목민에 대한 향수였을까? 이들이 비도문이 잠복해 있는 산속을 찾는 심성은 일탈적이고 불안정하다. 이렇게 유목민의 환각과 정신적 착란에 빠진 이들의 사랑은 현실을 삼켜버리고 비극적인 죽음으로 결말지어진다. 결국 〈영웅〉의 찬젠이나 〈연인〉의 류포리대장, 김포리대장은 유목민인 듯 보이지만 사실은 유목민을 가장한 정주민이라고 해야 하지 않을까?

장이머우의 무협대작은 〈영웅〉, 〈연인〉, 〈황후花〉로 이어졌다. 본고에서는 제도권으로부터 도피할 수 있는 상상력이 발휘된 영화로 〈연인〉을 꼽았지만 이를 작가주의 영화라 할 수는 없다. 진정한 작가주의 영화였다면 유목민의 정신적 착란과 승화의 영역이 영화 속 좌표로 그려졌을 것이다. 〈연인〉의 마지막이 영원한 유목을 꿈꾸던 연인들의 해피엔딩으로 장식되지는 못했지만 상술한 대로 이 영화가 정주민의 영토와 유목민의 영토를 넘나든 것은 분명하다. 그것은 이 영화가 원래 무협물이 아니라 애정물이라는 장이머우의 주장에서 알 수 있다. 이 영화는 무협적 요소와 애정적 요소가 공존하지만 애정적 요소가 더 강하다는 의미일 것이다. 작가주의 영화는 아니지만 이 영화는 그렇게 장르를 넘나드는 탈영토화를 이루게 되었다. 또 상술한 바 있지만 탈제도권으로의 탈영토화이기도 하다. 그것은 제도권으로의 회귀로 종착되는 〈영웅〉, 〈황후花〉와 분명한 차이점이다. 이를 들뢰즈의 영토화 개념에 따라 도표화하면 다음과 같이 구분된다.

〈영웅〉(2002)	〈연인〉(2004)	〈황후花〉(2006)
비제도권 → 제도권	제도권 → 탈제도권	탈제도권 → 제도권
영토화 (territorialization)	탈영토화 (deterritorialization)	재영토화 (reterritorialization)

제도권에서 탈제도권으로의 탈영토화를 시도한 〈연인〉은 비제도권에서 제도권으로 영토화를 시도한 〈영웅〉의 제작을 등에 업고, 탈제도권을 제도권으로 재영토화한 〈황후花〉로 변모하게 된다. 그것은 마치 〈연인〉이 〈영웅〉과 〈황후花〉를 가슴 앞뒤에 매단 샌드위치맨과도 같은 모습이다.

장이머우의 무협대작을 보는 관객들이 현실에서 탈주를 시도하는 유목민이라면 정신분열적 주체(schizo-subject)라고 할까? 유목민은 사회의 정치적 제약으로부터도 탈주해야 한다. 그러나 〈연인〉이나 〈황후花〉에서 보이는 탈영토화, 재영토화에서 그런 탈주를 떠올리기란 쉽지 않다. 들뢰즈가 유목과 정주를 대비해서 논하는 이유는 상징계의 인식론적 제약으로부터 우리의 사고를 해방시키자는 것이다. 여기서 정주문명, 혹은 국가의 모델로부터 우리가 해방되어야 할 당위성을 발견하게 된다.

3. 남과 여, 역할 유지와 해체

장이머우의 초기영화에서 여성들은 주로 남성의 청춘과 생명, 욕망의 대상으로 기능한다. 〈붉은 수수밭〉에서는 할아버지보다 할머니에 치중하고 〈국두〉에서 남성보다 여성에 치중하기는 했으나 그것은 장이머우와 연인관계였던 공리(鞏俐)를 위해서 그랬다고들 한다. 공리와 결별한 뒤 장이머우의 영화에서 여성형상이 갑자기 변화하는 데서 이를 알 수 있다.[17] 결국 장이머우의 영화세계 전반적으로 여성배역은

17) 『張藝謀的電影世界』, 447쪽.

대부분 모욕당하고 학대받는 역할로 나타난다. 앞에서 언급한 〈연인〉의 주제가 역시 '여성의 불행'을 노래하는 것 아니던가? 그리고 영화의 원제는 '십면매복十面埋伏'이다. '십면매복'은 초패왕(楚霸王)과 우희(虞姬)가 가이샤에서 최후를 맞은 곡에서 유래했다. 사면초가(四面楚歌)라는 성어가 여기서 유래되었듯이 우리는 〈연인〉의 주제가에서 우희라는 여성이 처한 불행한 운명에 대한 탄식을 듣게 된다. 뿐만 아니라 초패왕과 우희의 일화에서처럼 역사 속에서 인간이, 개인이 사면초가에 처한 곤경을 떠올리게 된다.

'경국지색(傾國之色)'이라는 말처럼 주제가에 나오는 미녀는 나라를 기울게 한다. 영화가 붕괴를 앞둔 당말을 배경으로 한 데서 이를 알 수 있다. 이처럼 초패왕, 우희의 고사에는 중국영화와 중국문화의 가치관을 전복하는 알레고리가 감추어져 있다. 감독이 의도했든 의도하지 않았든 속 깊은 관객이라면 현대 중국의 체제위기를 떠올릴 수도 있다.

주제가에서도 드러나듯이 영화 속에서 여성은 남성들의 욕망의 대상일 뿐 조금도 주체적인 존재는 아니다. 〈영웅〉에서 페이쉐는 남성협객 못지않게 뛰어난 무공과 지력을 가진 여협이다. 그러나 영화가 진행되면서 페이쉐는 천하를 대업으로 여기는 것이 아니라 개인적 원한에 좌우되는 복수자로 드러날 뿐이다. 잉정의 암살에 성공하면 붉은 깃발을 흔들라고 하며 페이쉐는 우밍에게 눈물을 흘리며 말한다.

> 구천을 떠도는 혼령이 되어도 붉은 깃발을 보고 미소 지을 거예요.

이런 그녀는 결코 온전한 의미의 주체적 여성이라고 할 수 없다. 찬젠 곁에는 또 하나의 비주체적인 여성이 자리하는데 바로 루웨(如月)

이다. 〈영웅〉에서 루웨는 왜 존재하는지 의문이 들 정도로 역할이 축소되어 있다. 우밍이 거짓말로 만들어낸 찬젠과의 몇 장면을 제외하면 그녀가 주관적으로 등장하는 숏은 거의 찾아볼 수 없다. 찬젠의 연인인 그녀는 찬젠을 대신하여 속죄하는 역할로 배제된 것일까? 그녀는 페이쉐와 의견이 맞지 않는 데 대해 속죄하는 듯 보인다. 찬젠의 정화와 속죄를 위해 '호출(interpellation)'[18]된 그녀는 찬젠을 위해 죽음조차 불사한다. 열녀 같은 그녀의 이미지는 이렇게 남성에 대한 구제와 구원을 위해 활용된다. 그런 한편 〈영웅〉에서 루웨가 외곬으로 누군가를 모시는 방식은 찬젠과 페이쉐가 자멸할 때까지 계속된다. 그녀는 전체와 화합하지 못하고, 자기만의 구세주를 설정한 뒤 희생하는 나르시시즘에 도취되어 있다. 이처럼 이기적인 욕망과 맹목적인 충성에 사로잡힌 페이쉐와 루웨에게서 우리는 맹목적인 메시아주의를 읽을 수 있다. 그것은 현실 극복 대신 지도자에게 국가의 운명을 거는 것과 유사하다.

우밍에게 무릎 꿇은 루웨

18) 이 단락은 팸 모리스, 강희원 역, 『문학과 페미니즘』(문예출판사, 1997), 37~60쪽의 서술을 참고로 함.

영화의 끝까지 루웨의 사랑은 일편단심이다. 그녀는 우밍에게 무릎 꿇으며 말한다.

> 비록 소인은 미천한 하녀이오나 몇 말씀 들어주세요. 8살 때부터 모신 주인님한테서 무술과 사람의 도리를 배웠습니다. 주인님의 결정은 항상 옳으십니다. 글씨에도 깊은 뜻이 있을 겁니다. 주인님 뜻을 들어주세요. 부탁합니다.

한편 〈연인〉에서 샤오메이는 류포리대장과 김포리대장이 경쟁하는 대상이 된다. 그녀가 두 남성과 번갈아 뒹구는 장면이 아름다운 영상으로 펼쳐지기도 한다. 그렇게 그녀의 여성성은 두 남성의 경쟁을 통해 극대화되는 듯 보인다. 그러나 이 장면도 마초적 리비도의 산물일 따름이다. 그것은 그녀가 목단방에서 남성의 노리개와 욕망의 대상으로 등장하는 데서 잘 드러난다. 영화 속의 두 남성이 샤오메이에게 일편단심하는 모습을 보인다고 여성성이 부각되고 남성성이 제거되는 것은 아니다. 그것은 중국 무협물에서 애정적 요소가 남성성 제거화와 동일시되지 않는 것과 같다. 무협물에서 애정적 요소는 재미를 고조시키는 극적 요소에 불과하기에 여성은 항상 부차적 지위에 머물러 있다. 샤오메이는 영화 속에서 심심찮게 여성의 육체를 전시한다. 그녀가 주동적이든, 피동적이든 상관없이 말이다. 그녀의 가치는 사랑을 쟁취하기 위해서가 아니라 몸을 노출하고 벌이는 성애유희에 있는 것 같다.[19] 두 남자 사이를 오가는 샤오메이는 스스로 사랑할 줄 모르는 듯하다. 그녀에게는 에리히 프롬(Erich Fromm, 1900~1980)이 말하는 '사랑의 기술'이 필요한 것 같다. 그것은 〈영웅〉의 루웨도 마찬가지다.

---

19) 장이머우는 25세를 전후한 여배우의 외모 변화와 18~20세 때 여배우의 외모를 언급하며 장쯔이(章子怡)를 선택한 이유를 설명한 바 있다.『張藝謀的電影世界』, 465쪽.

우밍의 거짓설명에서 나온 상황설정이지만 루웨는 찬젠과 정사를 벌인다. 이를 본 페이쉐는 배신감에 치를 떨다가 찬젠을 찌른다. 이는 보다 장중한 분위기의 〈황후花〉도 예외가 아니다. 〈황후花〉에 등장하는 궁녀들은 유달리 가슴을 드러낸 옷을 입고 있다. 영화를 보는 관객이라면 누구나 시선을 끌기 위한 의도적인 장치라고 여기게 된다. 이 장면에서 궁녀들은 시선의 주체가 아니라 시선의 대상으로서 소비될 뿐이다. 세 영화에서 공통적인 것은 여성들이 대개 비주체적인 형상이라는 것이다. 흔히 여성을 직장의 꽃이라거나 여자의 마음은 갈대라고 하는 그런 형상이다. 이렇게 여성은 관음적 시선의 대상으로 나타났다 사라진다.

〈연인〉의 샤오메이는 목단방에서 비도문 근거지로 이동하면서 이중으로 분열되는 모습을 보인다. 야누스[20]처럼 맹인에서 정상인으로, 기녀에서 여협으로, 때론 남장여성으로 등장한다. 이렇게 두 겹의 존재로 등장하는 샤오메이는 양자 간의 구분을 무의미하게 한다는 점에서

20) 야누스는 로마신화에 나오는 문의 수호신으로 고대 로마인들은 문에 앞뒤가 없다고 생각하여 두 개의 얼굴을 가지고 있는 것으로 여겼다.

시사하는 바가 있다. 결국 두 남자를 파멸로 몰고 가는 그녀는 영화사의 전통에서 볼 때 남성을 제물로 삼는 '팜므파탈(femme fatale)'[21]과 다름없다. 팜므파탈로서 그녀는 유목민이자 여성으로, 장애인 기녀로 등장한다. 사회적 소수이자 주변인으로서 그녀는 분열된 이중적 정체성을 가지고 있다. 이런 분열된 정체성을 가진 그녀에게 돌아오는 것은 결국 죽음이다. 이 시대가 요구하는 여성상이 그렇다. 수동적인 현모양처가 아니라 능동적인 사회인으로서의 능력도 함께 요구하지 않던가? 그녀는 능동적인 겉모습 안에 수동성을 감춘 양면적인 인물인 것이다.

그런 그녀의 모습은 지킬박사와 하이드씨[22]를 떠올리게 한다. 남성은 아니지만 영화 속 강인한 여성전사는 그렇게 소멸되어간다. 두 남성을 죽음의 문턱으로 몰고 간 과정에서 그녀는 현실과 환상을 구별하지 못하고, 만남과 이별의 차이를 구별하지 못한다. 그러면서도 자기의 욕망을 포기하지 않다가 비극을 맞는 그녀의 모습은 도착증 환자같다. 그러나 그녀는 영화의 마지막에서 두 남자의 목숨을 구하고 자신이 죽음을 맞이한다. 여성이 죽음으로써 삼각관계인 두 남성의 목숨을 구하는 마지막 장면은 이 영화가 무협물이 아니라 멜로물처럼 보이게 한다. 그러나 대개의 멜로물이 그렇듯이 여성은 희생양에 불과하며 오히려 가부장적 남성성을 더 부각시키게 된다. 즉 한 여인이 여성으로서의 정체성을 포기하는 대신 마초적 리비도의 손을 들어준 것

21) '팜므파탈'은 거부할 수 없는 묘한 매력과 아름다움을 이용해 남자 주인공을 치명적인 상황으로 몰아가는 악녀, 요부를 가리킨다.

22) 「지킬박사와 하이드」에서 지킬박사는 또 다른 자신으로 변하는 약을 먹고 하이드로 변해서 돌아다닌다. 하이드로 변한 지킬박사는 악행을 저지르고 다닌다. 약을 먹으면 육체적, 정신적으로 모두 변하는 그를 주변사람들은 알지 못하고, 둘을 다른 인물로 생각할 뿐이다. 지킬박사는 나중에 결국 죽는다. 이 소설은 인간의 두 가지 본성을 다루고 있다. 선한 인간이라도 내면에는 악이 존재하고 악한 인간이라도 내면에는 선이 존재한다. 밝음과 어두움 사이를 방황하는 인간의 이중성을 이야기한다.

으로 해석될 수 있는 것이다.

〈연인〉의 마지막 장면

아네트 쿤(Annette Kuhn)이 볼 때, 맹인에서 정상인으로, 기녀에서 여협으로, 때론 남장여성으로 변신하는 샤오메이는 금단의 영역을 침범한 형국이다. 그러나 그녀는 결코 위험하지 않다. 평범한 여성들이 감히 할 수 없는 행동을 저지르는 그녀는 도발적인 만큼 여성관객들에게 판타지를 제공해준다. 그러나 판타지가 현실의 벽을 넘어서는 경우가 있던가? 그녀의 한계는 바로 여기에 있다. 금단의 영역을 침범한 그녀의 책임은 어느 순간 여성 자신에게로 전이된다. 뛰어난 여성전사는 남성들의 영역에 발을 들여놓은 대가로 희생제물이 되는 운명에 처한다. 이렇게 영화 〈연인〉에서 여성성은 타자로 만들어졌을 뿐 결코 여성을 주체화시키지 못한다. 이는 장이머우 영화가 되풀이해온, 여성을 다루는 방식이기도 했다. 결국 여성은 남성을 통해서 자신의 정체성을 확인하고, 사랑하는 사람의 죽음조차 극복해야 한다는 희생정신을 받아들여야 하는 것이다. 새로운 무협멜로의 서정으로 포장된 영화의 내러티브를 통해서 장이머우 감독은 가장 봉건적인 이데올로기를 관객에게 보여주었다고 할 수 있다.

이처럼 〈연인〉에서 샤오메이를 죽음으로 몰고 가는 남성 또는 제도 자체에 대한 문제제기가 이루어진 적이 없다. 샤오메이의 신데렐라 꿈꾸기와 함께 사랑을 위해 죽음을 받아들이는 두 남자의 로망 또한 관객들에게 큰 공감을 얻지 못하기는 마찬가지였다. 이런 결과를 장이머우가 예상 못한 것 같지는 않다. 김포리대장과 류포리대장을 살리고 샤오메이가 죽는 결말을 통해 이 영화는 이성 간의 사랑이 동성 간의 유대를 대체하거나 중국역사 나아가 현실 중국의 위기를 극복할 대안이 될 수 없다는 점을 분명히 드러냈다. 그러나 장이머우가 무협과 멜로가 어우러진 영화를 만든 것은 정통무협의 '마초 이데올로기'만으로 중국 관객들의 호응을 얻기 어렵기 때문일 것이다. 장이머우는 영화에 나오는 '죽음보다 강한 사랑'이란 현실에서는 불가능한 이상일 뿐이라는 것을 알고 있다. 사실 '마초 이데올로기'는 과거 대약진운동(大躍進運動)이나 문화대혁명의 추동력이기도 했다. 그러나 이제 과거와 같이 의리와 사랑으로 뭉치는 방식으로는 위기를 극복할 수 없다는 것은 자명하다. 의리는 무협물에서 동성 간의 유대이다. 협객들의 의리는 '사내다움(마초 이데올로기)'의 형질과 한 가지인데, 영화에 드러나는 것이 '협'이 아니라 '의리'라는 데서 이 영화는 무협물과 큰 차이를 보여준다. 의리라는 감정은 아끼는 사람을 위해 자기를 희생할 수 있는 이타심을 근본으로 하는 인간의 도리이다. 그러나 동성끼리 애착을 가진다고 해서 애정을 느끼는 것은 결코 아니다. 혐오와 애착 사이를 오가는 것이 동성적 유대관계다. 이브 코소프스키 세즈윅(Eve Kosofsky Sedgwick)에 따르면 동성유대적 혐오와 애착이 근대 남성성의 근본적인 조건이라고 한다. 두 남성의 샤오메이에 대한 이성애는 서로 경쟁하지만 때로는 서로를 이해하는 '동성 유대적인 욕망(homosexual desire)'으로 드러난다. 두 사람의 유대는 이렇게 지속적으로 재생산되

며 이어졌던 것이다.[23)]

〈연인〉의 결말을 본 관객들은 은연 중에 전통적인 '협의' 즉 개인의 무력으로는 현실의 위기를 극복해낼 수 없다고 느꼈을 것이다. 결론은 공적 시스템 말고는 기댈 구석이 없다는 것이다. 그것은 중국 현대사가 개인 또는 대중의 저항이 주도해온 역사가 아니라는 데서 명확히 드러난다. 이것은 대중의 뇌리에 박혀 있는 강한 체험적 진실이자 체제의 보수 이데올로기였다. 그러나 중국역사에서 이런 공적 담론이 대중의 소망이었던 적은 없다.

난세를 살아가는 사람들에게는 '믿는 구석'이 절실해진다. 바꾸어 말해서 사회에서 결여, 결핍의 존재인 개인은 사적 네트워크로 그것을 보충해야 한다. 특히 '동성유대적 욕망' 즉 우애(fraternity)라는 것은 간접적으로 사회의 공적 역할 부재나 오작동을 증거하는 지표가 된다. 그것은 친구든, 집단의 형태든 상호신뢰나 헌신 같은 가치로 현현한다. 우애는 상호신뢰나 헌신적 가치의 지수가 되기도 한다.

샤오메이라는 대상의 교환은 남성이 여성을 직접적인 욕망의 대상으로 취하는 듯 보인다. 또 한편 그것은 류포리대장과 김포리대장 두 남성의 경쟁과 모방 속에서 이루어진다. 여성의 거래(traffic in women)를 위하여 남성이 여성을 자신의 상대로 삼기도 하지만 다른 남성과 접촉하고 교류한다. 그것은 레비스트로스 이래 구조주의 인류학의 공식[24)]과도 다르지 않다. 이때 두 남성의 마음은 사랑과 우정이라는 모순된 적인 감정 사이를 오간다. 사랑과 우정을 수행하면서 이들은 욕망의 대상을 확정하지 못한 채 머뭇거리게 된다. 그것을 수행적 히스

---

23) 서동진, 「〈친구〉의 수행적 히스테리와 그 냉소적인 성정치학」, 『친구』(삼인, 2004), 31쪽. 본고의 3장에서 '동성유대적 욕망', '수행적 히스테리', '애착', '회피' 등의 개념은 이 논문을 참고하고 많은 부분 적용했음을 밝힌다.

24) 『친구』, 31쪽 참고.

테리(performative hysteria)라고 부를 수 있을까? 히스테리적 주체는 절대 사랑을 좇아 우정을 포기하면서도 자신의 욕망을 계속 추구하려고 한다. 류포리대장과 김포리대장 둘 다 마찬가지다. 끊임없이 타자의 욕망에 간섭하던 두 사람의 정체성에는 변화가 일어난다. 두 남성의 경쟁심은 한 개인의 내부로부터 시작되는 '나' 속에 있는 '우리'로서의 정체성으로 전이된다. 〈영웅〉에서 창텐이 잉정암살을 위해 우밍에게 목숨을 내준 것도 '동성 유대적인 욕망'에서 출발했다. 이 영화에서 동성 간의 욕망의 삼각형을 그려보면 다음과 같이 그려지지 않을까? 이것은 지라르의 욕망의 삼각형[25]에서 착안한 것이다.

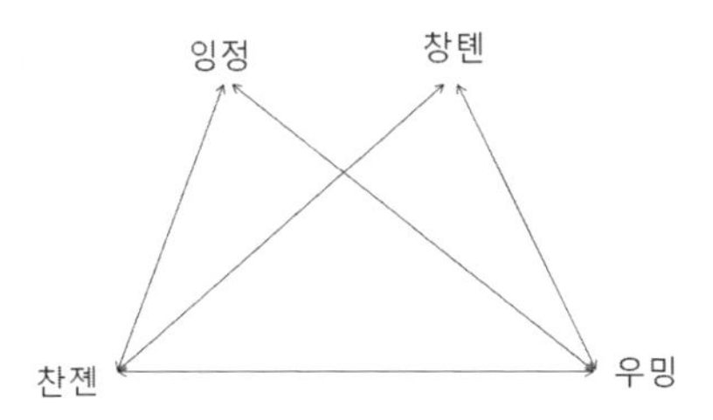

이것은 욕망하는 주체와 대상 사이의 이원적 틀이 아니다. 동성 경쟁자끼리 특정한 대상을 욕망하며 매개자(경쟁자) 사이에 구성된 삼각형이다. 〈영웅〉에서 찬젠은 우밍에게 '우리'의 천하통일을 이룰 사람은 잉정 뿐이므로 그를 죽여서는 안 된다고 설득한다. 찬젠이 말하는 '우리'는 춘추전국시대(春秋戰國時代)에 오패칠웅(五覇七雄)으로 갈렸던 중국인들을 지칭할 수도 있다. 또 한편 '우리'를 회복하자는 말은 잉정의 자아와 삶이 황제로서 개인뿐만 아니라 백성들의 삶과 연결되어 있다는 점을 강조한 것이다. 찬젠과 만나기 전 진시황 암살이

25) 욕망의 삼각형은 르네 지라르, 김윤식 역, 『소설의 이론』(삼영사, 1994) 1장을 참고할 것.

목표였던 우밍은 맹목적인 개인성에 젖어 있던 사람이었다. 그런 그에게 '우리'를 회복하자는 찬젠의 설득은 합목적적인 정체성으로 전환을 유도하는 계기가 되었다. 이들은 춘추전국이라는 난세에 잉정암살이라는 다수자의 요구를 거부하고 천하통일이라는 정주민의 요구를 따르는 소수자, '로열 마이너리티'[26]의 길을 택했던 셈이다.

찬젠과 우밍

찬젠은 우밍에게 서법(書法)이 검법(劍法)보다 우위에 있다는 것을 보여준다. 이것은 우밍에게 인식을 전환하라고 요구하는 것이다. 여기서 검(劍)은 '절대권력'의 알레고리이다. 바로 영국의 아더왕이 엑스칼리버를 뽑아 들고 왕위에 오른 것처럼 말이다.[27] 우밍은 잉정에게 '劍

---

26) 1960년대 이후 아시아계 미국인들이 성공한 중산층으로 성장하자 미국의 백인 사회는 그들을 '모델 마이너리티'로 명명했다. 강진구는 이런 '모델 마이너리티' 개념에 구소련 사회의 특수성을 감안하여 고려인들을 충성스러운 소수자들을 뜻하는 '로얄 마이너리티'로 부르고 있다. 본고의 '로얄 마이너리티' 역시 '충성스러운 소수자'라는 의미에서 강진구의 개념을 빌려왔다. 강진구, 『한국 현대문학의 쟁점들-탈식민 · 역사 · 디아스포라』(제이앤씨, 2007), 214쪽.

27) 신화나 전설에 등장하는 성물에는 유독 칼이 많다. 영국의 아더왕은 누구도 뽑지 못했다는 바위에 꽂힌 검 엑스칼리버를 뽑아내고 왕위에 올랐는데 이 엑스칼리버 역시 절대권력의 알레고리라 할 수 있다.

(검)'이라는 글씨를 가져와 보인다. 이를 본 잉정은 말한다.

> 이제야 알겠도다. 이 글씨엔 검술이 담겨 있는 것이 아니라 검법의 최고의 경지를 쓴 것이다. 검술의 제1의 경지는 인간과 검이 하나가 되는 것으로 검이 곧 사람이요, 사람이 곧 검이니 수중의 풀조차 무기가 될 수 있다. 검술의 제2경지는 손 대신 마음으로 검을 잡는 것이다. 그렇게 되면 백 보 밖의 적도 맨 손으로 제압할 수 있다. 그러나 검술의 최고의 경지는 손으로도 마음으로도 검을 잡지 않고 모든 걸 포용하는 큰 마음이다. 최고의 경지는 곧 살생이 없는 평화를 뜻하는 것이다.

잉정은 '劍'이라는 글씨에서 검술의 최고경지를 읽어낸다. 그것은 인간과 검이 하나가 되고, 손 대신 마음으로 검을 잡아 살생이 없는 평화로운 천하를 포용하라는 해석이다. 여러 자객들, 특히 우밍이 아닌 독재자 잉정이 강호의 대협으로 거듭나는 것은 바로 이 장면이다. 그것은 관객이 영화 속 무협의 의미를 포착해내는 장면이기도 하다. 이것은 장이머우가 시공을 초월해 다수 중국인의 공감을 얻을 수 있는 장면을 만들어낸 것이다. 장이머우는 일견 무협 영웅주의를 내세우는 듯 하지만 진정한 영웅이 누구인가라는 고민을 관객에게 제시했던 것이다.

무협멜로물인 〈연인〉에 대해 혹평을 내린 평자들이 많지만 많은 관객들은 영화를 보면서 한편으로는 애잔함을 느낀다. 그것은 샤오메이를 중심으로 한 지고지순한 사랑과 두 남자 사이의 우정 사이에서 발생한다. 상술한 것처럼 영화는 '동성 유대적인 욕망'을 상기시킴에도 불구하고 삼각관계에서는 진정한 우정이 불가능하다는 우리 시대의 정신적 파토스를 변주한다. 그것이 이성과의 사랑, 갈등 사이에서 흔들리기에 더욱 씁쓸하다. 그러나 영화는 신파조의 애잔함을 자극하는 퇴행적 텍스트가 아니다. 평범한 동성유대와 불가능한 이성애적 욕망 간의 단락이 벌어지면서, 수이펑과 샤오메이는 더없이 아름답고 매력적인 커플로 거듭난다. 이 영화가 시대적 공감을 얻었다면 바로 영화의 화행 자체를 가능케 했던 그런 욕망의 삼각구도로부터 비롯되었을 것이다. 영화는 진정한 우정뿐만 아니라 사랑 역시 현실에서 불가능하다는 체념을 자아낸다. 이것이 〈연인〉의 내러티브가 관객에게 보이는 애잔함과 허망함의 원천이다. 이렇게 이 영화는 사랑 앞에 무너진 의리라는 아이러니를 통해 '동성유대적인 욕망'의 이상이 허상에 불과함을 보여준다. 결국 믿을 구석은 공적 시스템밖에 없다는 것일까?

〈연인〉의 남성인물들은 샤오메이와의 관계에서 진지하다 못해 심각하지만 어린아이 같은 태도를 보인다. 반면 샤오메이는 끊임없이 자신의 욕망을 성취하기 위해 탈주하는 비인격적인 욕망의 화신처럼 묘사된다. 샤오메이는 두 남성과 언제나 일정한 거리를 두는 듯하다. 그녀의 탈주는 사랑을 하기 위해 필수적으로 요구받는 상대에 대한 집착으로부터 언제나 일정한 거리를 두는 데서 시작된다. 사랑을 자아내는 조건은 상대방과 끊임없는 욕망의 교섭을 가능케 하는 히스테리 구조에 기인한다고 할까? 샤오메이는 진정한 사랑이란 없다는 것을 알고 있기에, 두 남자 사이에서 수행해야 할 히스테리를 때로 긍정하고 부정한다. 그렇게 심적 고통을 느끼지 못하기에 가슴 아픈 사랑을 하지는 않는 셈이다. 그렇지만 그녀가 사랑과 회피 사이에서 발생하는 쾌락까지 거부하는 것은 아니다. 남성인물들의 낭만적 사랑이 집착의 히스테리라면 샤오메이의 일탈적 사랑은 회피의 히스테리다. 회피의 히스테리는 사랑과 우정 사이, 그 틈새를 외면한다. 불가능한 이성애적 욕망과 집착의 히스테리 사이에 존재하는 건널 수 없는 틈새를 그녀는 외면한다. 그녀에게는 그저 성취 가능한 무한한 욕망의 대상만 있을 뿐이다. 상술한 바와 같은 〈영웅〉과 〈연인〉 두 영화에서 동성과 이성 간의 수행적 히스테리를 욕망의 구도로 그려보면 다음과 같다. 현실논리와 힘의 논리를 중심으로 살펴보자.

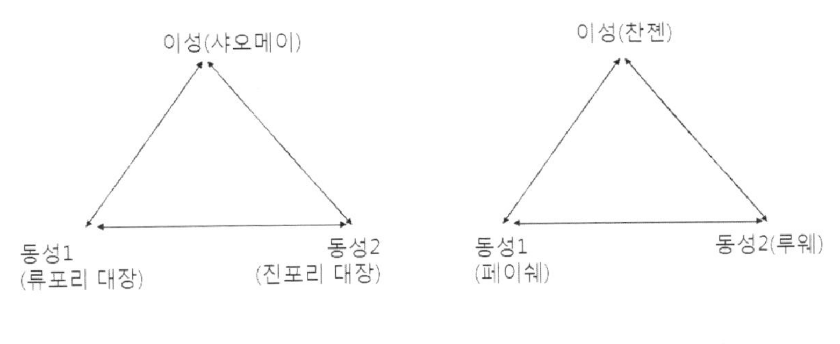

역할분담 해체형 구도 〈연인〉

역할분담 유지형 구도1 〈영웅〉

〈영웅〉에는 두 여성 페이쉐와 루웨 그리고 남성인 찬젠의 역할이 잘 분담되어 있다. 다시 말해 〈영웅〉의 갈등구조는 찬젠의 설득과 우밍의 굴절이 보여주는 현실논리와, '십보필살검법(十步必殺劍法)'을 터득한 우밍이 잉정을 암살해야 한다는 힘의 논리로 구성되어 있다. 현실논리와 힘의 논리 사이에 역할이 유지되는 셈이다. 〈연인〉에서는 두 남성인 류포리대장과 김포리대장 그리고 여성인 샤오메이의 역할분담이 해체되어 있다. 〈연인〉에서 류포리대장과 김포리대장 사이를 오가며 갈등을 일으키는 것이 샤오메이의 현실 논리라면, 샤오메이의 죽음을 확인하고 두 남자가 피 튀기는 살륙극을 벌이게 되는 것은 힘의 논리다. 영화 속 두 남자의 우정은 배신으로 점철된다. 남성세계에서 현실논리와 힘의 논리 사이에 역할분담이 해체되어 있는 셈이다. 그런데 힘의 논리와 현실논리가 끊임없이 교섭되는 영화가 있으니, 그것이 바로 〈황후花〉다. 그것은 황제와 황후 두 이성을 중심으로 권력을 이양받을 세자들 사이의 관계에서 일어난다.

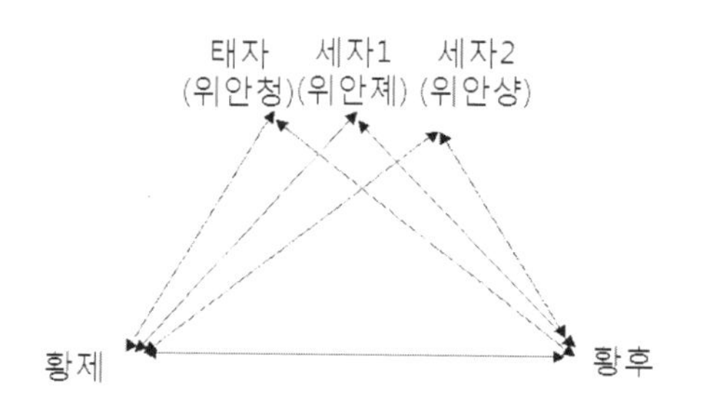

역할분담 유지형 구도2 〈황후花〉

세 영화를 성별 역할의 측면에서 바라보자면 남성 위주의 〈영웅〉과 〈황후花〉에서 성별 역할분담이 유지되어 있다면 〈연인〉에서는 성별 역할분담이 해체되어 있다. 〈황후花〉에서는 권력을 놓고 황제와 황후, 세 아들 사이에 충돌이 일어난다. 영화 속 남녀 간의 사랑은 한낱 권력의 들러리일 뿐이다. 성별역할이 유지된 〈영웅〉, 〈황후花〉의 주인공들이 대의 즉 천하통일이나 대중화를 위해 이성애를 포기한다면 성별역할이 해체된 〈연인〉의 주인공들은 이성애를 위해 대의를 포기한다. 특히 성별역할이 유지된 〈황후花〉에서는 대의를 위해 이성애와 가족애 모두를 해체한다는 점이 주목할 만하다. 〈황후花〉에서 위안청(元成), 위안샹(元祥)도 남성이다. 그러나 황제에 의해 잔인하게 희생된 그들은 남성중심 가부장제사회의 희생자라 할 수 있다.

성별 역할과 관련해서 한 가지 주목할 점이 있다. 장이머우의 이전 작품에서는 사회적인 스트레스, 히스테리, 복수, 가학성이 여성인물에게 집중되어 있다. 그런데 장이머우의 무협대작 〈영웅〉, 〈연인〉, 〈황후花〉에서는 남성에게 전이되어 있는 것이다. 그런 점에서 〈영웅〉은 성 인식의 측면에서 장이머우의 영화세계가 전환되는 기로에 서 있다. 그렇게 〈황후花〉에서 남녀 간의 사랑이 권력의 들러리일 뿐이라면 해체된 황실 가족은 어떤 변모 양상을 보일까? 〈황후花〉에서 위안샹이 비

참하게 죽음을 맞고 가족이 해체되면서 관객들은 영화의 비극적 결말을 직감한다. 소가족이 해체되는 과정을 목도하던 관객들은 비극적 체험을 하게 되고 감정적 유대를 느끼게 될 것이다. 황제 가족의 권력다툼이 일어나는 황실은 중화라는 거대가족의 축소판이었던 셈이다. 이렇게 영화는 중화라는 거대가족의 정체성을 촉발한다. 한족(화)이 중심이 되고 이민족(이)이 주변이라는 것이 화이론이던가? 중심(화)과 주변(이)의 관계, 그리고 그 연결의 의미를 황실 너머 대중화라는 가족애 안에서 받아들이게 된다. 황제는 중화(中華)라는 '거대가족(superfamily)'을 위해 소가족을 희생했던 것인가? 그런 비극을 보는 관객은 더 강렬한 감흥을 느끼고 몰입하게 되며, 아이러니컬하게도 가족의 해체는 대당제국의 치세를 더 강력히 염원하는 데로 이어지게 된다.

〈영웅〉에서 천하통일을 위한 협객들의 합의는 '동성유대적인 욕망'이 매개가 되었다. 〈연인〉에서 류포리대장과 김포리대장의 관계도 이에 다름아니었다. 이들에게 중화 민족주의는 이런 수평적 동료의식을 통해 상상되고 있다. 개인에서 가족으로, 또 민족으로 확대되는 이런 유대의 흐름은, 결국 〈황후花〉에서 하나의 '거대 가족'의 모습으로 정체를 드러낸 것이다. 이것은 일종의 '유기체적 전체성론'[28]이라고 할 수 있다. 무협멜로물인 〈연인〉이나 가족의 해체를 다룬 〈황후花〉는 천하통일이나 '중화'라는 개념과 무관해 보이지만 두 영화에서 중화는 그 자체가 한 사람의 영웅이 탄생해야 하는 절대 이유로 형상화되었다.

이렇게 〈영웅〉과 〈황후花〉가 대의를 통해 부각시키는 것이 큰 영웅이라면 〈연인〉에는 작은 영웅이 여럿 등장하는 셈이다. 특히 〈영웅〉에서는 '천하통일'을 내세운 큰 영웅(잉정)이 작은 영웅(우밍)을 흡수하는 과정을 보여주었다. 천하통일로 제국주의 시대를 열 중화의 운명을 쥐고 있는 큰 영웅과 새롭게 주변인(이)으로서의 운명을 깨달은 작은 영웅이 '영웅'이라는 기표로 연결되었다. 영화가 종반으로 치달을 때까지 누구든 진정한 영웅을 우밍으로 생각할 것이다. 우밍이라는 작은 영웅에 관객들은 '나'라는 존재를 투사시키며 대리만족을 느낀다. 그러던 그가 잉정이라는 큰 영웅에 흡수될 때 관객과 우밍, 잉정 모두 중화민족으로 거듭나게 된다. 그들 모두는 중화의 구성원이었기 때문이다. 이렇게 관객이 큰 영웅의 존재적 당위성을 인정하게 되면서 영웅주의로 추상화된 민족정신이 구성원 내부로 들어오게 되었다. 관객들은 〈영웅〉이라는 영화를 관람하면서, 큰 영웅을 매개로 해서 서로에 대한 직접적 동일시를 이루게 되는 것이다. 이런 동일시의 공동체 의식은 민족주의로 읽힐 수 있다. 민족주의라는 진정한 공동체적 감각은 개인적 차원의 실천을 통해서 비로소 감지된다. 이것은 〈영웅〉에서 우밍이 죽음을 선택함으로써 가능했다. 영화 속 인물들이 대중화를 위해 목숨을 바칠 때 중화민족의 정체성을 기반으로 하는 중화인민공화국은 그 영속성을 보장받게 될 것이다. 이렇게 장이머우 무협대작의

28) 이 용어는 고미숙이 『한국의 근대성, 그 기원을 찾아서-민족 · 섹슈얼리티 · 병리학』(책세상, 2001), 43쪽에서 쓴 데서 착안했다.

관람체험은 중화민족으로서 개인의 위상을 각인시키고 큰 영웅을 절대적 당위로 받아들임으로써 거듭나는 과정이 된 것이다.

4. 맺으며

장이머우는 2000년대에 들어와서 마치 예전 홍콩의 쉬커처럼 무협 스펙타클을 연이어 선보였다.[29] 최근 들어 부쩍 늘어난 중국영화의 무협대작 열풍에는 중국 대중의 갈망이 한몫을 하였다. 할리우드 거대 자본 영화가 중국시장을 잠식하고 있지만 무협 대작에 나오는 카리스마 넘치는 지도자가 중국에 출현하기를 바라는 갈망이 도화선이 되었다. 강호의 대협이 중국에 출현한다면 그는 중국을 세계의 중심국가로 만들어줄 것이다. 그러한 큰 영웅의 지도에 기꺼이 복종할 준비가 되어 있는 대중의 욕망은 장이머우의 무협대작이 흥행에 성공한 기폭제가 되었다. 장이머우는 1997년 이후 〈투란도트〉, 〈산수실경가무山水實景歌舞〉 등 관제 오페라를 제작, 연출하다가, 2008년에는 베이징올림픽 개막식의 연출을 맡는 등 중국대륙을 넘어 세계시장을 향한 허장성세(虛張聲勢)의 연속편을 준비 중이다.

장이머우등 제5세대 감독들이 사회적 갈등해소에 있어서의 국가기구의 역할을 제시한 것은 〈책상서랍 속의 동화〉에서 이미 시작이 되었

29) 쉬커는 1960년대의 무협영화에 첨단 테크놀로지를 결합하여 독창적인 스타일을 이룩했다. 이른바 SFX 무협영화라 불리는 새로운 형태의 무협영화로 그는 1980년대와 90년대를 풍미했다. 청샤오둥 무술감독까지 합류한 장이머우의 무협대작은 쉬커에 비해 CG를 축소시킨 차이점이 있다. 그러나 중국무협을 영화화하는 능력에 있어서는 쉬커가 최고로 꼽힐 만하다. 장이머우 감독이 동양의 스필버그라는 타이틀을 얻기에는 아직 역부족이 아닐까?

다. 이 영화에서는 현대 중국농촌의 낙후성을 해결하기 위한 방안으로서 '희망공정(希望工程)'을 제시했다. 희망공정은 중국 정부에서 빈곤지역의 어린이들에게 학비를 지원하고 학교를 세워주는 프로젝트이다. 그러다 〈연인〉에서 장이머우는 현대 정치생활의 중심부에서 멀리 떨어진 변방의 시공간, 즉 지금 여기가 아닌 시공간을 끌어와 역사적 사실과 허구의 확증을 담화시키고 있다. 시대적 배경을 알 수 없는 영화 속 시공간을 통해 장이머우가 노린 것은 무엇일까? 아마도 시공의 모호함을 통해 현실권력의 간섭을 모면하려 한 것은 아닐까?

본고에서 논한 화와 이, 중심과 주변의 간극을 해소한다면 그의 영화가 세계로의 통용성을 획득할 수 있을 것이다. 〈책상 서랍 속의 동화〉, 〈집으로 가는 길〉, 〈행복한 날들〉 등 일련의 장이머우 영화에서 우리는 희망공정으로의 회귀를 읽을 수 있다. 그런 그의 무협스펙타클 제작은 주류 이데올로기로의 완전한 귀환을 의미한다.[30] 이것은 중국의 많은 신세대 감독들이 현실비판적 성향에서 1990년대 후반 대거 주류로 회귀하여 중국 당국의 승인을 얻어낸 것과 시기적으로 일치한다. 그러다가 할리우드영화의 공세에 맞서 중국감독들이 중국형 블록버스터 제작에 나선 것이다. 중국영화의 흥행과 중화권 진출로 할리우드 영화에 맞선다는 전략은 아이러니컬하게도 할리우드의 중국 진출 전략과 맞물려 있기도 하다.[31] 할리우드에 맞서겠다는 전략은 일종의 강박관념이 되어, 궁지에 몰린 생쥐가 몸을 부풀려 고양이에게 자신이

---

30) 曹俊兵, 「理念的朴奇到情感的素朴-張藝謀電影近作的藝術追求探析」, 『中國文學研究』제25집(한국중문학회, 2002), 119쪽 참고.

31) 할리우드는 미국의 정치, 외교력을 앞세운 투자, 경영으로 먼저 시장을 확보한다. 그리고 화교 감독, 연기자 등을 흡수하고 아시아문화를 융합하여 관객의 취향에 부응하는 영화를 제작한다. 각종 미디어를 통해 할리우드영화에 접촉된 관객들은 할리우드에 대한 관심이 배양되고 또다시 잠재적인 시장이 육성된다. 장이머우의 영화 〈영웅〉에 할리우드의 거대자본이 참여한 것도 같은 맥락이다. 인홍, 이용욱 역, 『중국 영상문학 연구의 길』(학고방, 2007), 268~275쪽.

크게 보이게 하듯이 자신을 점점 더 제국주의적으로 연기하게 했다. 할리우드 블록버스터의 성공을 넘어서기 위해 중국의 허장성세 블록버스터(大片)가 연이어 제작된 것이다. 니체(Friedrich Nietzsche)는 괴물과 싸울 때 괴물을 닮지 않도록 조심해야 한다고 한 바 있지만 중국의 블록버스터는 왠지 할리우드 블록버스터를 연상케 한다. 괴물을 닮지 않는 것이 생각만큼 쉽지 않음을 최근 중국영화가 보여주는 것일까?

〈영웅〉에서 진시황은 우밍의 죽음을 계기로 천하를 통일하고 난세를 치세로 바꾸게 된다. 〈황후花〉는 가족의 해체라는 결말로 끝맺어졌지만 중양절(重陽節)에 가족이 함께 모여 황제의 건재함을 확인하게 된다. 이것은 역사가 난세에서 치세로, 그리고 다시 난세로 순환되리라는 인식이다. 이런 역사관은 진화론적인 직선적 시간관이 아니라 근본주의적인 순환론적 시간관이라 할 수 있다. 〈영웅〉에서 왕을 중심으로 찬젠, 우밍, 창텐 등이 동심원을 그리며 순환하는 구도는 옛 중국 역사서에 나오는 질서와 다르지 않다. 그러나 〈연인〉에서 장이머우는 이런 유학적 정통론을 전복한다. 상술한 것처럼 〈연인〉은 화와 이가 정주와 유목의 영토를 마구 넘나드는 구도이다. 이렇게 정주와 유목이 입체화된 구도는 화와 이가 용광로처럼 뒤섞인 중화주의를 표상하는 것 같다. 이런 중화 민족주의가 과연 이상적인가? 각 민족, 지역 사이에 편재되어 있을 실제적인 불균등과 차별의 현실 속에서 중화주의의 틈새를 읽어낼 관객은 많지 않다.

장이머우 감독 스스로 단순한 러브스토리임을 피력한 〈연인〉은 인간의 퇴행적 욕구로 인해 죽음에 이르는 파멸의 과정을 다루었다. 공교롭게도 이 영화는 적지 않은 순정만화에서 보았던 공식을 연상케 한다. 고전적 아취로 포장되어 있는 〈연인〉은 성장기 소년의 통과의례 같은 무협과 사춘기 소녀의 신열과도 같은 로망스를 절묘하게 아울러서, 이른바 '무협멜로물'의 새로운 가능성을 선보였다. 그러나 영화 속의 인물들이 안스럽게 느껴지는 것은 세상에 안착할 자리가 없이 욕망을 억제 못하고 파국을 향해 가는 바로 그 몸부림 때문이다. 결국 장이머우는 영웅주의에 퇴폐주의를 결합함으로써 개인이 역사를 바꿀 수 있다고 믿었던 근대의 이념과 환상이 가져다준 절망과 좌절을 그려낸 것이다.

2장

가족의 해체에서 중화의 통합으로

〈야연〉, 〈집결호〉

1. 들어가며

〈야연夜宴〉(2006)은 펑샤오강(馮小剛)이 셰익스피어의 「햄릿」을 번안하여 제작한 역사극이고 〈집결호集結號〉(2007)는 양진위안(楊金遠)의 소설 「소송官司」을 영화화한 작품이다. 〈태극기 휘날리며〉의 MK픽쳐스가 특수제작파트를 맡아 탄생시킨 〈집결호〉는 전쟁영화의 미장센이 잘 나타나 있다. 이렇게 〈집결호〉가 전쟁영화의 미장센을 계승했다면 〈야연〉은 희곡 「햄릿」을 중국적으로 재해석하여 영화의 흥행을 노렸다. 〈야연〉에는 셰익스피어 「햄릿」의 플롯이 중국역사 속에서 번안되어 있다. 「햄릿」에서 왕자와 거트루드의 사랑은 이루어질 수 없는 운명이다. 거트루드가 형과 결혼함으로써 형수로서 왕비가 되지만 형수(거트루드)는 끝내 왕을 배반한다. 이렇게 「햄릿」은 금기의 수행과 배반이라는 구도로 이루어져 있다. 한편 〈야연〉에서도 이런 대립의 구도 속에 관객은 긴장과 이완을 반복 경험한다. 이렇게 이 영화는 「햄릿」처럼 오이디푸스 콤플렉스라는 근친상간의 금기에 대한 도전을 볼 수 있을 뿐 아니라, 주인공이 국왕살해의 연극을 보여주는 장면이나 왕과 왕후 앞에서 검술시합을 선보이는 장면, 독배를 잘못 마시는 반전 등을 재현하고 있다. 그러나 영화의 서두에 오대십국(五代十國)의 이야기라는 구체적인 시간자막을 명시함으로써 감독은 영화가 중국의 메타역사[1] 시공간을 재현하고 있음을 분명히 한다. 중국 역사를 배경으로 한 영화 〈야연〉에서 원작인 희곡의 인물들이 펼치는 이야기는 어떤 것일까? 〈야연〉에서 「햄릿」이라는 희곡이 영화로 어떻게 번안되고, 등장인물의 권력과 욕망은 어떻게 바뀌어 있을까?

셰익스피어의 희곡 「햄릿」 공연 장면

여기서 주목할 사실은 번안작이 원작을 훼손했느냐 아니면 텍스트를 재해석했느냐 하는 평가이다. 바꾸어 말하자면 문학작품의 개작에

1) 화이트헤드가 말한 '메타역사'란 공식역사가 사회적 필요성에 의해 조작된 문화적 작위이며 본질을 위장하고 있다는 것을 일컫는다. 즉 역사도 허구인 소설과 별다른 점이 없다는 것이다. 역사적 언술과 허구적 언술이 서로 영향을 끼친다는 것은 포스트모더니즘 역사가들의 중심주제이다. 메타역사는 공식 역사의 허구적 요소를 강조하면서, 역사가 객관적이라는 가면을 벗긴다. 역사를 서술하는 작업도 소설처럼 허구성이 매우 중요한 역할을 한다는 것이다. 이평래, 조관연 외, 『영화 속의 동서양문화』(집문당, 2002), 256~257쪽을 요약 인용함.

는 원작의 훼손인지 재해석인지에 대한 평가가 뒤따르게 된다. 원작의 훼손이라면 실패이며 재해석이라면 성공한 셈이다. 이렇게 문학작품을 개작하면서 원작보다 더 문학적인 영화를 만들어낸 사례도 적지 않다. 그렇다면 원작을 재해석해서 텍스트를 재창조하려면 어떤 과정이 필수적일까? 텍스트의 재창조란, 원작의 훼손이 아니라 발랄하면서도 유쾌한 오독을 창조하는 행위이다. 셰익스피어의 희곡은 수십 편의 영상물을 파생시켜왔다.[2] 동일한 내용의 원작에도 불구하고 번안된 영화의 면면을 보면 판이하다. 이 상이한 성격의 영화들은 서로 대립하기도 하고 난맥상을 보이기도 한다. 그래서 문학작품 「햄릿」을 영화화한 〈야연〉에 대한 평가는 신중할 수밖에 없다. 영화가 문학작품으로부터 영화 제작의 영감을 얻는다는 것은, 그 작품이 대중의 심미적 기대의 지평에 의해 창작의 동기를 고취받는다는 의미일 것이다. 그렇게 영화는 원작에 새로운 의미를 부여하고 가치의 평판을 실현한다. 여기서 문제는 영화 제작자들이 '대중적'으로 널리 알려진 작품을 선호한다는 사실에 있다. 작품이 대중에 널리 알려졌거나 작가가 유명해야 영화의 흥행에도 도움이 될 것이기 때문이다. 이때 '대중적'이라는 의미는 제작이나 흥행 두 측면에서 볼 때, 영화판에서 이용될 작품이 문학성의 질과 상관없는 영화의 원작으로 수용되고 굴절된다는 의미이기도 하다.[3]

반면 원작소설 「소송」을 영화화한 〈집결호〉는 블록버스터에 열광하는 대중의 욕망을 겨냥한 전쟁영화다. 실감나는 전쟁신에 현실 중국이 가려진 듯 보이지만 감독의 의도와 다르게 중국사회의 집단무의

2) 일례로 셰익스피어의 「맥베스」는 쿠로사와를 통해 일본 노오(能)의 형식을 빌어 「쿠모노스죠蜘蛛巣城」로 번안되었는데 셰익스피어의 작품 중 최고의 번안작으로 평가되기도 한다. 김용옥, 『새춘향뎐』(통나무, 1987), 262쪽.

3) 셰익스피어를 포함해 문학작품의 영상화에 대해서는 『영상문학의 이해』(두남, 2003), 68~100쪽을 요약함.

식과 욕망을 비추어내는 거울이 되었다. 〈집결호〉는 국공내전, 한국전쟁 등 중국의 과거사를 다루고 있다. 그러나 영화 속의 인물들은 현재를 재현한다. 그래서 〈집결호〉의 인물들은 메타역사를 넘어서는 역사 속 인물로 완성된다. 할리우드 전쟁영화에 근접한 〈태극기 휘날리며〉의 특수효과 때문일까? 아니면 원작 「소송」의 이미지와 코드를 적절히 활용했기 때문일까? 〈집결호〉는 중국형 블록버스터의 스펙터클을 보여줌으로써 흥행에 성공할 수 있었다. 이 스펙터클은 거액의 제작비로 관객의 이목을 집중시키는 영상을 보여주는 것이다. 본고에서 우리는 〈집결호〉가 흥행에 성공하는 과정에서 관객의 집단무의식이 어떻게 민족주의로 또 국가 만들기로 작용했는지를 살펴보게 될 것이다.

한편 〈야연〉에서 펑샤오강은 '신비화된 볼거리로서의 동양'이라는 오리엔탈리즘[4]을 전략으로 삼았다. 「햄릿」을 번안한 〈야연〉에 중국의 신비로운 시공간이 펼쳐지면서 서양 평론가들의 시선을 사로잡게 된다. 또한 중국형 블록버스터 전략으로 중국 관객의 눈과 귀를 사로잡은 것도 마찬가지다. 두 영화는 중국영화의 자율적인 영화언어로 승부하기를 포기하고 할리우드 블록버스터 공식을 채택했다. 바꾸어 말해 무협영화나 전쟁영화의 스펙타클에 기대거나 장르적 관습에 치중해 역사 속에 현재를 재현하고자 한 것이다.

그러나 괴물과 싸울 때 괴물을 닮지 않도록 해야 한다는 니체의 말처럼 중국형 블록버스터는 어느 순간 할리우드 블록버스터처럼 몸집

---

4) 오리엔탈리즘에 대한 비판이라면 〈야연〉에서 서구에 의해 전유되고 날조되어온 동양관으로서의 오리엔탈리즘을 동양인 스스로가 체화하여 재생산한다는 점, 즉 동양에 대한 실체적 접근 대신 고대사를 경유하여 환상적 분위기의 동양을 획일적으로 재단하고 이의 소비를 권장하는 미장센에 대한 것이다. 그러나 본고에서 평가하고자 하는 것은 '보여주기' 자체가 아닌, '보여주는 방식'이다. 이것은 장이머우에게도 마찬가지다. 중국의 제5세대 감독으로서 천카이거(陈凯歌)와 함께 문혁 세대의 감수성을 드러내는 형식미의 달인이었던 장이머우는 오리엔탈리즘을 전략으로 삼은 〈붉은 수수밭〉, 〈홍등〉 등으로 국제영화제에서 수상한 바 있다.

만 부풀려지는 꼴이 되고 말았다. 영화의 블록버스터전략이란 한편으로는 할리우드의 중국 진출전략과 맞물려 있기 때문이다. 두 영화 모두 할리우드 스펙타클 공식으로 중국관중의 눈과 귀를 사로잡음으로써 정부당국의 영화검열을 피하고자 했다. 또한 할리우드 스펙타클 공식으로 이데올로기적 한계에 대한 외부의 지적을 잠재우는 데도 성공했다. 물론 오리엔탈리즘이건 할리우드 스펙타클 공식이건 그 시도 자체가 문제가 되는 것은 아니다. 그것을 '어떻게' 사용하느냐가 문제인 것이다. 이와 관련해 우리는 두 영화를 둘러싼 저널리스틱한 담론들을 살펴볼 필요가 있다. 그리고 두 영화가 할리우드를 모방하면서 때로 묘하게 비트는 관계양상을 어떻게 받아들여야 할지도 생각해볼 문제이다.

2. 대립의 구도-분열과 통합

셰익스피어의 명작 「햄릿」의 플롯을 끌어와 만들어진 〈야연〉에서 재현의 형식은 '지금 여기(here and now)'와 밀접한 관계가 있다. 그렇다면 우리는 〈야연〉에서 '지금 여기'를 읽을 수 있을 것이다. 그러나 펑샤오강은 역사극인 이 영화에 리얼리즘적인 미장센을 채택할 수는 없었다. 사랑과 야망이 빚어낸 참극이 주는 메시지를 전달하기 위해서는 리얼리즘보다 실존주의적인 미장센이 더 적절했는지 모른다. 그래서 금기의 수행과 배반이 교차되며 전개되는 이 영화는 대단히 실존적이라 할 수 있다.

이와 달리 〈집결호〉의 미장센은 리얼하다.[5] 실화를 바탕으로 하고 있는 〈집결호〉에서 주인공이 부하들에 대한 죄책감으로 평생을 살아가는 모습은 중국 관객들의 심금을 울린다. 아마 바르트가 '푼크툼(punctum)'[6]이라 표현했던, 쿡 찌르는 듯한 느낌이라고 할까? 반면 〈야연〉에서 관객의 가슴을 울리는 장면은 우환(無鸞)을 향한 칭뉘(青女)의 지고지순한 사랑이다. 남녀 간의 순수한 사랑은 영화에서 고금을 막론하고 사람들의 가슴을 적시는 '푼크툼'이기 때문이다. 대신 황제와 황후의 비뚤어진 욕망이나 권력암투는 영화에 관객을 몰입시키는 극적 요소가 된다.

셰익스피어의 희곡이 원작이지만 중국의 과거사를 가장하는 〈야연〉의 인물들은 메타역사 속을 살아간다. 이들은 허구로 꾸며진 영화 속에서 역사의 기억과 상상을 재현하는 탈역사적인 몸짓을 취한다. 그런 이 영화는 최근 중국에 드리워진 무협사극이라는 거대한 그림자를 벗어나지 못한다. 펑샤오강은 「햄릿」을 번안해 세상 사람들에게 보여주려고 한 듯 오리엔탈리즘적인 시각으로 가족의 해체와 화려한 제국의 분열과 몰락을 그린다. 그런 영화를 보는 관객들이 의외로 화려했던 대중화의 시절을 떠올리게 되는 것은 영화가 중국적 블록버스터로 만

---

5) 〈집결호〉에는 한국영화 〈태극기 휘날리며〉의 MK픽쳐스가 제작에 참여한 바 있는데 〈태극기 휘날리며〉의 미장센도 〈집결호〉처럼 리얼리즘적인 것이다. 〈태극기 휘날리며〉 역시 역사의 광풍 속에서 이데올로기에 희생된 사람들을 휴머니즘적 입장에서 그려냈다. 그러나 〈집결호〉는 현실 이데올로기를 통해 영화를 사고할 뿐이지만 〈태극기 휘날리며〉는 영화를 통해 현실을 사고한다. 강제규 감독은 영화를 현실보다 우선시하기에 현실은 영화 속에서 우회적으로 표현될 뿐이다. 이렇게 그는 영화 언어로 현실을 압도하고 현실을 통해 장르라는 틀 속에서 감독의 자의식을 선보인다.

6) 롤랑 바르트, 조광희 · 한정식 공역, 『카메라 루시다』(열화당, 1998)에서 바르트는 사진을 스투디움(studium)과 푼크툼(punctum)으로 나누고 있다. 코드화될 수 있는 일상적인 정보의 차원으로 어떤 사진 속의 여인이 아름답다든지 하는 것을 스투디움이라 하고 코드화될 수 없는 차원으로 사진의 어떤 요소가 자기의 마음을 찌르는 것을 푼크툼이라 하였다.

들어졌기 때문이다.

황후의 최후

〈야연〉에서 황후는 황제를 암살하고 스스로 황제의 자리에 오른다. 그러나 황후 역시 누군가의 칼을 맞고 최후를 맞는다. 그녀의 최후는 결코 절대권력에 대한 부정과 저항이 아니다. 상기한 대로 관객들은 화려한 제국, 대중화의 시절을 떠올릴 뿐이다. 그렇게 영화는 억압된 역사의 귀환을 표상한다. 억압된 역사는 중국의 근대 시기이다. 그 시기는 오욕과 굴종의 과정을 거쳐 지워지고 왜곡되었다. 그것은 중국인들이 자기들의 집단 기억으로부터 대중화의 복원을 찬양하고 되살리고 싶어 하는 바로 그 역사다. 그렇다면 세상에 보여주기 위한 전략으로 채택된 오리엔탈리즘 전략은 대중화의 기억을 성공적으로 재생해내는가?

어쩌면 〈야연〉이 원작 「햄릿」의 그림자를 벗어나지 못하는 태생적 한계 때문일 수도 있다. 아니면 서구에 보여주기 위한 중국으로서 오리엔탈리즘 때문에 이 영화는 대중화의 기억 또는 상상 속에 갇혀서 빠져나오지 못한다. 다시 말해 오리엔탈리즘을 전략으로 택한 만큼 등장인물들은 고대 중국이라는 배경으로부터 자유로울 수 없고 역사적 부채를 뛰어넘지 못한다. 그래서 〈야연〉의 메타역사는 현실 중국으로 종내 빠져나오지 못한다. 이와 달리 펑샤오강의 〈집결호〉는 최근 전쟁영화의 장르공식을 그대로 따른다. 게다가 현실감을 강조하는 영화적 장치로서 화면에 국공내전(國共內戰), 한국전쟁 등에 대한 시간 자막을 보여준다.

> 1948년 초겨울 동중국 오지
>
> 1951년 조선중부 횡성군
>
> 1955년 옛 원허전쟁터
>
> 1958년 겨울 원허(汶河)현에서 대대적으로 수리사업을 하게 되었는데 저수지의 큰 댐이 남쪽 연안의 확장지역으로부터 허리가 막히고 뚫리게 되었다. 시공하는 중에 사람들은 무너진 댐의 터널 안에서 47구의 열사 유해를 발견하게 된다.[7)]

영화 속에서 전쟁터란 중국형 블록버스터를 위한 배경이다. 여기서 우리가 읽어야 할 것은 그곳에서 어떻게 대립과 갈등의 현실을 비춰 볼 수 있는가이다. 다시 말해 영화에서 분단의 현실, 그 고통의 역사가 어떻게 재현되는지이다.

사실 이 영화는 홍콩이 반환된 지 10년이 지난 시점에 제작되어서인지, 현실 중국을 비추어 보는 또 다른 거울이 될 수 있다. 즉 공산당이냐 국민당이냐의 '양안문제(兩岸問題)'라는 논란을 넘어서 흥행을 위해 제작된 블록버스터 영화로 볼 수 있는 측면이 있다. 사실 중원에서 통

---

7) 이 책에서 영화 대사는 편의상 원문을 생략하고 번역문을 쓰기로 하고, 영화 이름은 한국에서 개봉된 이름(한자)을 그대로 쓰기로 한다.

일은 한족과 이민족 간에 번갈아 이루어졌다. 분열은 통일로 다시 분열로 반복되었다. 이것은 당(唐)이 멸망한 뒤 오대십국에서 권력의 이합집산을 보여주는 〈야연〉에서 명징하게 드러난다. 국공내전을 거치는 동안 국통구(國統區), 해방구(解放區), 윤함구(淪陷區)로 나뉘어 있던 중국이 '중화인민공화국(中華人民共和國)'으로 통일되었듯이 중국역사는 분열과 통합이 반복되는 과정이었다. 혹자는 서구역사는 동적이고 중국역사는 정적이라고 하지만 그렇지 않다. 분열과 통일이 반복된 중국 역사는 서구 못지않게 역동적이다. 유럽 전체 여러 나라 간에 국경을 넘은 침략과 정복, 멸망이 이루어졌던 서양과 달리 중국은 중원을 차지하기 위한 전쟁이 계속 일어난 점이 차이다. 그렇게 분열과 정반합의 관계로서 통일은 한족의 입장에서는 타자화된 제후국을 수용하는 과정이었다. 그것은 역사적으로 만들어진 집단 내부의 차이를 인정하는 과정이기도 했다. 대중화란 그 다름을 조직하는 문화의 기제 내지 담론을 엮어간 결과[8]였다.

〈집결호〉도 국공내전이라는 분열에서 중화인민공화국 수립이라는 통합으로 이어진다. 일견 분열과 통합의 반복이라는 중국역사의 필연적 순환구조를 충실히 이행하는 것처럼 보인다. 영화의 중반까지 감독은 이런 순환구조를 재현하기 위해 잠시 두 입장을 대립시킨 것일까? 그러나 영화가 종반으로 치달으면서 국공내전이라는 분열에서 시작된 중화인민공화국 수립 이후의 당대 중국사를 재현한다는 것을 알 수 있다. 중공 성립 이후에도 중국의 역사가 중국과 타이완 양안을 경계로 나뉘어 전개되어왔듯이 중국 영화사에서도 반(反)국민당 정서는 지난하게 이어져왔다. 이 영화는 바로 반국민당 정서 연작영화의 연속

8) 한국의 경우지만 통일의 문화적 의미에 관해서는 조한혜정, 「남북 통일의 문화적 차원: 북조선과 남한의 문화적 동질성/이질성 논의와 민족주의 진보주의 담론」, 송자·이영선 엮음, 『통일 사회로 가는 길』(오름, 1996), 68쪽을 참고, 재인용했다.

선상에 서 있는 것이다.

아무튼 〈집결호〉의 대립구도는 전쟁영화 장르의 관습(convention)과도 일치한다. 전쟁영화는 반드시 아군과 적군이라는 냉전구도를 전제로 하기 때문이다. 중화의 통합을 전제로 함에도 불구하고 〈집결호〉에는 통일이나 민족의 자주권 수호에 대한 방법이 확실히 제시되지 않는다. 다시 말해 국공 양 진영은 오로지 상대를 타도의 대상으로 미워하고 죽일 뿐이다. 남는 것은 동료의 주검을 마주하고도 어쩌지 못하는 공산군의 분노이며, 부하들을 구하지 못하고 평생 살아온 구쯔디(谷子地)의 죄책감이다.

엇갈려 지나가는 포탄

생사를 걸고 대립하는 국공 두 진영은 사실 통일이라는 같은 목표를 가지고 있었다. 〈집결호〉에 등장하는 양측의 '경계'들 중에서 가장 두드러지는 것은 원허 지역이다. 원허 지역은 부하들이 마지막 전투를 벌이다 방공호에 매몰되는 곳이다. 이곳은 국토분단과 민족의 첨예한 대립을 상징하는 현장이다. 폐허가 된 전장에서는 양측이 쏜 포화가 엇갈려 지나간다. 이로써 국공 양측이 화면을 좌우로 분할하는 쇼트가 재현된다. 분할된 쇼트는 분단을 상징하는 객관적 실체로 의미화된다. 여기서 분단, 그 경계를 가시화하는 시선은 화면의 중앙에서 좌우를 응시하는 관객들의 시선일 것이다. 국공 양측으로 명확히 분할된 전쟁터 묘사는 관객에게 중화인민공화국이라는 국가의 존재를 환기시킨다. 그것은 아(我)와 비아(非我)의 구분을 깨닫게 되는 과정이기도 하다. 중국 역사에서 주체와 타자를 정주민과 유목민, 화와 이로 나누어 비교했던 1장의 서술대로라면 국공의 대립은 중심과 주변의 관계일 것이다.

원래 전쟁서사는 대중에게 이들이 함께 겪었던 공포와 상처를 떠올리게 한다. 〈집결호〉에서 국공내전의 트라우마는 국가(중국)라는 특정한 지리적 범주 안의 상흔으로 전이된다.

한편 〈야연〉에서 전투장면은 주로 우롼을 암살하려고 황제가 보낸 무사들과의 혈전에서 펼쳐진다. 비록 칼과 칼이 버팅기고 선혈이 낭자한 살육의 현장이지만 영화에서 선보이는 강호는 고향 산하처럼 아름답다. 서구 평론가들의 극찬을 받았던 〈와호장룡臥虎藏龍〉을 능가한다고 할까? 그런 결전의 장면이 오월(吳越)의 땅 대나무 숲 속에서, 눈 덮이고 메마른 거란 변경에서 아름다운 영상으로 펼쳐진다.

또 황후의 최후는 작품의 결말에서 결코 단순히 끝맺어지지 않는다. 그것은 그녀가 황제를 암살하고 황위에 오르는 과정에서도 마찬가지다. 우여곡절 끝에 여제(女帝)의 자리에 오르기 전, 우롼과 황제 사이에는 결과를 예측할 수 없는 대결이 펼쳐진다. 그것은 우롼이 황후의 옛 연인이자 황제의 정적이기에 더 가슴을 조이게 만든다. 한편 〈집결호〉에서 구쯔디의 죽음과 탄생에 대한 소개는 대단히 단순하다. 주인공이 어디서 나서 어디로 갔는지, 왜 이름이 구쯔디가 되었는지 비화를 알려주는 자막으로 마지막이 간단히 처리된다. 그런 점에서 두 영화는 무척 대조적이다.[9] 그 차이는 〈집결호〉가 역사 속 실화에 바탕을 두었다면 〈야연〉이 희곡을 번안한 허구라는 데 크게 기인하지 않을까?

아무튼 〈야연〉에서 우환과 그를 죽이러 온 제국의 무사들과의 관계는 결코 첨예하게 대립되지 않는다. 우환은 유목민의 영토로 유배된 정주민처럼 보이지만 정주민이든 유목민이든 그 경계가 명확히 분할되지 않는다. 우환은 권력에 대한 의지가 없기 때문에 무사들과는 같은 나라 사람일 뿐이었다. 상기한 것처럼 〈집결호〉에서는 포탄이 양측 진영을 가르며 엇갈리게 지나간다. 이런 궤적과 달리 〈야연〉에서 무사들은 때로는 대나무 숲 위를 날아다니고 대나무 잎을 흩날리며 물속에서 솟구쳐 오른다.

대나무 숲 속의 결전

〈야연〉에도 주체와 타자의 대립은 자명하다. 무협물의 결투를 연상케 하는 장면도 자주 등장한다. 그러나 무협물의 흔한 주제인 일통강호(一統江湖), 즉 천하통일을 이루어야 한다는 강박관념은 찾아볼 수

9) 자막의 내용은 2장에 있는 인용문을 참고할 것.

없다. 그러나 스펙타클한 영상 덕분일까? 관객이 이 영화에서도 〈황후花〉에서처럼 대중화의 화려했던 시절을 떠올린다면 그것은 블록버스터 영화이기 때문일 것이다. 할리우드 대작에 버금가는 스케일의 중국영화를 우리도 만들 수 있다! 그런 영화를 보는 관객은 중국을 상상하고 조국에 대한 자부심까지 느낄지 모른다. 더 나아가 〈야연〉에 나타난 오월의 산하를 근대적 국경 개념에 기반한 단일 공간으로서 '중국'으로 보는 관객도 있을 것이다. 그렇게 〈야연〉이 대중화의 영화를 재현한다면 우환과 무사들은 이를 탄생시키기 위한 대리전을 수행했던 것일까? 이렇게 확대 해석하는 관객이 있다면 이들은 영화를 보면서 오욕과 굴종의 중국역사를 개인적으로 미화하게 됨이 틀림없다. 그리고 민족 정체성까지 상상하게 되었다면 그것은 일종의 '홀림'의 정치학을 경험하게 된 셈이다. '홀림'의 정치학이란 무엇인가? 이것은 과거에 존재했던 사실(史實)로서의 실제 전쟁과 메타역사로 상상된 담론전쟁 사이의 깊은 괴리를 구분 못하는 것이다. 그것은 역사적 사실과 역사서술과의 균열을 인지하지 못하기 때문이다. 그렇게 상상의 공동체로서 민족의 정체성을 상상하고 스펙타클에 홀린 듯 현실 중국의 정치와 연관 짓게 된다.

한편 〈집결호〉에서 구쯔디는 부하들의 주검을 찾아 헤맨다. 부하들이 생매장된 곳은 지하 방공호이다. 지하 방공호는 영화에서 나오지만 구쯔디가 수십 년을 찾아 헤맸을 만큼 중심에서 물러나 있다. 영화에서 재현된 전쟁의 배경은 '변경(지하)'으로 제한되어 있다. 〈집결호〉는 이 비극의 공간을 성역화한다. 한편 〈야연〉에서 비극의 공간은 오대십국의 황궁이라고 영화의 시작에 자막으로 제시된다. 그러나 자막이 아니라면 영화를 보는 관객들이 중국의 어느 조대인지 짐작하기란 쉽지 않다. 공간적 배경이 추상화, 미학화, 그리고 심리화되어 펼쳐지기 때문이다.

방공호 속 유골

평샤오강의 두 영화는 할리우드 대작에 못지않는 중국형 블록버스터를 지향하고 만들어졌다. 그렇다면 할리우드 영화의 문법과 두 영화를 비교해보는 것은 어떨까? 할리우드 영화에서 타자는 식민지역사와 인종주의에 있어서 WASP(주류 백인)[10]의 대척점에 서 있는 존재이다. 유색인종은 WASP을 중심으로 주변화되는 경우가 대부분이다. 라틴아메리카인은 검고 긴 곱슬머리에 피부는 올리브색으로 윤기 있고 야성미가 넘친다. 반면 아시아인은 왜소한 몸으로 쿵후를 하거나 기회주의자로 나온다. 흑인 남성은 출세한 인물로 그려질 때도 있지만 흑인 여성은 뚱뚱하고 수다스러운 가정주부이거나 성매매를 위해 빈민가를 맴도는 역할이다.

〈집결호〉의 경우와 비교해보면 주체가 공산당 군대라면 타자는 아이러니컬하게도 같은 민족인 국민당 군대이다. 둘 다 중화민족이라면 양측의 군대는 동일자인 동시에 타자다. 전쟁영화, 사극영화라는 장르의 틀에서 그 자리에 끌려나온 타자는 같은 민족이면서 동시에 타자인 것이다. 이 관계는 과거 한국 반공영화의 도식과 크게 다르지 않

10) White Anglosaxon Protestant로 미국사회의 주류를 말한다.

다. 한국 반공영화에서도 주체가 국방군이라면 타자는 같은 민족인 인민군이다. 한편 할리우드영화에서 타자는 서부영화에서 인디언으로, 007시리즈에서 공산주의자로, 최근에는 이슬람테러리스트로 설정되곤 했다. 그러나 〈집결호〉에서 국민당 군대는 같은 민족이기 때문에 타자화의 도식과 반대의 과정을 따라간다. 이 영화는 중국과 타이완의 정당구조와 통일정책에 의해 양자가 타자화되는 상황에서 나온 것이다. 그러나 양안관계의 경색이 완화되면 대립구도에 불균형이 발생하게 될 것이다. 바꾸어 말해 타자의 자리가 중국과 타이완의 정치적 변수에 따라 계속 바뀔 수 있는 것이다.

결국 〈집결호〉는 국공내전이 벌어지는 중국을 국통구와 해방구로 양분하고 있다. 부모와 자식이, 형제 간에, 친구 간에 총부리를 겨누는 상황이 있었겠지만 영화는 동족 간의 상쟁이라는 비극을 부각시키지 못한다. 두 진영에는 양측을 순환하는 다양한 지형학적, 정치적 심리적 '경계'가 있을 것이다. 그러나 영화는 이런 문제를 성공적으로 시각화하지 못하고 있다. 한편 이 타자의 자리는 〈야연〉에서는 이데올로기나 민족주의의 대척점에 서 있는 것이 아니라 권력구도에 따라 변이양상을 보인다. 그 경계는 황제와 우환의 대치구도에 따라 다양하게 그려진다.

〈집결호〉는 전우애라는 휴머니즘을 통해 국민당이라는 타자를 배제시키고 민족을 이데올로기로 동일화한다. 그렇게 중화민족을 뭉뚱그려 이야기한다. 영화 속에서 공산군은 친근하고 가족적인 존재로 재현되다가 종국에는 대가족의 지평으로 확장된다. 소가족에서 대가족으로의 확장, 이렇게 민족은 상상의 공동체로 그려진다. 이 확장의 과정에서 중화민족은 이데올로기의 대립 이전에 있는 선험적인 존재이다. 사실 민족주의란 왕성한 번식력을 가지고 있기에 과잉 집단의식으로 비화될 소지가 있다. 그러나 펑샤오강은 민족주의를 확장시키되 자본의 욕망과 결합시켜 〈집결호〉의 흥행에 성공을 거두었다. 이처럼 〈집결호〉가 '일국가 이체제(一國兩制)'라는 분위기에 편승하여 양안관계를 이야기하는 것은 뉴웨이브의 성격으로 보인다. 이전 공산당 선전 일색이었던 중국의 홍색(紅色)영화보다야 한 단계 발전한 것이기 때문이다. 그럼에도 이 영화는 중국의 양안관계 이데올로기의 헤게모니전략에 기반할 수밖에 없다.

사실 제5세대 감독 펑샤오강은 분단과 전쟁을 실존적 체험으로 지니고 있지 않다. 그럼에도 불구하고 단순한 소재주의로 분단을 활용할 뿐, 해체적 상상력을 발휘하지 못한다. 다시 말해 한국 분단영화가 초창기 반공이데올로기의 반복 일색에서 점차 해체로 이어지는 변증법을 보였자면 〈집결호〉에서는 그렇지 않은 것이다.[11] 한국의 뉴웨이브 분단영화에서는 이데올로기 너머 인간과 일상의 문제, 그리고 사회적 통합의 문제를 제기하였다. 이를 〈집결호〉의 경우에 적용시켜본다면 중국과 타이완의 양안관계, '지금 여기'를 돌이켜볼 수 있는 주제는 '탈분단'이다. 양측 모두 서로를 적으로 간주하고 총부리를 겨누었지만 사실은 한 민족이다. 한 민족이 확대가족의 개념이라면 그것은 내 가족이 확장된 것이다. 자연스레 가족의 일상 속에서 이데올로기가 얼마나 어떤 가치가 있는지를 생각하게 되지 않겠는가? 그래서 '탈분단'이란 이데올로기의 대립을 넘어 왜곡된 분단구조의 극복에 무게 중심이 가 있는 개념이다. 그러나 상술한 대로 〈집결호〉의 경계해석에 있

---

11) 1980년대 중후반 한국에는 〈남부군〉, 〈태백산맥〉 등 이데올로기의 문제를 다룬 영화들이 등장한다. 이를 '코리안 뉴웨이브영화'라고 부르는데 이에 비하면 〈집결호〉는 한국의 뉴웨이브영화보다 주제의식 면에서 훨씬 뒤처진다고 볼 수 있다. 한국의 뉴웨이브영화들은 역사적 현실에 좀 더 객관적으로 접근이 필요했다는 지적을 받았다. 바꾸어 말해 이데올로기를 무화시키려 했음에도 중층적이고 복합적인 여러 요소들을 증발시켜버렸다는 것이다. 그럼에도 이 영화들과 비교할 수 없을 만큼 〈집결호〉는 이데올로기적으로 편향되어 있다.

어서 펑샤오강의 미장센은 분단의 역사를 새롭게 상상하는 방식이 되지 못한다. 쉽게 말해 그는 탈분단 영화로서의 가능성을 보여주지 못하였다. 펑샤오강이 중국의 전쟁영화, 분단영화 등 선행 내러티브와의 관계 속에서 중첩되는 의미에 천착해서 고민할 수는 없었을까? 탈분단을 주제로 경계를 넘어설 수는 없었을까?

〈집결호〉와 시대배경, 장르가 전혀 다른 〈야연〉에서 이데올로기 문제는 전혀 다르게 해석된다. 〈야연〉에는 오월의 땅, 거란변경 등 광활하고 아름다운 중국대륙의 이미지가 펼쳐진다. 대나무 숲 속에서 결전을 벌이고, 물 속에서 솟구쳐 올라오고 하늘을 날아다니는 병사들…. 펑샤오강이 〈야연〉에서 보여주는 대륙의 자연 이미지는 조국을 아름다운 선험적인 것으로 상상하게 만든다. 그렇게 영화의 배경이 된 오대십국의 시공간은 자연적이고도 존재론적인 어떤 것으로 치환된다. 여기서 펼쳐진 대자연은 실제 자연이라기보다는 '일통강호'라는 유토피아, 혈연 공동체의 이미지를 동원하는 민족의식의 발로로 기능한다. 역사는 일통강호(중국의 통일)라는 이데올로기로 강호화되고 이와 함께 강호는 상상 속에서 역사화된다. 역사 속 오대십국의 시공간은 영화를 통해서 관객에게 역사기록보다 더 진실된 사실(史實)로 받아들여진다. 그렇게 역사와 메타역사의 경계는 모호해진다.

한편 〈집결호〉에서 시작과 끝부분에는 부하들이 안장된 열사릉에 집결호 나팔이 놓여 있는 장면이 나온다. 평생 집결호 나팔소리를 듣지 못해 부하들을 살리지 못했다며 죄책감에 시달리던 구쯔디는 부하들이 매장된 참호를 찾아낸다. 자신이 집결호 나팔소리를 듣지 못한 것이 아니라 집결호가 아예 안 울린 것을 알게 되면서 자신을 괴롭히던 것이 자신의 잘못 때문이 아니라 트라우마였음을 깨닫는다. 구쯔디의 기억 속에 트라우마로 남아 있던 부하들은 마침내 열사릉에 안장되고 훈장을 수여받는다. 그렇게 나팔이 열사릉에 놓여지면서 구쯔디는 부하들의 주검이 주는 트라우마를 애도로 승화시킨다. 구쯔디가 죽음을 넘어서면서 그의 부채의식은 막연한 상상계에서 현실의 영역인 상징계 내로 진입하게 된다.

열사릉의 집결호 나팔

행군 장면

그러나 이어지는 장면은 시간을 거꾸로 거슬러 올라간 듯 구쯔디가 부하들과 행군하는 모습이다. 열사들의 영령을 애도하는 집결호 나팔이 울려퍼지고 다시 과거로 돌아가 이어지는 행군장면…. 시간에 균열이 난듯 현재에서 과거로 거슬러 올라간 기억의 경계, 그 틈새로 스며나오는 것은 억지로 빚어내는 듯한 전우애의 감동이다. 영화의 이전 장면에는 구쯔디가 죽은 부하 왕진춘(王金存)의 아내를 또 다른 부하와 맺어주려 애쓰는 신이 나온다. 어쩌면 영화 속에서 가족애를 전우애와 맞바꾸어야 했던 전쟁의 비극을 따뜻한 휴머니즘으로 감싸 안으려 한 대표적인 장면일 것이다. 사랑이나 인간적인 행복은 선험적으로 이념과 대립하는 것이 아니다. 이런 장면에도 불구하고 영화에서 사랑이나 행복은 이념보다 우월한 가치가 되지 못한다. 그래서 이념과 대립되는 탈이념적인 것으로서 우월한 가치가 의미 부여되지도 않는다. 가족애와 맞바꾼 전우애는 공산당 군대를 위한 것일 뿐 또 다른 체제인 국민당 군대와는 무관하다. 하나의 나라를 위해 두 체제가 대립한 결과일 뿐이다. 그것은 바로 중국의 홍콩, 타이완 통일 정책인 '일국가 이체제'에 다름 아니다. 이 전우애라는 휴머니즘에는 '일국가 이체제'라는 흡수 통일의 상상으로 이어지는 오늘날 중국의 식민화 욕망이 투영된 것이 아닐까?

평샤오강은 이렇게 전우애라는 휴머니즘으로 양안 두 진영의 경계를 봉합하고 서사를 마무리 지으려 한다. 이 일방적 휴머니즘을 가동시키는 행군의 회상을 가로막는 것은 마지막의 정지화면이다. 구쯔디에 대한 자막이 나타나면서 영화가 끝맺게 됨을 알게 되는 순간, 관객은 시간이 구쯔디의 출생으로 거슬러 올라가게 된다. 이것은 영화가 허구인 소설을 개작했지만 그 소설이 실화에 기반했음을 명징하게 드러내주는데, 여기서 우리는 이 영화가 단순히 장르영화가 아님을 알 수 있다.

> 1987년 구쯔디는 원허 명예군인 요양원에서 병사했는데 향년 71세였다. 생후 3개월 때 부모는 기근을 피하다 길 위에서 굶어 죽었는데 한 신발 수리공이 밭고랑에서 아이를 거두었다. 그가 성도 이름도 없는 것을 보고 이름을 지어주었으니 구쯔디라고 했다.

이와 달리 〈야연〉에서는 영화의 시작부터 역사를 배경으로 하고 있음을 알려주는 자막을 선보인다.

> 서기 907년 중국 역사상 유례없이 강성했던 당제국은 유혈사태로 화염

에 휩싸여 와르르 붕괴되고 말았다. 몇 명의 큰 반란자들이 무장하여 앞다투어 자기의 왕조를 건립했으니 이 시기는 중국 역사상 오대십국이라고 불린다. 이때는 상당히 혼란한 시기로서 나라와 나라 사이에는 해마다 전쟁이 있었다. 황제와 신하 사이에도 피비린내 나는 다툼을 벌였고 심지어 황실 내부에 부자, 형제지간에도 서로 살육하게 되었다. 우리의 이야기는 바로 이 시기에 생겨나게 된다.

우리는 〈집결호〉에서 구쯔디 출생의 자막 이전에 행군장면이 나오는 것을 어떻게 이해해야 할까? 행군장면은 이 자막을 감추고 있는 숨은 밑그림 또는 다른 이미지(alter image)로 자리매김될 수 있을 것이다. 자막은 영화가 실화에 기초함을 알려주면서 역사 속 사실로 만든다. 행군장면은 영화의 실재성을 이어주는 매개역할을 하는 동시에 허구와 역사 사이의 경계를 복구시키는 영화 속 영원한 현재가 되는 것이다. 행군장면 다음에 구쯔디 출생의 자막이 등장하면서 영화의 한 장면과 역사 사이, 그 경계성은 역사화된다. 그렇게 구쯔디 출생의 자막은 플래쉬백으로 처리된 행군장면의 전사(前史: prehistory)가 된다. 만약 〈집결호〉 속편(episode)이 나온다면 자막은 미래성까지 내포하게 될 것이다. 영화를 끝까지 보는 관객이라면 이야기가 실화임을 알고 감탄하게 될 것이다. 이렇게 구쯔디는 죽음의 유한성을 극복하고 개인적 영생을 확보하게 된다. 자막을 통해 구쯔디의 출생에 얽힌 비밀은 지배적인 민족 담론에서 누락된 역사로 기록되고 구쯔디는 역사 속 영웅으로 만들어진다.[12] 이렇게 탄생된 영웅은 중화인민공화국이 수립

12) 영웅의 전기가 중요한 사회현상으로 등장하는 것은 근대 국민국가들의 공통된 특징이다. 사회주의 체제가 이러한 영웅 스펙타클을 체제 동력의 중요한 메커니즘으로 전환시킨다는 점에서 특수한 사회주의적 현상이라고 할 수 있다. 20세기 중국에서 만들어진 영웅으로는 마오쩌둥(毛澤東)시대의 레이펑(雷鋒), 덩샤오핑(鄧小平)시대의 장하이디(張海迪)가 대표적이다. 이들은 자기 재생산능력이 결여된 중국사회가 관리

된지 60년이 지났기에 지금 여기서 이념을 초월하는 것처럼 보인다. 그러나 사실은 무의식적인 차원에서 관객을 이념으로 재무장하게 만드는지도 모른다. 그런 그는 중국이라는 국가체제가 만들어낸 대중독재의 영웅이다. 바꾸어 말해 구쯔디는 현실 중국에 존재하는 중국인이 아니라 중국인의 정치적 무의식이 판타지로 교묘하게 재생산된 대중독재의 영웅이다. 라깡의 개념을 빌리자면 억눌린 중국인의 자아가 만들어내고 환호하는 '대타자(大他者)'라고 할까? 그러나 이렇게 만들어진 영웅은 오욕과 굴종의 중국 현대사를 망각하고 상상적으로 극복하려는 차원에서 이루어진 산물이다. 여기서 우리가 읽을 수 있는 것은 중국현대사를 나누어 온 양안 그 경계의 역사이다.

영화가 시작과 끝을 전투장면으로 채우는 것은 구쯔디가 부하들 시신을 찾아 헤매게 된 경위를 보여주기 위해서인 듯하다. 영웅의 탄생설화는 늘 신비로운 안개에 싸여 있다. 구쯔디의 탄생설화도 신비롭다. 그렇게 탄생된 영웅이야기를 본 관객들은 영화가 끝나고 지금 이 자리의 현실로 돌아온다. 사실 문학작품을 영화화할 경우, 허구에 상상을 가미하여 원작을 재해석할 수 있는 여지가 있지만 이 영화는 그렇지 않다. 앞서 언급한 대로 양안의 경계를 넘는 탈분단의 주제로 나아가지 못하기 때문에, 유쾌한 오독을 통한 재해석이 원천적으로 불가능하다. 구쯔디가 살아오는 내내 억압된 실재였던 부하들은 열사릉에 안치되고 전쟁영웅으로 애도된다. 구쯔디의 트라우마가 새롭게 해석되면서 해소되는 것이 아니라, 현실 속 억압으로서 열사릉에 묻혀질 따름이다.

이와 대조적으로 〈야연〉에는 황후의 지지를 받는 듯했던 황제가 황

체제를 갱신하기 위해서 도입하는 독특한 기제 속에서 탄생하고 소멸해갔다. 이에 대해서는 권형진, 이종훈 엮음, 『대중독재의 영웅만들기』(휴머니스트, 2005), 「엮은 이의 말」과 88~150쪽을 참고할 것.

후의 배신으로 죽고, 태자 우환마저 죽음을 맞자 황후가 보좌에 오른다. 그러나 권력은 돌고 도는 것, 황후의 치세도 얼마 가지 못한다. 중국역사는 분열과 통합의 순환과정이라 하지 않았던가? 영화의 마지막에 어디선가 월녀검이 날아오고 황후는 고통 속에 최후를 맞이한다. 영화의 말미에 급작스레 삽입된 이 장면에 관객의 시선이 집중된다. 황후가 쓰러지는 장면에 이어지는 장면은 개구리밥[부평초(浮萍草)]으로 가득찬 욕조 신이다. 이 두 신은 어울리지 않는 듯 대조적이다. 권력은 한낱 부평초처럼 허무하다는 의미일까? 개구리밥이 새로이 통합된 국가장치의 운명이 허망하다는 의미라면 황후의 최후는 국가장치의 분열을 재현하는 것일까? 이렇게 역사와 현실, 문학과 영화의 경계는 허물어지고 양자의 구분도 모호해진다.

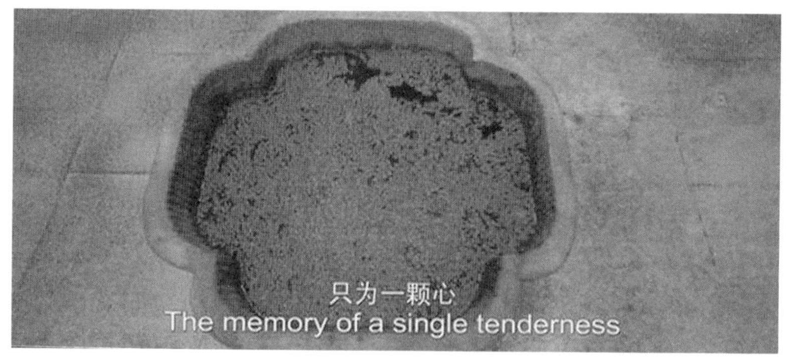

只为一颗心
The memory of a single tenderness

개구리밥으로 가득 찬 욕조

전우애라는 휴머니즘을 중화 민족주의로 확대시킨 〈집결호〉는 체제이데올로기라는 자체의 모순에 빠진 채 끝내 헤어나지 못한다. 영화는 국민당 군대라는 타자를 끌어들이지만 그들은 동일자와 같은 민족이다. 영화가 강변하는 체제이데올로기는 정체성이 모호해지고, 그 모호함 속에서 〈집결호〉는 그야말로 형제(타이완)의 퇴장을 알리는 나팔소리(집결호)같은 영화가 되어버렸다. 같은 감독이 만든 〈야연〉과 〈집결호〉의 너무도 상이한 스타일은 바로 이 모호함에도 잘 드러난다. 한편 〈집결호〉와 달리 〈야연〉에서 관객은 현실이 아니라 화려했던 과거, 대중화의 화려했던 역사를 떠올리게 될 것이다.

지금까지 펑샤오강의 근작 〈야연〉과 〈집결호〉, 두 영화에 나타난 대립의 구도를 분석해보고, 대립의 경계를 살펴보았다. 이를 간략히 도식화하면 다음과 같다.

원작(콘텍스트)	개작(텍스트)	미장센	국가장치
셰익스피어의 「햄릿」	〈야연〉	실존주의	분열과 통합의 순환
양진위안의 「소송」	〈집결호〉	리얼리즘	분열에서 통합으로

이 표에서 요약되었듯이 〈야연〉에서는 중국의 국가장치가 분열에서 통합으로 다시 분열로 나타나고 〈집결호〉에는 공산군과 국민군의 대립으로 나타난다. 관객은 오늘날 중국과 타이완의 분열을 떠올리게 되지만, 결국 중화인민공화국의 수립 이후를 보여 줌으로써 〈집결호〉에 나타난 분열은 통합으로 가는 노정이었음을 알 수 있다.

3. '아버지 부재(不在)'에서 '국가의 건재(健在)'로

〈야연〉에서 아버지는 가부장사회 속 권력자의 표상으로 등장한다. 가족이라는 기제에서 가부장의 지위가 사라지고 없는 자리를 대신해서 들어서는 것은 바로 우애(fraternity)라는 이름으로 뭉쳐진 아들들이다. 린 헌트의 말처럼 국왕이라는 폭군적인 나쁜 아버지를 제거한 자리에 형제들이 들어서는 것인가?[13] 〈야연〉에서는 그렇다. 우환의 부친이 죽자 가족은 해체되고 동생이 황제가 되어 황후를 차지하면서 새로운 가족관계가 성립된다. 이렇게 〈야연〉은 가족해체라는 불안의 약호를 새로이 통합될 중국을 예고하는 기제로 활용한다. 펑샤오강이 의도하지 않았는지 모르지만 〈야연〉에서 가부장은 불안을 초래하는 억압의 표상이 되고 영화에는 「햄릿」에서처럼 전형적인 반역과 살부(殺父) 정서가 드러난다. 존경받는 '아버지의 법'은 정치권력과 금기의 약호 사이의 관계를 분명히 할 것이다. 〈야연〉에서 우환의 아버지는 육체적으로는 죽었으나 우환에게는 그 무엇도 아버지의 자리를 대신할 수 없었다. 그런 그는 자신의 죽음에 대한 상징적 대가를 요구하기 위해 우환 앞에 다시 모습을 보인다.

우환은 아버지의 부고(訃告)를 듣고 급히 황궁을 찾는다. 황궁을 들어선 우환은 아버지의 투구와 갑옷이 걸려진 것을 발견하고 아버지를 회고한다. 「햄릿」에서 유령으로 나타났던 아버지는 〈야연〉에서 유품인 투구와 갑옷만 남아 있다. 이렇게 현현한 아버지는 아들 세대에게 원죄를 부과하는 실재로 귀환한 것인가? 아니면 우환이 극복해야 할 존재인가? 아버지의 죽음이 봉건주의와의 결별을 뜻한다면 우환에게 당연히 극복 대상이 될 것이다.

여기서 주목할 것은 이어지는 장면이다. 우환이 아버지의 투구를 어루만지자 투구의 눈에서 피가 흘러나온 것이다. 아버지는 이미 돌아가셨는데 걸어놓은 투구에서 어떻게 피눈물이 나올 수 있는가? 과연 이것이 비탄에 빠진 우환의 불안한 심리에서 비롯된 착각인지 아니면 실

---

13) 린 헌트, 조한욱 역, 『프랑스혁명의 가족 로망스』(새물결, 1999), 104쪽. "아버지는 없거나 사라지려고 하고 있으며, 형제들이 단결하여 그의 자리를 차지한다."

제인지는 명확하지 않다. 실제라면 「햄릿」의 유령 신을 중국영화로 번안한 적절한 미장센이 될 것이다.

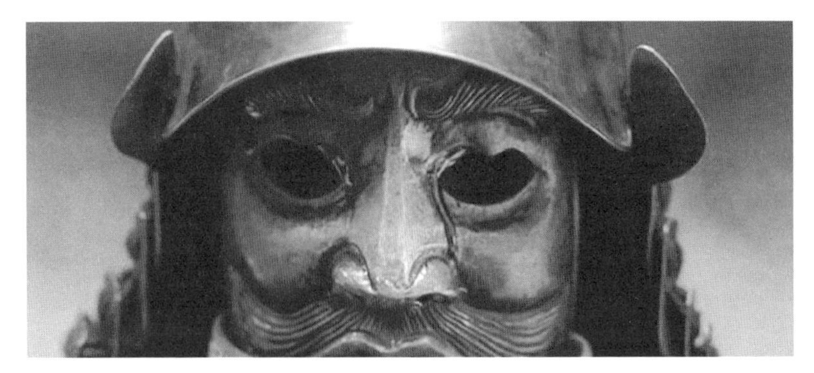

피눈물을 흘리는 투구

아무튼 피눈물을 흘리는 아버지의 투구는 그것이 풀리지 않은 원한으로 해석된다는 점에서 우환에게 아버지가 암살된 것이 아닐까 하는 의심을 하게 한다. 이 아버지의 투구는 아버지의 부채청산, 즉 원혼을 풀어줄 것을 요구하면서 귀환한 역사의 유령인 셈이다. 데리다(Jacque Derrida)에 따르면 유령은 억눌려져 망각된 기억을 되살리고 지켜지지 않은 과거의 약속을 상기시켜주는 존재다. 유령의 귀환은 이처럼 과거를 통해 현재의 잘못을 일깨워주는 데 의미가 있다. 데리다의 말처럼 아버지의 투구(유령)는 빼앗긴 황위를 되찾아 대중화의 치세라는 아직 도래하지 않은 미래의 유토피아를 일깨워주는 역할을 한 셈이다.[14] 이처럼 〈야연〉에서 아버지는 돌아가심으로써 존재에서 부재로 그 양상이 변화, 대체된다.

그러나 그의 죽음에 얽힌 비밀은 풀리지 않는 역사의 알레고리로 남

14) 이것이 데리다의 '기억의 정치학'이다. 이에 대해서는 자크 데리다, 양운덕 역, 『마르크스의 유령들』(한뜻, 1996)을 참고할 만하다.

게 된다. 이 알레고리가 역사적으로 어떤 의미가 있는지, 현재와 환유적으로 어떻게 연결되는지를 알기 위해서는 어떻게 해야 할까? 절대 권력자의 치세가 중국의 공식적 역사를 이끌었다가 배제되어 이제 난세의 트라우마로 남게 된 현실과 연결 지어야 하지 않을까? 이는 과거 절대 권력자가 이끌어나가던 대중화의 치세가 오늘날 어떤 의미를 갖는지와 밀접한 관련이 있다. 여기서 우리는 제임슨(Fredric Jameson)이 말한 '역사의 상처'를 떠올리게 되는 것이다.

〈집결호〉가 중국현대사에서 전쟁과 트라우마를 다루었다면 〈야연〉에서 봉건시대의 국부(國父)로서 지탱되었던 아버지는 아들들에게 극복의 대상이 되었을까? 그렇다면 〈집결호〉에서는 어떨까? 아버지는 새로운 정신과 이념으로 회의하고 극복해야 할 대상으로 재현되었을까? 그러나 〈집결호〉에서 아버지는 물론, 가족이 극복의 대상으로 재현된 것으로 보이지 않는다. 가족의 모습은 전쟁터에서 왕진춘이 쓰는 편지 속 기억의 흔적으로 남아 있을 뿐이다. 〈집결호〉의 전우들은 마치 고아 같은 존재로서 부모를 찾아볼 수 없다. 마치 금기된 채 망각의 땅으로 쫓겨난 듯했던 영화 속 아버지는 전쟁이 끝난 후 마오쩌둥 사진으로 얼굴을 드러낸다.

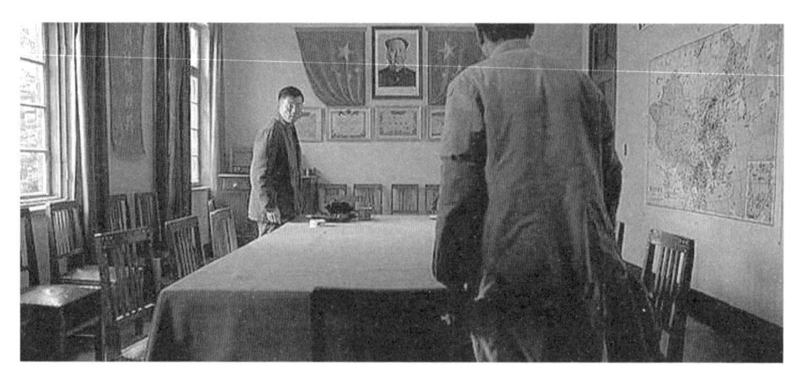

마오쩌둥 사진

영화 속 마오쩌둥은 바로 정신적 아버지이다. 정신적으로 새로이 모방하고 계승해야 할 존재인 것이다. 마오쩌둥은 영화의 시공간적 배경이 되는 시기, 중국 현당대사의 주역이었던 인물이다. 중국인의 정신적 지주인 마오쩌둥은 영화에서 역사 혹은 민족으로 대체된다. 역사나 민족은 어떤 내면화된 의미의 외적 현현체라 할 수 있다. 〈집결호〉에서 구쯔디는 왜 평생 부하들의 주검을 찾아 헤매는가? 이것은 바로 그의 정신적 아버지, 마오쩌둥이 던지는 이념적 이유와 환유적으로 연결된다.

물론 영화 속 마오쩌둥은 사진으로 등장할 뿐이다. 한국전쟁이 끝나고 구쯔디는 부하들이 전사한 원허의 상이군 요양원에서 살기로 하고 전입신고를 하러 관원들을 면담한다. 이들은 경직된 이념의 파수꾼들이다. 구쯔디의 본심을 알 리 없는 이들은 그를 환영하지 않는다. 도리어 구쯔디가 발견되었을 때 입고 있던 국민군 군복을 시비삼는다. 전쟁 때 국민군에 투항한 증거가 아니냐는 것이다. 이 말을 듣자 구쯔디는 이성을 잃고 마오쩌둥 사진 아래로 의자를 집어던진다. 왜 의자를 집어던지는 장면에서 정신적 아버지인 마오쩌둥 사진이 나왔을까?

마오쩌둥이 정신적 아버지인 것은 민족을 선험적이고 혈연적인, 본질적인 것으로 인식하는 데서 나온다. 그에 대한 반발은 그런 인식을 가로막고 있는 이념적 장애들을 경계 밖으로 밀쳐내려는 욕망 때문이다. 바로 그 경계 사이에서 일어난 충동인 것이다. 이것은 구쯔디가 평생을 먼저 보낸 부하들에 대한 죄책감으로 살아가는 자신을 몰라주는 데 대한 원망을 중화인민공화국의 아버지를 향해 내비친 것이다.

그러나 마오쩌둥은 〈야연〉에서 독살당한 황제가 그렇듯 역사의 유령에 다름아니다. 이 영화에서 분단이라는 현실은 영화 전체를 관통

하고 있지만 민족의 적대이며 역사의 모순인 국민당이라는 타자는 이데올로기의 압력에 의해 텍스트 바깥으로 밀려난다. 사진 속 마오쩌둥은 〈야연〉의 황제 갑옷처럼 영화 속에서 풀리지 않는 원한을 형상화하는 표상이다. 구쯔디가 의자를 내던진 당시에야 마오쩌둥이 건재했을 것이다. 관객들이 영화를 관람하는 지금 마오쩌둥은 그렇지 않다. 그래서 마오쩌둥의 사진은 역사의 실패를 말해주는 실재가 귀환한 징후이며 그 공백의 불거짐이기도 하다. 〈집결호〉에서 부하들이 매몰되어 있는 벙커를 찾아 광산을 마구 파헤치는 구쯔디의 작업은 역으로 실패한 역사 속 공백을 메우려는 것으로 볼 수 있다. 역사의 공백을 메운다는 것은 상징적 의미를 부여받지 못한 채 역사의 바깥으로 내몰렸던 수많은 형제들을 상징화하고 아버지의 유령을 애도하는 것을 말한다. 영화의 마지막에 위령비가 세워지고 조포가 발사되는 것은 상실된 대상이 완전히 자아로 끌어안아지는 것이다. 그동안 대상의 상실이 발생시킨 상징계의 균열은 조포 소리와 함께 다시 메워진다. 그것은 일종의 장례식이자 과거청산 작업이었다. 이를 통해 역사의 공백은 상징적으로 채워지며 전우의 유령들은 공동체의 역사 속에서 영속성을 보장받게 된다. 이처럼 상실된 과거를 끊임없이 애도함으로써 과거는 역사화되고 부하들의 주검은 역사의 모순과 이데올로기의 충돌, 그 경계의 대립을 넘어서게 된다. 과거에 대한 구쯔디의 애도는 역사의 트라우마가 궁극적으로 관객의 삶 속으로 편입될 수 있게 해준다.

〈집결호〉에서 애도의 공간으로 등장하는 곳은 방공호(벙커)다. 부하들이 생매장된 벙커는 마오쩌둥이 건재하던 아버지의 세대에 가부장 이데올로기에 의해 형성된 곳이다. 이곳은 아버지의 법이 건재한 상징적 공간이다. 그러나 〈야연〉에서는 벙커 같은 밀폐된 공간이 아니라 황궁이라는 상대적으로 열린 공간에서 가족의 해체가 진행된다. 〈야연〉에서 가족의 비극은 아들(우환)이 새로운 아버지(삼촌)에 저항하면서 이루어진다. 「햄릿」의 내용을 고대 중국의 이야기로 번안했기에 당연한 결과겠지만 〈야연〉의 황궁은 〈집결호〉에 비하면 탈역사적인 공간이라 할 수 있다. 〈야연〉의 황궁에서 진행되는 가족의 해체는 현실에서 존재할 수 없는, 대중화의 치세라는 가공의 이상향(유토피아)에서 벌어진다고 할 수 있다. 반면 〈집결호〉의 벙커는 부정적인 암흑세계의 알레고리이다. 이데올로기에 희생된 개인이 캄캄한 어둠 속에서 신음하는 그곳은 현실 중국과 환유적으로 연결된다. 그곳은 지하에서지만 중화인민공화국이라는 새로운 역사를 꽃피우는 공간이다. 마치 '디스토피아(dystopia)'처럼 암흑세계의 허구가 현실로 확대 투영된다면 오늘날 중국인들에게 던지는 메시지가 있을 것이다. 벙커는 구쯔디의 부하들이 안고 가야 했던 역사의 트라우마, 즉 분단과 이데올로기의 대립이라는 현대사의 모순을 안고 있기에 그렇다. 벙커를 붕괴시킨 것은 자기들이 죽음으로써 전투를 승리로 이끌기 위한 것이다. 그런 이곳은 역사의 모순이 응축된 공간이자 장소 정체성이 살아 있는 공간이다. 그러나 이곳에는 분단의 역사를 거부하는 처절한 몸부림이 없다. 두 영화를 현실적으로 어떻게 해석할 수 있는지와 관련하여 우리는 유토피아로서 〈야연〉의 황궁과 디스토피아로서 〈집결호〉의 벙커를 쌍방향 시점에서 환유적으로 바라볼 필요가 있다. 현실의 어둠을 직시할 때 미래의 논의가 적절히 이루어질 수 있고 우리는 펑샤오강의 영화 이데올로기를 비판적으로 바라볼 여지를 얻게 될 것이다.

본고에서 주목하는 대로 구쯔디의 전우애는 중화 민족주의로 확대 왜곡된다. 그 재연의 현장은 바로 구쯔디의 영웅 만들기가 펼쳐진 무대였던 전쟁터이다. 전쟁터는 절대 위험의 장이다. 때문에 구쯔디에게는 죽음이 가지고 올 공포와 위협을 극복할 수 있는 최고의 정신 능력인 영웅의 대담성과 저돌성, 용맹이 최고의 덕목으로 요구된다. 바퀴 빠진 기관차처럼 죽음을 향해 돌진하던 구쯔디의 소영웅주의는 일종의 강박관념일 뿐이다. 궁지에 몰린 생쥐가 몸을 부풀려 고양이에게 자신이 크게 보이게 하듯이 자신을 점점 더 제국주의적으로 표현하게 된다. 구쯔디는 부하들을 벙커에 죽게 남겨두고 벙커 위에서 홀로 탱크와 목숨을 건 일전을 치른다. 그 죄책감으로 구쯔디는 평생 부하의 주검을 찾아 헤매게 되고, 결국에는 벙커를 찾아낸다. 그리고 이들을 열사릉에 안치시킴으로써 전우애를 중화 민족주의로 승화시킨다. 구쯔디가 보여주는 전인적 인격체로서의 모습은 이 영화가 인격수양론으로써 구쯔디에게 일종의 유기체적 민족주의자 형상을 부여하는 식으로 미화하고 있음을 보여준다.[15] 구쯔디는 죽음의 유한성을 극복하고 개인적 영생을 확보함으로써 진정한 집합적 동일시(민족주의)를 달성한다.

펑샤오강은 〈집결호〉에서 동족상잔이나 6·25전쟁 등 중국 현당대사에 점철된 역사적 상흔을 영화적 공간으로 끌어들이고 서사화했다. 그러나 그 과정에서 국공내전, 6·25전쟁 등 현재와 동질적이지 않은 시간대를 '중화인민공화국의 시간대'와 연결 지음으로써 전쟁의 상흔을 '지금 여기'서 체현하고자 했다. 중화인민공화국의 시간대는 전쟁을 재현하는 층위를, 그리고 현실 중국의 층위를 넘나든다. 과거와 현재라는 두 층위를 넘나들면서 서로 뒤섞여 교차되어 조국의 의미를 전달하고 중국 대중의 '민족'에 대한 상상을 강력하게 추동하여 자신을 '중화민족'으로 인식하게 한다.[16]

---

15) 고미숙이 『한국의 근대성, 그 기원을 찾아서-민족·섹슈얼리티·병리학』(책세상, 2001), 43쪽에서 '유기체적 전체성론'이라는 표현을 쓴 데서 힌트를 얻었다.

16) 민족주의는 중국현대사에서 형제애(fraternity)와 닮은 모습으로 전파되어 갔는데, 근대 시기에 문명론을 비롯한 많은 근대담론들이 단체력을 강조했고, 방회(邦會)가 창달되던 것도 같은 맥락이다. 이후 중일전쟁(中日戰爭), 국공내전을 겪으면서 민족 간

평샤오강은 영화 속에서 국공내전, 6·25전쟁을 통해 공산군과 국민군, 공산군과 미군이라는 대립의 경계를 보여준다. 이 대립의 경계를 나누는 작인은 주체와 타자 역할을 한다. 〈야연〉과 달리 〈집결호〉에서 두 작인은 중화인민공화국이라는 하나된 중국으로 수렴된다. 상술한 '민족임 혹은 민족됨', 즉 민족의식은 주체와 타자의 대립구도를 통해 상상된다. 이것은 두 진영을 명징하게 나누는 벙커 위에서 벌어진 전투장면에서 잘 드러난다. 이렇게 평샤오강은 스스로 민족 서사를 구성하고 민족에 대한 의미를 생산해낸다. 그렇다면 영화가 동원하는 민족주의의 내용은 무엇이며 그러한 민족서사를 구조화하고 있는 중국의 민족적 상상 혹은 무의식이 어떤 것인지 생각해볼 필요가 있다. 이 상상은 바로 '하나된 중국(일국가 이체제)'이라는 미래다. 이 상상은 관객의 정체성을 재구성하는 과정으로 이어지게 되는데, 그것은 하나된 중국과 자신이 동일시되고, 중국인의 한 사람으로서의 나와 우리라는 유혹과 강제가 발생하는 과정이다. 하나된 조국과 개인 사이의 이러한 동일시가 바로 '민족주의'가 아닌가? 〈야연〉에서 황후는 '소가족'을 잃었지만 개인과 가족, 민족으로 이어지는 '거대가족(superfamily)'을 얻은 셈이고, 비장미 어린 죽음을 맞음으로 해서 관객들이 '중화'를 되새기고 성찰하게 했다. 또한 〈집결호〉에서 관객의 영화체험은 구쯔디라는 큰 영웅을 마음속에 각인시키고 '중국인'으로서 개인의 위상을 절대적 당위로서 받아들이게 됨으로서 막을 내리게 된다.

에 편재되어 있을지 모르는 실질적인 불평등과 수탈에도 불구하고 공산당을 중심으로 중화민족의 심오한 수평적 동료의식이 상상되었다.

대포와 월녀검

한편 두 영화에는 권력과 무력을 상징하는 두 가지 도구가 있다. 그것은 칼과 총이다. 〈야연〉에서 절대권력을 상징하는 것이 월녀검(越女劍)[17]이라면, 〈집결호〉에서는 총이 그러하다. 〈집결호〉에서 양 진영 사이를 오가는 포화는 권력이 아닌 무력을 공공연히 승인하는 장치이다. 이렇게 영화에서 권력과 무력의 도구로서 칼과 총은 체제 이데올로기를 인증하고 유지하는 장치로 기능한다. 절대권력의 상징을 거론하는 것은 영화 속에 숨겨진 정치권력을 드러내기 위해서이다. 두 영화는 현실을 탈역사화하였지만 우리는 이 장치를 통해서 그 이면에 당대 중국 정치상황에서의 불안과 공포를 읽어낼 수 있었다. 국공내전과 이후 정신적 지주인 아버지의 공포정치는 〈집결호〉의 서사를 전형적인 남성 중심적 민족서사의 화법으로 만들게 했을 것이다. 평샤오강 영화에서 남성성은 〈야연〉의 황제, 우란을 중심으로 표상되는 남성성에서 〈집결호〉에서 구쯔디의 가슴 뭉클한 전우애로 변모를 보인다. 즉

17) 앞서 언급한 바 있는 엑스칼리버와 유사한 기능이다.

〈야연〉의 황제, 우환이 타자를 파기할 수 있는 자기 충족적 주체(사디즘)라면 〈집결호〉에서 구쯔디는 통제받기를 욕망하는 가련한 자기 혐오적 존재(마조히즘)이다.

전체적으로 〈야연〉이 타자에 대한 권력욕을 창출함으로써 남성적 권력을 재편 내지 약화시킨다면 〈집결호〉는 여성으로 구현되는 타자를 파괴하고 제거함으로써 남성적 권력을 회복시킨다. 그렇다면 〈집결호〉에서 여성에 대한 고착된 소외가 나타나는 연유는 무엇일까? 그것은 바로 현실 중국의 아버지 부재에 수반되는 남근 결핍을 보상하려는 심리 때문이며, 할리우드와 유사한 전쟁 장르영화 서사 관습을 차용한 상업전략에 기인한 것이다.

〈야연〉의 마지막에는 황후가 칼에 맞아 최후를 맞는다. 그리고 〈집결호〉에서는 1987년에 구쯔디가 사망한다는 자막이 나온다. 주인공의 죽음으로 끝을 맺는 두 영화는 역으로 절대권력의 회복을 갈망하는 듯하다. 다시 말해 두 주인공은 자기 충족적 주체 또는 자기 혐오적 주체의 대표적 인물이다. 이들의 갈망은 사디즘과 마조히즘으로 표출된다. 그것은 권력욕에 다름 아니며, 근대화와 세계화의 시간대에서 뒤처진 중국이 극복해야 할 역사적 과제가 시대적 징후로 제시되었던 것이다. 이런 과제를 염두에 두고 제작된 두 영화는 중국형 블록버스터라 불릴 만큼 스케일이 크다. 결론적으로 두 영화가 어떤 흥행전략으로 제작되었는지, 어떤 주제를 드러내는지를 정리하면 다음과 같다.

텍스트	아버지	성차 특성	영웅	흥행전략
〈야연〉	부재	사디즘	영웅 지우기로 민족주의를 상상	오리엔탈리즘
〈집결호〉	부재	마조히즘	영웅 만들기로 중화 민족주의 부각	할리우드 스펙타클

4. 맺으며

지금까지 펑샤오강의 영화 〈야연〉과 〈집결호〉를 분석해보고, 두 영화가 겹치고 어긋나는 지점을 되짚어보았다. 펑샤오강은 죽은 사람을 다시 살려냈다는 전설의 명의 편작(扁鵲)처럼, 구쯔디를 무덤에서 되살려내고 햄릿을 데려와 오대십국의 무대에 세웠다. 펑샤오강은 중국판 〈라이언 일병 구하기〉[18]를 만들고 싶었던지, 〈집결호〉에 〈태극기 휘날리며〉 특수제작파트를 참여시켜 실감 나는 전쟁신을 연출했다. 두 영화 모두 아버지 부재를 보여주는데, 〈야연〉에서는 아버지뿐만 아니라 영웅마저 죽음을 맞음으로써 가족의 해체를 통해 남성적 권력을 재편시키고 있다. 〈야연〉에서 오리엔탈리즘의 미장센은 화려했던 대중화의 시대를 관객이 엿보게 함으로써 민족주의를 상상하게 하는 요소가 되었다. 반면 〈집결호〉에는 아버지 부재를 통해 구쯔디라는 영웅 만들기를 시도하고 이를 통해 남성권력을 회복시키고 중화민족주의를 부각시켰다.

본고에서는 이데올로기의 측면에서 분단영화로서 〈집결호〉의 한계를 비판하고, 가족의 해체와 거대가족의 상상으로 중화민족주의를 투영한 측면에서 〈야연〉과의 경계를 그려보고자 했다. 이를 위해 이념의 경계를 넘어서는 거슬러 읽기를 통해 두 영화를 해석하면서 중국영화의 한계를 짚어보려고 했다. 이것은 펑샤오강의 영화에 문화적, 정치적으로 감추어진 대중화라는 헤게모니의 지배적 실천정서를 드러내는 작업으로 이어졌다. 우리는 펑샤오강의 영화를 기존의 논평에서처럼 흥행영화로만 볼 것이 아니라 그 흥행요인이 중국정부의 문화정책과 깊게 연관되어 있음을 인식할 필요가 있다. 〈야연〉과 〈집결호〉는 21

---

18) 스티븐 스필버그 감독, 톰 행크스 주연, 〈라이언 일병 구하기〉(파라마운트픽쳐스, 1998)

세기 초 중국에서 중화 민족주의 그리고 세계화라는 이종교배가 낳은 중국형 블록버스터로 보는 것이 더 적절할 것이다. 그러나 중국형 블록버스터에 대한 평가는 관객의 몫일 뿐, 본고에서 두 영화 모두를 절반의 실패로 보는 것은 아니다. 앞으로 중국에서 문학텍스트를 영화텍스트로 구성하고, 역사 속 사실을 영화적 현실로 연출한 보다 발전된 영화가 나오기를 기대해본다. 그것이 원작의 예술성을 넘어서고 중국의 분단현실을 극복할 수 있어서 관객과 속 깊은 소통이 가능한 영화라면 절반의 성공이 될 것이다.

3장

강호(江湖)로서 홍콩 지우고 넘어서기

소설 「사조영웅전」과 영화 〈동사서독〉

1. 들어가며

소설 「사조영웅전」과 영화 〈동사서독〉

소설 「사조영웅전射鵰英雄傳」[1]은 대단히 흥미로운 소설이다. 감동의 기복과 지속, 흥미진진한 액션, 그 진폭이 갖는 높낮이가 율동적이고 숨 가쁘게 펼쳐진다. 얼핏 보기에는 의인협객들의 영웅적 삶과 애정의 서사시인 것 같지만 사실 이 소설에는 근대적 삶을 완성시키고자 하

1) 진융소설 가운데 「사조영웅전」은 전문가집단, 즉 진융소설번역연구회에서 완역본을 2003년 김영사에서 출판하였으므로 본고의 인용텍스트로 쓰기로 한다.

는 고독한 개인의 성장과정이 있다. 「사조영웅전」에는 칭기즈칸이 등장하지만 소설 속에서 그는 조역에 불과했다. 중원을 통일하고 대원(大元)제국의 시대를 구가하기 위해 전쟁을 도발하던 만승의 황제요, 명상가와 문필가로서도 사후에 큰 명성을 떨쳤던 영상[2] 이미지와는 사뭇 다른 모습이기도 하다.

그런데 영화 〈동사서독東邪西毒〉에는 「사조영웅전」에서 영웅으로 등장하는 대협 궈징(郭靖)은 온데간데없고 악역에 가까운 황야오스(黃藥師) 동사(東邪)와 어우양펑(歐陽鋒) 서독(西毒)이 주인공으로 등장한다. 〈동사서독〉은 「사조영웅전」의 인물의 내력이나 성격만을 소설에서 차용했을 뿐, 소설과 전혀 상관없는 내용으로 이야기가 전개된다. 본고에서 「사조영웅전」과 〈동사서독〉의 상호텍스트적 의미를 비교의 방법으로 탐구하는 것은 소설 「사조영웅전」이 진융소설 중 최초(1958년)로 영화화된 작품일 뿐 아니라 이후 진융의 소설 기교가 성숙되는 전환기적 의미를 지니고 있기 때문이다.

1990년대 홍콩에는 대작 장편소설의 일부를 개작하는 영화가 유행했는데 그 가운데 〈동사서독〉이 대표적이다. 황량한 사막풍경 속에서의 부조리한 삶, 이상과 일상이 혼재되어 뭐가 뭔지 모를 장면으로 펼쳐지는 상상 속 강호의 이미지로 채워진 영화 〈동사서독〉은 새로운 이미지 수사학의 가능성을 열었다는 호평을 받았다. 웡카와이[3] 감독은 전통적인 중국의 자연과 도시를 배경으로 하는 「사조영웅전」의 상

2) 사이푸(塞夫), 마이리쓰(麦丽丝) 감독의 영화, 〈一代天骄成吉思汗〉(內蒙古電影公司, 1997)과 KBS1 TV에서 2005년 방영했던 TV드라마 〈칭기즈칸〉의 내용을 참조할 것.

3) 王家衛는 인물사전에 '왕자웨이'로 등재되어 있지만 중국어 발음은 'Wang Jiawei'로 '왕쟈웨이'가 더 정확한 표기가 된다. 그러나 王家衛가 그의 이름을 'Wong Karwai'로 표기하는 것은 바로 광둥어 발음이다. 王家衛의 영화에서 홍콩 반환을 전후한 홍콩인의 정체성이 화두처럼 자주 등장하는 것은 그의 영화에서 일관된 주제이기 때문이다. 그래서 이 글에서는 홍콩인으로서 그의 정체성을 존중하는 의미에서 이름을 '웡카와이'로 표기하기로 한다.

상세계, 강호를 포스트모던한 이미지로 해체해서 재구성한다. 그래서인지 장궈룽(張國榮), 린칭샤(林青霞), 량차오웨이(梁朝偉), 장쉐여우(張學友), 량쟈후이(梁家輝) 등 홍콩과 타이완의 스타급 배우들이 대거 출연한 요인도 있지만 이 영화는 뛰어난 영상미와 슬로우모션 등의 영상기법이 어우러져 흥행에 크게 성공하게 되었다. 어우양펑(장궈룽 분)의 자술에 황야오스(량쟈후이 분)의 서술을 삽입하는 일기체형식으로 전개되는 〈동사서독〉은 강력한 작가주의적 방식으로 「사조영웅전」을 재해석하여 포스트모던한 상상의 세계에 던져진 협객들의 실연의 고통을 다루게 된다.

〈동사서독〉에서 인물보다 사건이, 형상보다 대화가 앞서는 것은 원작소설 「사조영웅전」과 차이날 수밖에 없는 영화적 특징이다. 표현형식이나 방법이 표현하려는 내용이나 느낌보다 우세한 것은 〈중경삼림重慶森林〉, 〈아비정전阿飛正傳〉에도 공통된 웡카와이 영화의 특징으로 흥행성을 고려한 측면이지만 다른 각도에서 보면 영화적 결함일 수도 있다. 진융의 「사조영웅전」은 TV드라마, 영화 등으로 수없이 개작되면서 컬트적 대상이 되었고 또한 하나의 문화현상이 되었다. 문화는 생산유통, 소비, 재생산의 과정을 거치면서 사회적 형질 변화를 겪는다. 그런 점에서 본고에서는 소설과 영화의 관련 양상을 비교하면서 생산, 유통, 소비, 재생산의 과정을 거치는 영화의 강력한 현실적 파급효과에 주목하고자 한다.

소설이 영화로 개작되어 촬영되면 감독의 재해석이 이루어질 수밖에 없다. 본고에서는 소설 「사조영웅전」에서 작중인물들이 추구하는 근대적 주체의 모습이 영화 〈동사서독〉에서 어떻게 형상화되었는지를 근대 '지우기'와 '넘어서기'의 차원에서 고찰하고자 한다. 그리고 진융소설이 화이 이원대립적 관점의 전기소설에서 소수민족 국가 간의 다툼과 중화주의의 부활을 꿈꾸는 후기소설로 넘어가는 전환기에 창작된 「사조영웅전」의 주제사상에 대해 고찰해보고자 한다. 그것은 「사조영웅전」이 〈동사서독〉이라는 영화로 재탄생된 계기와 홍콩이라는 사회적 배경에서의 알레고리를 비교하는 작업이 될 것이다.

2. 근대-지우기와 넘어서기

진융은 중국의 전통적인 이상인격에서 근대적이고 현실적인 인격을 발전시켰다. 진융소설 속 인물들이 중국의 전통적인 이상 인격에 국한되지 않는다는 것은 이 때문이다. '무협(無俠)', '낭인', '반협(反俠)' 등으로 구분될 수 있는 협객형상의 개성적인 표현을 진융은 대단히 중시했는데, 특이한 점은 「천룡팔부天龍八部」 외에는 소설 주인공 대다수가 고아라는 사실이다. 그리고 외동아들, 외동딸 같은 고독한 형상도 유달리 많다. 「사조영웅전」에서 궈징도 마찬가지다. 진융소설에서 협객과 아버지와의 관계는 대단히 복잡한데 송웨이제(宋偉杰)는 다음과 같은 표로 정리하였다.[4]

인물	작품	생부, 그와 자식세대와의 관계	사부와 제자의 관계
천자뤄(陳家洛)	「서검은구록 書劍恩仇錄」	천거라오(陳閣老): 청백리로 귀공자인 아들의 학식과 기질에 영향을 줌	위안스샤오(袁士霄): 무공과 기본적 가치관을 전수하고, 홀로 신장(新疆) 지역을 떠돔
위안청즈(袁承志)	「벽혈검 碧血劍」	위안청환(袁崇煥): 피살되어 부재하는 이상적 아버지	무런칭(穆人淸): 위와 같음, 정신적 아버지상, 「금사비급金蛇秘笈」, 사기(邪氣)가 많음

4) 宋偉杰, 『從娛樂行爲到烏托邦衝動』(江蘇人民出版社, 1999), 98~99쪽.

인물	작품	생부, 그와 자식세대와의 관계	사부와 제자의 관계
궈징 (郭靖)	「사조영웅전 射雕英雄傳」	궈샤오톈(郭嘯天): 피살되어 부재하는 이상적 아버지	쟝난치과이(江南七怪), 홍치궁(洪七公): 정신적 아버지상, 홍치공은 이상적 아버지 형상
양궈 (楊過)	「신조협려 神雕俠侶」	양캉(楊康): 남을 해하려다 자신을 해침, 죄인으로서의 아버지	홍치공(洪七公): 이상적 아버지 어우양펑(歐陽鋒): 정신착란 아버지 샤오룽뉘(小龍女): 부부가 되지만 가치관의 혼란을 가져옴 두구츄바이(獨孤求敗): 무공의 새로운 경지
후페이 (胡斐)	「설산비호 雪山飛狐」/ 「비호외전 飛狐外傳」	후이다오(胡一刀): 피살, 대협의 풍모. 아들 세대가 바라는 이상적 아버지	도보(刀譜)를 대대로 전함
장우지 (張無忌)	「의천도룡기 倚天屠龍記」	장추이산(張翠山): 자살하도록 내몰린 무고한 아버지, 아들세대에게 강호의 험악함을 인식케 함	장산펑(張三豊: 정신적 아버지), 어우양전징(歐陽眞經), 쳰쿤다눠이(乾坤大挪移)
샤오펑 (蕭峯)	「천룡팔부 天龍八部」	샤오위안산(蕭遠山): 죽음을 가장함으로 부재하지만 대협 같은 아버지, 아들세대 정체성 형성에는 한계 챠오산화이(喬三槐)는 양아버지	솬쿠(玄苦): 무공을 전수하고 기본적 가치관을 세워줌
무룽푸 (慕容復)		무룽보(慕容博): 죽음을 가장함으로써 부재하고 정신적 지주이자 경외의 대상이지만 일대의 간웅	무룽보: 왼쪽과 같음
돤위 (段譽)		돤정춘(段正淳): 자애로운 아버지지만 친부는 아님 돤옌칭(段延慶): 친부, 사대악인의 우두머리로 부정적 영향을 미쳤으나 뭇여성들과 혈연적 위기를 없애줌	션셴메이메이(神仙妹妹): 무공을 전수했으며 연애의 대상 다리돤스(大理段氏)에 대대로 전해진 육맥신검(六脈神劍)
쉬주 (虛竹)		솬츠(玄慈): 책임 회피자	우야쯔(無涯子), 톈산퉁라오라오(天山童姥姥): 무공을 전수하지만 정과 사의 양면성을 가짐
스포티앤 (石破天)	「협객행 俠客行」	없음: 부재[부모는 '흑백분명(黑白分明)'의 이협(二俠)일 듯]	셰옌커(謝煙客)·부싼부쓰(不三不四)·스포포(史婆婆): 무공의 사부(師父)지만 사표(師表)는 되지 못함

인물	작품	생부, 그와 자식세대와의 관계	사부와 제자의 관계
링후충(令狐沖)	「소오강호 笑傲江湖」	없음: 부재, 고아로서의 자식세대	웨부췬(岳不群): 거짓 정신적 아버지 펑칭양(風清揚): 무공과 가치관의 새로운 정신적 아버지 런워싱(任我行): 무공과 경외심이 교차됨
웨이샤오바오(衛小寶)	「녹정기 鹿鼎記」	없음: 부재, 고아로서의 자식세대	천진난(陳近南): 정신적 아버지 두비선니(獨臂神尼): 무공을 전수함

진융이 위와 같은 인물형상을 선택하는 이유는 무엇일까? 이와 관련해 천모는 독자들이 고독한 인생을 체험하고 이해함과 더불어 개인 생활이 고독한 데서 찾는다. 인생과 예술 사이에서 고독함을 드러내고, 개성에 몰입하고 표출하기 때문이라고 한다.[5] 앞으로 내용이 전개되면서 드러나겠지만 「사조영웅전」의 주인공 궈징이 근대적 인생의 체험과 추구에 몰입하게 된 근거도 이와 다르지 않다. 서독(西毒), 남제(南帝), 북개(北丐), 중신통(中神統) 역시 모두 고독한 인물들이다. 동사 황야오스는 부인과 사별한 뒤 딸에 의탁해 살아가고 딸이 시집간 뒤에는 혈육의 정을 잊고 고독 속에 청빈한 삶을 살아가려 한다. 또 궈징이 스승의 원한을 갚기 위해 부상당한 황룽(黃蓉)을 뒤로한 채 떠나는 장면이 있다. 이 역시 고독한 모습의 전형이다. 홍치공은 어우양평과는 견원지간으로 지내며 평생 협(俠)을 행하며 살지만 결국에는 그를 포용하고 화산 최고봉에서 숨을 거둔다. 정과 원한으로 얽힌 이덩(一燈) 대사, 잉구(瑛姑) 같은 노인들도 고독한 모습임은 예외가 아니다. 이런 고독한 주인공의 형상은 대중소설의 일반적인 설정과도 다

5) 이 밖에 첫째, 소설의 전기성(傳奇性)을 높일 수 있다. 둘째, 아버지 찾기라는 플롯의 추동력을 획득하게 된다. 셋째, 독자의 동정심을 유발할 수 있다는 점 등이 있다. 천모는 이러한 설정이 독자의 오이디푸스콤플렉스를 자극하는 장치로 보는 듯하다.

르지 않다. 대중소설의 한 유형(무협소설)으로서 진융소설의 주인공이 방랑벽이 있고 우수에 잠기며 고독한 것은 마찬가지였던 셈이다.[6)]

「사조영웅전」에서 극중 인물 간의 정치적 신념이나 세계관 대립은 그다지 중요하지 않다. 「사조영웅전」은 결코 선과 악의 대립에서 선의 승리로 결말 나지 않는다. 칭기즈칸의 몽고군은 궈징과 황룽이 쓴 공성계로 양양성에서 패배하지만 궈징은 방황하며 성장하다가 칭기즈칸에게 귀환하는 것으로 끝맺는다. 결국 이 소설의 끝에서 승리한 사람은 아무도 없었다. 문제는 인간에 대한 믿음과 그 가치 판단에 있다. 양캉이 소인배라면 궈징은 대장부다. 양캉은 사백 왕추이(王處一), 마위(馬鈺)와 사부 츄추지(丘處機)를 부상 입히고 전진파를 배반한다. 이때 치우추지는 양캉의 인품에 수치심을 느끼고 쟝난류과이(江南六怪)에게 패배를 인정한다. 이 두 사람 간의 맞섬과 얽힘을 통해 우리는 인간됨의 존엄에 대한 진정한 의미를 성찰해 낼 수 있다.

영웅은 특별한 힘을 가지고 태어날 수도 있다. 그런데 고독한 영웅

6) 「사조영웅전」을 중세유럽의 대중소설인 기사도 로망스와 비교해보면 궈징은 백기사, 양캉은 흑기사, 황룽은 희생자나 조언자 역할에 대비된다.

비교대상	기사도 로망스	무협소설 「사조영웅전」
주인공	수업기사인 젊은 왕자	성장 중인 협객, 궈징
	성장배경 불확실	구어성(郭盛)의 후예
	상류계층	좌동
성격	방랑벽이 있고 우수에 잠기며 고독하다	좌동
주인공의 인생관	향락주의와 평민의식 공유	애국주의와 평민의식 공유
	인간애에 기초한 순진무구한 세계 갈구	인간애에 기초한 근대주체의 세계관
대인관계	귀족자제보다 서민계층 선호	좌동
시공간적 배경	중세 어느 왕국 또는 성	송말원초(宋末元初) 중국
적대자	연적인 흑기사	양캉 외
희생자	하층계급의 아름다운 여인	아름다운 여인, 황룽
구원자(조언자)	주인공의 동료 또는 평민출신 기사	연인이자 동료 여협, 황룽
독자층과 반응	중세평민들	중화권 독자대중
	신비감과 부러움, 존경심, 동정심	좌동

은 대개 감춰진 특별한 힘을 발휘하기 위한 조언자의 지도를 필요로 한다. 특히 무협소설에서는 특별한 힘이 발휘되어야 하므로 더욱 그러하다. 조언자는 영웅에게 특별한 세상의 특별한 힘과 규칙을 해설하는 중요한 역할을 한다. 우리의 잠재의식 속에는 부모나 친구의 인도를 바라는 욕구가 잠재되어 있는데, 이런 욕구를 상징화하는 조언자와 영웅의 결합은 무협소설에서 가장 의미심장하고 가치 있는 관계라 할 수 있다. 특이한 점은 「사조영웅전」에서 궈징이 대협으로 성장하면서 조언자로서 역할 하는 사람이 연인이기도 한 황룽이라는 사실이다. 「사조영웅전」은 궈징이 고향을 떠나 시련을 겪고 무지의 과정에서 자신의 무의식과 대결하면서 서서히 영적인 성숙, 무공의 성장을 이룬다는 점에서 '이니시에이션'[7]의 전형을 드러낸다. 우리는 「사조영웅전」을 영웅의 성장과정을 그리는 고전적 서사의 반복으로 볼 수도 있다. 그러나 진융소설이 고대 협의소설과 가장 큰 차이점은 성장소설의 성격을 띠고 있다는 점이다.[8] 성장소설에서 영웅의 여정이 진행되는 동안 조언자는 영웅이 조언자의 가르침을 활용하고 여정을 마칠 수 있음을 혼자 힘으로 증명해 보이도록 영웅을 북돋워주어야 한다. 젊은 영웅이 여정에 오를 경우, 이런 역할은 더욱 중요해진다.

제33장에서 궈징의 사부 커전어(柯鎭惡)는 다섯 사부가 황야오스에게 살해당했다는 이야기를 듣는다. 궈징과 황룽은 진상을 밝히기 위해 도화도(桃花島)로 가고 다섯 사부의 참혹한 시신을 목격한다. 궈징

---

7) '이니시에이션(initiation)'이란 사람이 태어나 죽을 때까지 거치게 되는 탄생, 성년, 결혼, 죽음 등에 뒤따르는 통과제의이다. 주인공은 무지나 미성숙 상태에서 사회적, 정신적, 육체적으로 성인이 되어가는 과정에서 시련을 겪게 된다. 이와 같이 자아와 세계에 대해 무지한 미성숙기의 주인공이 일련의 경험과 시련을 통해 성숙한 어른으로 변모해가는 과정을 다룬 소설을 '성장소설', 즉 '이니시에이션 스토리(initiation story)'라고 한다.

8) 吳曉東, 計璧瑞 編, 『2000, 北京金庸小說國際硏討會論文集』(北京大出版社, 2002) 중 205쪽, 「E世代的金庸」 참고.

은 비탄에 잠기며 상처를 막 치료한 황룽을 버리고 황야오스에게 복수하기 위해 도화도를 떠난다. 그렇게 궈징은 도화도에 부상당한 황룽을 남겨두고 떠나게 된다. 영웅인 궈징이 조언자 황룽마저 여정에서 과감히 분리시키는 장면은 퍽 인상적이다. 사랑을 버리는 아픔을 감내해서인지 다섯 사부는 숨졌지만 궈징은 도화도를 떠나 스승을 넘어서는 영웅의 길로 본격적으로 접어든다. 그는 부활한 메시아처럼 죽음에서 다시 살아나 악인을 해치우는 절세 영웅으로 부상한다. 「사조영웅전」을 성장소설로 보면 도화도에서 나온 궈징은 인간의 의지와 명령에 의해서 새로운 운명을 개척하고 자신의 정체성을 이룩해내는 근대인의 원형이 된다. 이런 관점에서 보면 이때부터 그는 예언적, 지시적, 도덕명령에 번민하고 고민하는 모습이 자주 눈에 뜬다. 이처럼 「사조영웅전」에는 위대한 영웅 궈징이 아니라 인간 궈징의 그림자가 곳곳에 드리워져 있다. 독자들은 궈징이 어떻게 자신의 삶을 개척했는지, 그 과정에서 그가 깨달은 삶의 가치는 무엇인지에 주목하게 된다. 특이한 점은 역사 속에서 진정한 대영웅으로 추앙받는 칭기즈칸이 주변화된다는 점이다. 근대적 주체로 성장하는 궈징의 그림자에 가려서인지 칭기즈칸은 추상적일 뿐 좀처럼 강호에서 구체적인 모습을 찾아볼 수 없다.

궈징은 인간으로서 의지와 판단에 번민하고 양캉은 그 대척점에 서 있지만 양캉이 소인배로 전락해 있지만은 않다. 이 두 대조적 유형의 인물은 서로를 반영하는 거울상처럼 한 인간의 내면에서 공존할 수 있는 대조적인 모습을 서로 비추고 있다. 점차 능동적이고 낙관적인 인물로 성장하는 궈징과, 변신에 능한 인물 양캉. 이 두 사람의 대립은 내면의 갈등을 밖으로, 눈에 보이는 형태로 만들어놓은 것일 수 있다. 양캉이 보여주는 배신행위와 암기의 대척점에는 또 하나의 자아(alter ego)라고 할 수 있는 대협 궈징이 늘 함께 등장하기 때문이다. 물론 무공비급 「구음진경」을 둘러싸고 벌어지는 쟁탈전에서 대협 궈징마저도 「구음진경」에 대한 욕망에서 완전히 자유롭지 못하다. 「사조영웅전」에서 궈징, 양캉, 어우양펑 등이 「구음진경」에 투영한 욕망은 스펙트럼처럼 서로 겹쳐진다.

한편 「사조영웅전」을 영화화한 〈동사서독〉에서 인물형상과 묘사는 우수한 영상기법과 더불어 관객들에게 깊은 인상을 남기는 요인이다. 〈동사서독〉에는 무룽옌이 황야오스에 대한 욕망을 이기지 못한 채 어우양펑을 황야오스로 오인하고 정사를 벌이는 장면이 나온다. 그런데 황야오스로 오인된 어우양펑은 정사를 나누며 자유로움을 느낀다. 무룽옌은 어우양펑의 몸을 빌려 황야오스와 사랑을 나누지만 어우양펑은 무룽옌의 손을 형수의 애무로 받아들인다. 이 환상의 장면이야말로 무협판타지로서 〈동사서독〉이 선보이는 영상미학의 정수이다. 강호의 영웅에서 일개 낭인으로 영락한 동사와 서독에게 인간의 그 달콤한 환각의 순간이 없다면, 과거를 잊는 술, 취생몽사가 없었다면 어찌 기억의 불모성과 치명성으로부터 벗어날 수 있었으랴!

무룽옌과 어우양펑

〈동사서독〉에서 어우양펑의 조언자는 황야오스다. 그래서인지 〈동사서독〉에서 오빠 무룽옌은 어우양펑에게 황야오스를 죽여달라고 부탁한다. 이 영화에서 린칭샤는 오빠(慕容嫣)와 여동생(慕容燕)의 1인 2역으로 등장한다. 그는 오빠로 등장했을 때는 어우양펑에게 황야오스를 죽여달라고 하고, 여동생으로 등장해서는 오빠를 죽여달라고 한다. 이렇게 조언자(황야오스)의 희생이 눈앞에 다가온 순간, 영화에서 조언자는 죽음에서 되살아난다. 무룽옌은 자신이 황야오스를 사랑하고 있다는 것을 깨달았기 때문이다. 나중에 어우양펑은 무룽옌이 원래 여자였음을 알게 되고 다음과 같이 서술한다.

> 무룽옌(慕容嫣)과 무룽옌(慕容燕)은 두 개의 모습을 가진 하나의 사람이었다. 그리고 그 모습의 정체는 상처받은 사람인 것이다.

〈동사서독〉에서 번갈아 등장하며 관객을 헷갈리게 하는 두 무룽옌은 사랑의 상처에 힘겨워하는 남녀 등장인물들을 대변한다. 바로 어우양펑의 자술대로 '두 개의 모습을 가진 하나의 사람', 즉 또 하나의 자아(alter ego)인 것이다. 사랑의 상처를 가슴에 묻은 채 최고의 검객, 두구츄바이가 되어 표표히 사라지는 무룽옌의 모습에 관객들은 사막으로 변한 강호에서 잊혀진 원작의 영웅을 떠올리게 된다. 그렇다면 린칭샤가 무룽옌(慕容嫣)와 무룽옌(慕容燕)의 1인 2역으로 등장한 것은 왜일까? 웡카와이는 두 인물의 형상을 빌어 이 영화의 등장인물들이 사랑에 대한 한을 함께 풀고 공존공생한다는, 이른바 해한상생(解恨相生)을 지향하는 모습을 그리고자 했을 것이다.

이 영화에서 어우양펑에게는 여러 사람이 오지만 한결같이 떠나가거나 죽음을 맞을 뿐이다. 일례로 어우양펑을 찾아온 눈먼 무사는 아내가 있는 고향의 복사꽃을 보러갈 노자돈을 마련하기 위해 마적과 결투를 벌이다 죽음을 맞는다. 이 영화에서 홍치(洪七)를 제외하고 해피엔딩을 이루는 커플은 보이지 않는다. 따라서 두구츄바이가 그랬듯이 정처없는 길을 떠나는 인물들 모두가 해한상생을 이루었던 것은 아니다.

한편 「사조영웅전」에서 궈징은 고난과 시련극복, 악의 완전한 퇴치에 이르는 여정의 기간 동안에 자신의 운명에 대한 실존적 고민을 겪기도 한다. 그런데 〈동사서독〉의 등장인물들에게 이러한 실존적인 고민은 찾아보기 어렵다. 대협 궈징과 황룽이 사라진 강호의 사막에서 이들은 잃어버린 사랑을 찾기 위해 노력하지만 실연의 공허함에 빠져들 뿐이다. 마치 신념을 이루기 위해 노력하지만 실패에 대해 불안해하는 루카치적 소설의 주인공처럼 말이다. 어우양펑과 황야오스가 꿈속에도 잊지 못하던 형수도 마찬가지다. 황야오스는 형수를 찾아가, 형수의 아들이 형수에게 가장 소중한 존재가 아닌가라고 묻자 형수는 다음과 같이 답한다.

> 옛날엔 그렇게 생각했죠. 하지만 아이가 성장하면 언젠가 떠나게 되겠죠. 그래서 모든 게 허망해요. 전엔 '사랑'이란 말을 중시해서 말로 해야만 영원한 줄 알았죠. 하지만 지금 생각해보니 하든 안 하든 차이가 없어요. 사랑 역시 변하니까요. 난 이겼다고 생각해왔어요. 그러던 어느 날 거울을 보고 졌다는 걸 깨달았어요. 내가 가장 아름다웠던 시절엔 사랑하는 사람이 곁에 없었죠. 다시 시작했으면 좋겠어요.

사랑은 말로 하든 안하든 차이가 없고 이기고 지는 것도 차이가 없다는 깨달음…. 이상과 현실의 경계는 아이러니컬하게 허물어지고, 대협이 사라진 세계에서 탈근대적 서사의 주인공은 더 이상 확신도, 신념도 가질 수 없다는 경험을 하게 된다. 이것은 외부세계가 절대로 우리의 목적과 방향을 말해주지 않는다는 것을 깨닫는 경험이기도 하다. 그래서 사랑을 할 수 있다면 다시 시작하고 싶다는 고백을 하는 것이다. 〈동사서독〉에서 이런 어우양펑과 황야오스, 형수의 관계는 사랑의 삼각관계 그 이상의 의미가 있다.

「사조영웅전」에서 영웅으로 등장했던 인물들이 〈동사서독〉에서 겪게 되는 실연의 고통 즉 신념의 상실을 영화가 제작되고 상영된 홍콩, 중국의 현실의 알레고리로 볼 수는 없을까? 그렇다면 실연의 고통은 중국인으로서, 해외 화인으로서 현대 홍콩인들의 정체성 상실에 다름 아니다. 〈동사서독〉에는 순정녀가 등장한다. 빼어난 미모를 가진 그녀는 계란 몇 개와 나귀 한 마리를 가져와 눈먼 무사나 홍치에게 개인적인 복수를 해달라고 애원한다. 어우양펑이 이 소녀를 보며 되뇌는 다음과 같은 말에 홍콩인의 신념의 상실이 잘 드러나 있다.

> 신념을 지키려는 사람의 모습이 때로는 시간 낭비로 느껴진다. 하지만 그녀는 고집을 안 꺾었다.

「사조영웅전」이 종반을 향해 치달으면서 궈징은 신뢰와 의리를 위해 소아를 버리고 대아를 추구하라던 치우추지의 충고를 떠올린다.

> 궈징은 문득 치우추지가 신의(信義) 두 글자를 풀어 주던 일이 생각났다. 즉, 신의는 대신(大信), 대의(大義)와 소신(小信), 소의(小義)로 구분되며 소신, 소의를 위해 대의를 그르친다면 이는 신의라 할 수 없다고 했다. 생각이 여기에 미치자 궈징은 뜨거운 피가 거꾸로 솟구치는 듯했다.
> '분명 사부님은 일대일로 맞서겠다 하셨지만, 만일 어우양펑이 사부님을 해치고 천하를 어지럽게 한다면 또 얼마나 많은 사람이 그의 손에 희생될지 알 수 없는 일이다. 나는 예전에는 신의라는 이 두 글자의 뜻을 잘

알지 못해 어리석은 짓도 참 많이 했지……'[9]

귀징은 이성적 주체이다. 귀징의 성장과정은 소아를 버리고 대아라는 근대적 주체를 추구하는 과정이라 할 수 있다. 「사조영웅전」에서 근대적 인간은 성장에 대한 깊은 욕망을 가진다. 그러나 진융은 작중 인물의 욕망에 관해 개괄하거나 직접적으로 표현하지 않는다. 그러면서도 성장과정을 통해 개체적 정신영역을 심도 깊게 확장시켜서 표현의 초점으로 만든다. 성장에 대한 깊고 강한 충동은 칭기즈칸의 장례가 끝나고 남쪽으로 가는 여정에 나눈 대화에서 잘 나타난다. 「사조영웅전」의 마지막에 귀징이 칭기즈칸에게 하는 대답은 이 소설의 전반에 걸친 근대적 개인상을 잘 드러내준다.

고금을 통해 대칸의 무공은 참으로 따를 자가 없습니다. 그러나 대칸 한 분의 위세등등함을 위해 얼마나 많은 백골이 쌓이고 얼마나 많은 고아와 과부가 눈물을 흘렸는지 모릅니다.[10]

이 대답은 대칸(칭기즈칸)의 위대한 업적을 간곡히 말하는 것으로 시작했다. 그러나 이를 위해 얼마나 많은 개인이 희생되었는지를 절절한 심정으로 전하고 있다. 이처럼 소설 전반에 걸쳐 귀징의 성장이야기는 그가 체험하고 추구한 근대관이 집약된 내용으로 이어진다. 그런 점에서 「사조영웅전」의 귀징은 민중의 애환, 그들의 권리에 관심을 가진 근대적 주체이다. 고금의 영웅 칭기즈칸의 그늘을 훌쩍 넘어선 귀징의 목소리는 스스로 근대를 넘어선 주체가 되고자 하는 외침이다. 이렇게 귀징은 이성과 진보가 근대의 가동에 일조하는 근대

9) 진융소설번역연구회, 『사조영웅전』 8편(김영사, 2003), 278쪽.
10) 앞의 책, 339쪽.

적 주체의 전형이 된다. 궈징과 함께 황룽의 개인적 성장과 사회의 진보도 전쟁과 시련을 겪고 귀향하는 오디세우스의 한 장면을 연상케 한다.

> 지나온 세월을 생각하자 그저 할 말을 잊고 망연자실할 뿐이었다. 잠시 후, 갑자기 테무친이 울컥 선혈을 토해냈다. 궈징은 깜짝 놀라 그제야 자신의 말이 너무 지나쳤음을 깨닫고는 얼른 테무친을 부축했다. (…) 테무친은 담담하게 웃어 보였다. 그러나 얼굴빛은 혈색을 잃고 누렇게 변해 있었다.
> "내 주위에는 너처럼 대담하게 진실된 말을 하는 자가 없었구나."
> 그는 눈썹을 곧추세우며 다시 오만한 표정을 되찾고는 목소리를 높였다.
> "나는 평생 천하를 누비며 수많은 나라를 정복하고 적들을 무찔렀다. 그런데도 영웅이 되지 못한다? 흥, 철없는 녀석!"
> 테무친은 힘껏 채찍을 휘둘러 말을 재촉하여 오던 길로 돌아갔다. 그날 밤 테무친은 금빛 장막에서 세상을 떠났다. 임종 무렵 그는 웅얼거리며 같은 말을 반복했다.
> "영웅, 영웅……"
> 아마도 줄곧 궈징이 한 말을 되새긴 듯했다.[11]

궈징의 고언은 민중의 애환을 일깨우고 이성과 진보를 통해 자신의 정체성을 찾아야 한다는 말이었다. 궈징의 말을 들은 칭기즈칸은 내가 과연 영웅인가라는 실존적 갈등에 빠지고 피를 토한 뒤 죽는다. 궈징은 「사조영웅전」 전체에 걸쳐 분명 근대적으로 성장했다. 칭기즈칸의 장례가 끝나고 남으로 내려가는 길에 궈징은 가슴이 먹먹해짐을 느낀

---

11) 앞의 책, 342쪽.

다. 바로 칭기즈칸이 되뇌인 진정한 영웅의 의미, 근대적 존재의 무거움을 알아버린 그가 근대적 피로감을 느낀 것일까? 이 귀향의 도정에서 궈징과 황룽이 느끼는 답답함은 근대적 삶을 사는 존재의 무거움 때문일 것이다. 궈징이 그 허망함, 부재의 자리를 채우는 것은 시문학의 공간이다. 바꾸어 말해 이 공간은 '부재의 순수'로 채워치고 소설은 대단원의 막을 내린다.

궈징과 황룽은 대칸의 시신에 예를 올리고 튀레이(拖雷)에게 작별을 고한 뒤 그 길로 남쪽으로 떠났다. 돌아오는 길에는 시체와 백골이 여기저기 흩어져 그 위로 풀만 무성하게 자라 있었다. 두 사람은 앞날을 축복하면서도 세상에 근심이 너무도 깊으니 언제쯤 태평한 세월이 돌아올지 가슴이 답답해졌다.

전쟁의 불길은 아직 꺼지지 않았고(兵火有餘燼)
가난한 촌락에는 몇 집만 남았구나(貧村纔數家)
새벽을 맞는 이 없이(無人爭曉渡)
남은 달빛 싸늘한 사막을 비추네.(殘月下寒沙)[12]

이와 같이 「사조영웅전」은 1950~60년대 홍콩 독자들이 그랬듯이 근대적 삶의 의미를 알게 된 개인으로서 주인공들의 성장을 보여주며 결말 지어진다.

〈동사서독〉에는 많은 사람들이 오고 간다. 이들은 죽기 직전에 모종의 깨달음을 얻는다. 특히 홍치는 순간순간 자신의 행동을 반성하고 또 과거와 비교해가며 깨달음을 얻고자 고민하는 독특하고도 현명한 사람

12) 이 두 예문은 앞의 책, 342쪽에서 인용함.

이다. 눈먼 무사는 거절하지만 홍치는 달걀 몇 개로 한 여인의 부탁을 받고 복수를 해주기로 하는 무자비한 모습을 보인다. 이 와중에 손가락을 잃게 되지만, 그는 어떤 대가도 바라지 않는다. 달걀이 손가락과 바꿀 만큼 가치가 있는가라는 어우양펑의 말에 홍치는 이렇게 대답한다.

> 없소. 하지만 기분은 좋소. 이게 내 본래의 모습이오. 안 다쳐야 했겠지만 검이 옛날처럼 빠르지 못했소. 옛날에 검이 빨랐던 건 옳다고 믿고 했기 때문이오. 대가를 바란 적이 없었소. 난 평생 안 변할 줄 알았는데 그 여자에게 부탁받는 순간 완전히 변해 있는 나를 보았소. 난 약속을 안 했소. 당신이 허락하지 않을 테니까. 그날 난 실망을 했던 거요. 당신과 지내면서 내 자신을 잃은 채 당신을 닮아가다니. 난 당신처럼 되긴 싫소. 당신은 달걀 하나 때문에 위험을 무릅쓰진 않겠지? 이게 나와 당신의 차이요.

여기서 달걀 몇 개에 사람을 죽이려던 홍치가 해결사로서 철학을 갖고 있음을 알 수 있다. 그것이 보편타당하다면 나름대로의 신념이라 할 수 있을까? 그러나 홍치가 자신을 잃으면서 어우양펑처럼 되기 싫다는 말은 자기합리적 망상에 불과하다. 〈동사서독〉에는 「사조영웅전」에서 성장을 통해 드러내 보인 근대적 주체, 궈징이 사라지고 없다. 소설에서 강호의 영웅들은 영화에서 사막의 해결사로 영락하고 내면으로 향하는 근대적 도정마저 순탄치 않다. 강호의 영웅에게 어울리지 않는 갖가지 사건들을 마주쳐야 했다.

어우양펑과 황야오스는 사랑하는 여인에 대한 한을 함께 풀고 공존공생하기 위해서 취생몽사주를 마신다. 그것은 근대적 주체로 성장하기를 포기하고 근대로 가는 노정을 망각하기 위해서이다. 이들이 취생몽사를 마시는 것이 '근대 지우기'라면, 무룽옌이 황야오스에 대한 집착을 접고 고독한 검객(두구츄바이)이 되어 강호를 누비는 행보는 '근대 넘어서기'에 다름 아니다. 영화가 만들어진 때는 1994년, 홍콩의 중국반환을 앞둔 불확정시대라 할 만하다. 고도성장의 시기를 지나고 후기자본주의가 내뿜는 불안의 징후들 앞에서 이들의 행보는 근대 지우기 또는 근대 넘어서기로 해석될 만하다. 그러나 이들은 끝내 근대를 지울 수도, 넘어설 수도 없었다. 〈동사서독〉의 감독이, 또 홍콩인들이 맞이할 홍콩의 반환 이후 미래는 너무도 불투명해서이다. 영화관 밖의 홍콩인들은 미망의 여정을 떠난 황야오스처럼 홍콩을 떠나거나 어우양펑처럼 사막에 남아 예전에 하던 일을 할 수밖에 없었던 것이다.

3. 강호(江湖)-지우고 넘어서기

주지하듯이 진융은 중국 하이닝(海寧) 현 출신이며 그의 소설은 홍콩이라는 식민지에서 창작되었다. 식민지라는 지역적 한계와 홍콩 광둥어(廣東語) 지역에서 중국어소설 창작이[5]라는 언어문화적 난관하에서 태어난 산물이다. 이런 창작의 산물이 특수한 것은 아니다. 상상 속 마음의 고향으로서 중국문화라는 정체성을 갈구하는 것은 홍콩 등 화교거주지의 보편적인 공통현상이기도 하다. 바로 전적으로 고전적이지도, 중국적이지도, 서구적이지도 않은 진융소설의 매력은 화교권에서 진융소설이 큰 인기를 끈 주요 요인이기도 했다.

「사조영웅전」은 중국의 송말원초를 시대적 배경으로 하고 있다. 이 시기는 한족이 지배층이었던 송대(宋代)에서 몽고족의 원대(元代)로 넘어가는 시기이다. 그만큼 소설의 장면이나 주요 배역의 모습에는 한족 중심의 색채가 물씬 풍긴다. 시각적 이미지로 볼 수는 없으나 소설

〈동사서독〉의 황량한 사막

속 중원의 모습은 푸르고 신비로운 모습으로 각인된다. 물론 「사조영웅전」의 후반부에 궈징이 칭기즈칸이 죽기 전 그를 만나기 위해 갔던 사막의 모습은 황량하다. 이처럼 〈동사서독〉은 영화 전체에 걸쳐 푸르고 신비로운 중원의 모습은 한 번도 보이지 않고, 전체적으로 푸른 하늘에 대비되는 가뭄에 시달린 붉은 톤의 사막의 모습뿐이다. 영화에 비친 강호는 어쩐지 음산하고 버려진 땅 이미지의 헐벗고 황폐한 인상으로 나타난다. 주목할 점은 화면 어디에도 넓고 푸른 초원에 희망과 사기에 충천한 몽골족의 기상은 찾아볼 수 없다는 것이다. 한마디로 영화 속 강호는 한족의 머릿속에 잠재되어 있는 전통적인 오랑캐의 땅을 연상시킨다. 이와 관련해 우리는 칭기즈칸과 관련된 영상물과 비교해볼 필요가 있다. 칭기즈칸의 중국대륙 통일과 유럽정벌을 다룬 영상물은 영화나 TV드라마로 다수가 제작되었다. 칭기즈칸 영화에서는 등장인물의 모습과 배경이 중국적이냐 몽골적이냐에 따라 내재된 중화적 의도를 짐작하게 된다.[13] 〈동사서독〉의 중원이 황폐한 사막으로

13) 이평래, 조관연 외 지음, 『영화 속의 동서양문화』(집문당, 2002), 12쪽 참고.

변해 있다는 것도 이런 관점에서 볼 수 있다. 여기에는 중국 출신 웡카와이 감독의 한족과 이민족에 대한 감출 수 없는 편견이 드러나 보인다. 영화 속 황량한 사막이 중원이라면, 영화가 제작된 홍콩이라는 식민지는 오랑캐의 땅이기 때문이다. 이것이 아니라면 주권이양 이후 홍콩의 황폐한 모습을 담고 있는 알레고리일까?

이처럼 소설과 영화 속 중원의 모습에서 우리는 중국과 홍콩의 현실을 읽게 된다. 진융과 웡카와이가 공통적으로 중국 출신 홍콩인이기 때문이기도 하다. 우선 개혁개방 이후 1990년대에 이르러서는 중국에 마오쩌둥 같은 영웅이 없다는 사실에 주목해야 한다. 다음으로는 홍콩 반환을 앞두고 세계화, 탈식민화가 진행되는 제3세계문화 특히 중화주의 사이에서 고뇌하는 홍콩인들 사유의 한 단면을 엿볼 수 있다. 그렇다면 중국에서 태어나 홍콩 국적을 가진 웡카와이가 제작한 영화 〈동사서독〉의 대립 구도는 「사조영웅전」과 어떻게 다를까?

우선 웡카와이는 「사조영웅전」에 등장하는 세 명의 주인공만 뽑아 동사, 서독, 북개라는 '동-서-북'으로 된 이름을 재분배한다. 원작에서 남제(南帝) 돤즈싱(段智興)이 배제된 새로운 구도이다. 웡카와이는 세 명의 절세고수를 통해서 무협물의 기본적인 진법을 펼친다. 원작의 진법은 동서의 수평선과 남북의 수직선으로 이루어져 있다. 그런데 삼각형의 모양을 띠고 있는 〈동사서독〉의 진에는 남북의 수직선이 사라지고 없다. 원작과 영화의 구도를 비교한 두 도식을 다음과 같이 살펴보면 이해가 쉬울 것이다.

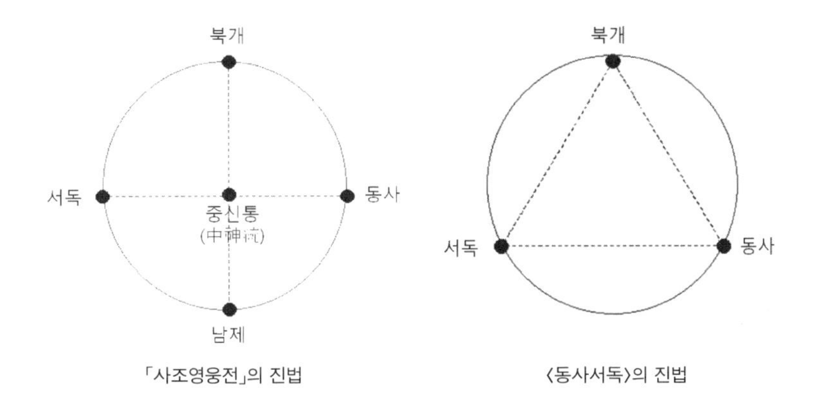

「사조영웅전」의 진법 〈동사서독〉의 진법

〈동사서독〉에서 황야오스(東邪)와 어우양펑(西毒)은 세계의 중심에 자리한다. 북개와 함께 삼각구도를 이룬다. 반면 원작은 동사, 서독, 남제, 북개의 사각 구도이다. 그림에서 원작의 남제가 대변하던 양(陽)의 세계(남쪽)는 영화에서 사라지고 없다. 양(陽)이라는 글자는 원래 햇볕이 드는 곳을 의미하고 음(陰)은 그늘진 곳을 의미한다. 원래 천체 현상을 가리키는 이 구분이 사람 세상에 적용되면서 점차 의미가 확대되었고 춘추전국에 이르러서는 음양의 원리가 중국의 전통철학을 아우르는 기본원리가 되었다. 음과 양의 구분에서 볼 때 유학(儒學)이 문사를 대표한다면 무협은 무사를 대표하는 이름이었다. 문사(文士)의 도가 드러난 것이라면 무사(武士)의 도는 감추어진 것이다. 그런데 영화 속에서 북개는 음의 세계(北: 북쪽)와 기층민중의 세계(丐: 거지)를 대변하고 있다. 이렇게 우리는 〈동사서독〉의 진법에서 음양의 문화도식을 엿볼 수 있다.

〈동사서독〉에서 동사와 서독이 취생몽사를 마시는 것은 무언가를 망각하기 위함이다. 그것이 근대 지우기라 한 바 있지만, 또 한편으로는 구심점을 상실한 현대 중국의 불확실성과 홍콩의 미래라는 가상세계를 받아들이겠다는 입문의 서약이다. 취생몽사를 마시는 순간 눈앞에는 망각의 늪이 펼쳐진다. 〈동사서독〉에서 강호는 절대권력을 놓고 다투는 겨루기의 장소가 아니다. 권력은 쟁취해야 한다는 생각, 그 유혹이 버려지고 파괴되어야 할 악일 뿐이라는 것이 주제다. 그것은 기존 무협물과 전혀 다른 이율배반이다.

무룽옌은 황야오스에 대한 집착을 접고 최고의 검객(두구츄바이)이 되어 강호를 누빈다. 그의 행보와 달리 동사와 서독은 형수를 향해 부질없는 욕망을 끊임없이 이어간다. 이 양자 간의 행보는 자못 상반된다. 망각의 술 취생몽사를 마시고 동쪽의 도화도로 은거하는 황야오스, 그리고 사막에 남아 하던 일을 계속하는 어우양펑…. 영화는 무협물 특유의 파괴본능과 사랑의 소유본능 사이에 놓인 심리적 길항을 드러내며 서사적 필연성을 이어간다.

황야오스

어우양펑

요즘 포스트모더니스트들은 사실과 허구, 역사학과 문학의 경계를 구분하는 것에 의문을 제기한다. 리얼리티와 환타지의 경계가 무의미하다면 사실인 역사와 허구인 문학의 경계가 무의미하다는 것이다. 마치 포스트모더니스트인 것처럼 〈동사서독〉에서 웡카와이는 역사적 사실을 배제하고 강호를 황폐화시킨다. 역사를 합리적으로 탐구하고 실재론적으로 재구성해보는 데 대한 관심은 그에게 전혀 없는 듯하다. 이런 역사관 때문인지 〈동사서독〉에는 허구와 상상력이 현실보다 강화되는 경향이 나타난다. 역사와 무협의 혼성모방이라 할 수 있는 소설 「사조영웅전」에는 중국역사에 떠도는 영웅신화와 모험담이 녹아 있다. 〈동사서독〉에는 「사조영웅전」의 허구적 인물들이 등장해서 관객들은 일종의 기시감을 느끼게 된다. 관객들은 어디에선가, 언젠가, 이미 읽고 보아온 이 허구적 인물들이 등장하는 사조삼부곡(射雕三部曲)[14]의 텍스트들을 떠올리게 된다. 이때 영화는 사조삼부곡의 또다른 그림자가 된다. 「사조영웅전」의 인물들은 〈동사서독〉의 황량한 사막에서 신비로운 분위기로 옮겨진다. 이렇게 관객들은 소설에서 영화로, 상호텍스트성의 무수한 변형과 해체를 수용하게 된다. 그렇게 관객들은 사조삼부곡의 콘텍스트와 끝없는 다성적 대화에 참여하게 된다.

현실과 가상, 근대와 탈근대 그리고 소설과 영화라는 장르의 경계를 해체하는 또 다른 요소가 있으니 취생몽사주라는 술이다. 취생몽사라는 환상적 요소와 함께 등장인물들은 죽음과 삶이 교차하는 무수한 고비를 넘겨야 한다. 이처럼 〈동사서독〉은 원작소설의 등장인물들이 증장하는 익숙한 기시감의 세계이며, 관객의 무의식 속에 영웅신화의 이미지로 각인된다. 이는 보드리야르(Jean Baudrillard)의 말을 빌리자면

14) 「사조영웅전射雕英雄傳」, 「신조협려神雕俠侶」, 「의천도룡기倚天屠龍記」를 말하는 것으로 등장인물과 소재가 서로 내재적으로 연관되어 있다.

시뮬라크르[15]의 세상이라 할 수 있다.

〈동사서독〉의 원작인 「사조영웅전」에서 정의감에 충만한 영웅들은 선과 악, 한족과 이민족 사이에서 갈등한다. 이들은 정 때문에, 의리와 배신에 울고 처량한 신세에 울며 인생을 고민한다. 「사조영웅전」을 비롯한 진융소설에 한족 중심의 중화주의가 드러나는 것은 주지하는 바이다. 주요 인물들은 한족 위주고 부차적 인물들은 이민족이 맡는 식이다. 한족과 이민족의 문제는 중심과 주변의 문제이다. 현대 중국에서 중심이 대륙이라면 주변은 홍콩과 타이완이다. 중국 출신으로 홍콩에서 활약하는 진융의 소설에 있어서 중국의 학자들은 중심과 주변이라는 공간과 시간의 알레고리에 주목하고 있다. 그것은 바로 중심과 주변으로서 중국과 홍콩에 대한 인식이다. 이것은 홍콩문화를 중국식으로 성찰하는 것이다.

일례로 왕이촨(王一川)은 대륙 출신의 홍콩인 진융의 정체성에 대해 다양한 예를 들어 설명한다. 그는 진융소설을 후고전주의(后古典主义: posttraditionalism)[16]라고 본다. '고전주의(古典主義)' 앞에 '후(后-, post-)'

15) 시뮬라크르란 존재하지 않는 대상을 존재하는 것처럼 만들어놓은 인공이미지를 말한다. 이 원본 없는 이미지가 그 자체로 현실을 대체하고, 현실은 이 이미지에 의해서 지배받게 됨으로써 오히려 현실보다 더 현실적인 경우가 있다. 관객이 인공이미지에서 무수한 이미지들을 창출해내고 그것을 소비하는 것을 시뮬라시옹(시뮬라크르의 동사형)이라고 한다. 관객은 〈동사서독〉에서 원작인 사조삼부곡은 물론, 현재와 미래 홍콩을 떠올리며 시뮬라시옹하게 된다. 장 보드리야르, 『시뮬라시옹』(민음사, 1992), 15쪽, 27쪽 참고.

16) 왕이촨은 후고전성(后古典性), 후전통성(后传统性)이라는 단어를 혼용하지만 한국어에서는 문예사조 '고전주의'가 영어 'classicism'에 해당되고 '전통주의'는 'traditionalism'에 해당된다. 본고에서는 'posttraditionalism(중국어 后传统主义)'을 한국어 '후전통주의'로 일관되게 사용하기로 한다. 대신 이에 관한 중국어표기는 간체자로 하기로 한다. 안토니 기든스는 신자유주의와 사회민주주의와 다른 제3의 길로서 '후전통주의'를 내세웠다. 따라서 왕이촨의 견해와 달리 기든스의 '후전통주의'와 진융의 복고와는 분명한 차이가 있다. 그렇다면 진융소설의 인기에서 보이는, 고전(문화)에 대한 중국인의 향수가 어디에 기인하는지는 '후전통주의'와 관련한 관심영역이

가 덧붙여진 이 말은 진융소설이 복고주의의 산물이라는 것이다. 그렇다면 구체적으로 왕이촨이 주목하는 진융소설의 '후전통성'이란 무엇인가? 그것은 살아 있는 고전 전통의 형상으로 근대적 요소의 활성화로 생성되는 것이다. 이것은 고대 이후에, 현대에 존재하는 고전 전통으로 고대문화의 진행 중단 이후 근대화가 이루어지는 가운데 다시 창조되거나 재생된 고전전통이다. 중국어로는 '후고전성(后古典性)', '후전통성(后传统性)' 등으로 불리는 이 '후전통성'은 근대성의 일종의 존재양식으로 고전적 면모로 존재하는 근대성의 형식인 것이다. 왕이촨은 진융소설의 후전통성의 이해에 대해 화합적 측면에서 더 깊은 정체성으로 나아갈 것을 말한다. 화합적 측면에서 정체성이란 어떤 의미인가? 화합적 측면이란 바로 소수민족의 대동단결로 나아가자는 것이다. 그런데 알고 보면 그가 홍콩인들에게 주문하는 문화적 정체성이란 중화주의나 다름없다. 주변 국가에서 그것은 문화제국주의이며 중국 중심 세계로의 귀환을 의미한다. 그것은 '일국가 이체제'의 정책적 기반이 되는 중국의 정치이데올로기와 관련된 것이기도 하다.

근래 중국의 학자들은 '후(后-, post-)'를 붙이는 것이 유행처럼 보인다. '후현대주의[后现代主义(postmodernism)]', '후식민주의[后植民主义(postcolonialism)]' 등의 어휘에서 보이듯이 '후(后)-'를 붙이는 데는 무언가 미래에 대한 강박관념이 엿보인다. 그렇게 중국 학자들은 모더니즘, 식민주의 이후 대안을 제시하고자 한다. '후전통주의' 역시 마오쩌둥 사후에 추진된 개혁개방을 지탱할 중심사유가 부재한 현실에서 중국의 단절된 전통과 개혁개방의 이데올로기, 인민의 사상적 공백을 건너뛰는 대안으로 제시된 것이다.

그러나 현실적으로 진융은 복고주의에 편승해서가 아니라 독자의

될 것이다.

취향에 맞추어 『밍바오明報』를 살리기 위한 목적으로 무협소설을 썼을 뿐이다. 바꾸어 말하면 그는 글을 쓰기 위해 산 것이 아니라 살기 위해 생계를 위해 글을 쓴 것이다. 이에 관해 우리는 「사조영웅전」의 창작, 연재시점이 1950~60년대라는 점에 주목할 필요가 있다. 이 시기는 중국의 정치적 격동과 홍콩의 경제발전의 도정에 있다. 그렇다면 「사조영웅전」은 적어도 난세의 현재성이라는 효용과 현실 성찰의 사유방식을 제시해줄 수 있는 것이다. 「사조영웅전」이 제시한 것이 허구적 역사일지라도 현대 홍콩인에게 모든 역사는 지금 여기의 역사이기 때문이다.

1970년대 홍콩인들이 경험한 좌절과 소외감은 크게 두 가지로 나눌 수 있다. 하나는 1967년 극렬 좌익세력이 주도한 홍콩폭동의 진압 이후 만연한 정치적 좌절감과 무력감이고 다른 하나는 천민적 대량 소비자본주의의 경쟁구조 속에서 경험하는 소외감이다. 이 두 가지의 조건 속에서 이들의 삶은 결국 두 가지 욕구를 중심으로 구조화된다. 그것은 자본과 권력에 대한 욕망이다. 자본(돈)은 원하는 모든 것을 이룰 수 있게 한다. 권력은 그 이상 최고의 힘이다.

물론 힘이란 정치권력 또는 개인적인 표현으로서 육체적인 힘으로 해석될 수도 있다. 진융 무협소설의 성공은 개인의 힘인 무공에 대한 갈망이 밑바탕이 되었다. 그렇게 자본권력이 맞부닥치는 홍콩자본주의의 성장과정과 맥락을 같이 하며 인기를 끈 것이다.

그리고 1990년대에 들어와서는 진융소설을 재해석한 영상물이 봇물 터지듯 쏟아져 나왔다. 마치 컬트 현상처럼 진융현상은 홍콩을 넘어 해외에서도 신드롬이 되었다. 〈동사서독〉은 그 가운데 대표적인 작품이다. 홍콩의 스필버그라 불리는 쉬커 역시 진융소설을 영상화하여 〈소오강호〉, 〈동방불패〉 등을 제작했다. 쉬커가 1997년 이전 홍콩사회의 불안한 분위기와 영화제작에 대해 피력한 소회를 인용해 보기로 하자.

> 근 100년간 중국은 너무도 많은 동란을 겪었다. 그래, 내 영화도 비교적 동란 시기를 많이 배경으로 하고 있는데, 〈천녀유혼倩女幽魂〉, 〈소오강호〉 또한 이와 다름아니다. 아마 이는 나 자신의 해외 문화인으로서의 심정의 외적 표출일 것이고 또 홍콩이 근 10년 동안 불안한 상태에 처해 있던 것과도 관련이 있을 것이다.[17]

중화인민공화국 수립 이후 홍콩인들은 정신적으로 방황했지만 문명적으로 위장하고 살아왔다. 홍콩의 문화가, 정체성이 무엇인지 모르는 가운데 「사조영웅전」이 〈동사서독〉으로 재탄생된 데에는 1990년대 불확정시대 후기자본주의가 내뿜는 불안의 징후들이 홍콩사회에 미만해 있었기 때문이다. 영화 속 황량한 사막은 문화사막으로 불리는 홍콩의 현실을 떠올리게 한다. 쉬커의 말대로라면 1980~90년대 대거 등장한 영상물에서 강호는 드라마보다 더 드라마틱한 현실, 극중극의 은유가 될 것이다. 그렇다면 〈동사서독〉에서 사막으로 변한 강호도 극중극의 은유이다. 웡카와이는 1997년을 목전에 둔 세기말 신드롬 속에 〈동사서독〉을 제작했고 여기서 소수민족(이)의 무대인 몽고사막에서 펼쳐지는 욕망의 무대를 그려냈다. 영화는 '화(중국):이(영국)', '남:여'라는 성별의 이원대립의 질서가 무화되고 중심과 주변이 교차되는 경계가 무화되는 가운데 펼쳐지는 생존법칙을 보여준다. 그것은 1997년 이후 홍콩인의 운명과 정체성이며 웡카와이가 이를 영상으로 표출했던 것이다.[18]

---

17) 吳曉東, 計壁瑞 編, 『2000, 北京金庸小說國際硏討會論文集』, 382쪽.

18) 위의 책 44쪽에서 왕이촨은 협의소설에서 한(漢):이(夷) 구도와 진융소설에서 화(華):영(英) 구도를 대비하고 있다. 그러나 중국 협의소설사에서 한:이 구도가 화:영 구도로 실제로 전이되었다는 것이 아니고 왕이촨이 시도한 단순 비교일 뿐이다.

쉬커가 극화했던 〈소오강호〉(1990)는 1967년부터 1976년까지 마오쩌둥이 반대파를 숙청하고 권력을 잡기 위해 일으킨 문혁의 파시즘적 상황에 대한 우화라는 해석이 있다. 한편 진융의 「사조영웅전」은 1950~60년대 근대화의 소용돌이에 있던 홍콩사회(출판계)의 생존으로 읽힐 수 있다. 〈소오강호〉나 「사조영웅전」에서 강호가 인생과 세계의 축도인 것은 마찬가지다. 진융이 살아가던 세상은, 진융의 인생은 바로 강호나 마찬가지였다. 『밍바오』가 도산의 위기에 맞았을 때 홍콩 언론계에 시장을 놓고 경쟁이 치열해지고 자본의 논리가 칼날을 세우듯, 진융의 소설 속 강호에는 생존경쟁을 벌이는 영웅들이 칼날을 세웠다. 이와 같이 진융소설은 표층적으로는 영웅서사라는 전기(傳奇)적 구조로 보이지만 심층적으로는 홍콩사회의 알레고리구조로 해석될 수 있다. 이런 알레고리형식은 문화사막이라는 홍콩을 살아가는 현대 홍콩인들의 문화적 욕구와 정체성의 위기를 곡절 있게 반추하게 한다. 영국 식민지를 사는 홍콩인들이 전통에서 이탈되고 근대성에 침윤되는 상황이 이러한 알레고리 구조 속에서 잘 표출되었던 것이다.

홍치와 어우양펑

〈동사서독〉에서 홍치는 계란 몇 개에 결투를 벌이다 손가락을 잃는 협객으로, 어우양펑은 돈 벌러 사람을 죽이는 해결사로 등장한다. 「사조영웅전」에 익숙한 독자에게 이런 설정은 대단히 희화적으로 보인다. 강호의 대협은 사라지고 건달만 남은 형국이다. 이 또한 물질지상주의에 찌든 1990년대 홍콩사회의 치열한 생존경쟁을 떠올리게 하는 알레고리이다. 영화가 결말을 향해 치달으면서 홍콩 반환 전후의 상황을 떠올리게 하는 이야기가 등장한다. 어우양펑이 형수가 죽었다는 소식을 듣는 대목이다.

> 입춘이 지나고 경칩이 왔다. 이맘때면 친구가 찾아왔지만 금년엔 오지 않았다. 그 후 백타산에서 편지를 받고 형수가 2년 전 가을에 중병으로 죽은 걸 알았다. 황야오스가 안 올 줄은 알지만 계속 기다릴 생각이다. 난 이틀 동안 문 앞에 앉아서야 하늘이 변하는 걸 보고서야 이곳에 오랫동안 있으면서도 사막도 제대로 못 본 걸 알았다. 옛날에는 산을 보면 산 너머에 뭐가 있는지 궁금했다. 하지만 지금은 아니다. 난 기구한 운명으로 어려서 **부모**를 잃고 **형**에 의지해서 자라며 스스로 자신을 지켜야 했다. 거절당하기 싫으면 먼저 거절하는 게 최선이다. 그래서 돌아가지 않았다. 그곳이 좋긴 하지만 이젠 돌아갈 수 없다. 난 **부부궁합**이 나쁜 운세로 혼인은 유명무실하다고 했지만 이렇게 들어맞을 줄은 몰랐다. 그날 난 술을 마시고 싶어 취생몽사를 마셨다. 그리고 계속 내 일을 했다.

위의 강조 부분에 등장하는 '나'(어우양펑)를 홍콩인의 메타포어로 읽는다면 시간적 배경은 홍콩 반환 전후로 읽을 수 있다. 나는 '부모(중국)'를 잃고 '형(홍콩행정부/영국)'에 의지해서 자라며 스스로를 지켜야 하는 운명이다. '입춘'이 지나고 '경칩'이 왔다는 것은 물론 21세기, 봄이 목전에 다가왔다는 뜻일 테고, 후반부에 '부부궁합'이나 혼인'이란 말은 홍콩반환 이후의 '일국가 이체제'에 대한 메타포어가 될 것이다. 위의 자술에서 나오듯이 영화 전체에 걸쳐서 등장인물들은 산 너머에 뭐가 있는지에 관심 없고 하루하루 해결사로 전전해왔다. 이들이 취생몽사를 마시는 것은 1997년 홍콩반환 이후 불확실한 미래를 망각하고 현실에 매몰되고자 하는 행위이다. 이러한 이들의 입지는 '형'으로서 홍콩행정부나 영국(이)보다 '부모'로서 중국 중앙정부(화)의 대척점에 서는 것으로 보인다.

1981년 이후 『밍바오』 사설에서 드러나는 바지만 진융은 중국의 사회주의 혁명정권이나 민족의 존엄을 들며 홍콩인들이 1997년 중국 반환에 대해 당황할 필요가 없다고 했다. 또 한편 영국정부가 "법치, 자유, 인권의 원칙을 중시한 것"에 대해 깊은 공감을 나타내며 반환은 중국, 영국, 홍콩주민 삼자 모두 충분히 만족해야 한다고 쓰고 있다. 중국 출신 홍콩인으로서 진융이 중국을 방문했을 때 덩샤오핑, 장쩌민(江澤民) 등으로 받은 환대는 그의 이런 친중 성향을 잘 드러내 보이는 예이기도 하다.[19] 1984년 중영연합성명이 홍콩인 참여가 배제된 채 이루어진 데 대해서도 그는 초연한 태도로 웃어넘기자고 할 뿐이었다.[20] 왕이촨은 그가 전통 장회소설(章回小說)의 형식을 빌은 무협소설을 쓴 것이 해외 화인으로서 단순히 전통에 대한 향수, 즉 '후전통성' 때문이라고 보았다. 그러나 위와 같은 진융의 입장은 그가 정치적으로 친중 성향을 보인 것처럼 문화적으로 중화주의의 틀에서 벗어나지 않는다는 반증으로 보인다.

진융소설을 대표로 하는 신파 무협소설이 공전의 성공을 거두고 1970~80년대 홍콩에서 영화를 대표로 하는 영상문화가 발전한 데서 그의 문화전략을 읽을 수 있다. 그것은 해외 화인으로서 추구한 또 다

---

19) 桂冠工作室主創, 『金庸評傳』(中國社會出版社, 1994)의 부록사진 참고.
20) 吳曉東, 計壁瑞 編, 『2000, 北京金庸小說國際硏討會論文集』, 377~378쪽 참고.

른 오리엔탈리즘이다. 오리엔탈리즘이 서구인들이 추상화, 낭만화시켜서 생각하는 동양의 모습일진대 진융의 복고를 오리엔탈리즘이라 한 것은 그가 영국의 식민지에 거주하는 중국인(華人)이기 때문이다. 그래서 방관자적이기도 한 그의 문화인식은 화인들이 전통문화를 회고할 때 타자로서 갖는 이중적 태도와 관련이 있다. 진융의 복고는 해외 화인들의 문화인식을 염두에 두고 전통을 '낯설게' 하거나 이와 상반되는 '낯익게' 하는 기법[21]으로 중국본토에 대한 해외 화인들의 내면에 자리잡은 향수를 일깨운 것이다. 뛰어난 문학성, 예측할 수 없는 이야기 전개 등이 진융소설이 성공한 주된 요인으로 꼽히지만 그가 추구한 오리엔탈리즘은 국제정치(법)을 전공한 그가 한때 영화의 제작, 감독을 맡았었고 『밍바오』의 창립자로서 도산위기에 빠진 『밍바오』를 회생시키기 위한 수단이었다는 것, 그 바탕에는 친중성향이라는 정치적 태도가 자리잡고 있었다는 것을 염두에 두어야 할 것이다.

4. '재현'과 '재해석' 사이

단편소설을 제외하고 진융의 소설은 TV극, 영화 등으로 무수히 개작되었다. 1958년 광둥어 영화 〈사조영웅전射雕英雄傳〉(상하집)이 첫 작품이다. 일반적으로 소설 원작을 각색하여 영화화하게 되면 호평을 받거나 혹평을 받는 등 평가가 갈릴 수 있다. 그런데 많은 연구자들은 진융의 원작을 영화화하면서 작품성을 살리거나 영화로서 성공한 경우는 거의 없다고 단언한다. 이것은 원작인 소설과 개작인 영상물을

21) 대중문학연구회, 『무협소설이란 무엇인가』(예림기획, 1997) 중 64쪽, 조현우의 「무협소설의 흥미유발요인 탐색」 참조.

비교하면서 일방적으로 소설의 손을 들어주고 있는 것이다. 특히 중국 연구자들이 그렇다. 주요 이유 중 하나는 심오하고 혼성적인 진융소설의 관념성(주제의식)을 시각적인 이미지에 모두 담아내기가 쉽지 않다는 것이다. 그것은 두 시간 남짓이면 끝나는 영화의 매체적 특징을 한계로 보는 입장이다.[22] 또 다른 중국연구자들은 진융에 필적할 영화감독이 아직 출현하지 않았다는 견해도 보인다.

그러나 이는 홍콩영화의 제작여건과 감독, 배우들 역량의 문제가 아닐까? 원작의 작품성을 제대로 재현하지 못했다는 중국연구자들의 일방적인 판정과 달리 무협물의 경우 영상매체를 통해 구현되는 재현성은 인쇄매체보다 훨씬 강력할 수 있다. 문자언어로 강호대협들의 무공을 어찌 영화처럼 눈앞에 펼쳐지듯 생생하게 재현할 수 있으랴! 영상물의 재현적 장점을 살린다면 진융소설을 원작으로 한 영화로 〈매트릭스〉 같은 블록버스터가 못 나오라는 법은 없다. 이처럼 소설에 비해 영화의 강력한 표현력, 재현성을 고려한다면 쉬커나 웡카와이 같은 감독이라면 진융에 버금가는, 어쩌면 진융을 뛰어넘는 예술적 효용을 발휘했다고 보아야 하지 않을까? 적어도 재현효과와 파급효과 면에서는 그러하다.

따라서 소설 「사조영웅전」의 성공과 영화 〈동사서독〉의 성취를 비교할 때에는 양자 중 어느 쪽이 우열한가가 아니라 「사조영웅전」을 영화화하면서 원작이 훼손(실패)되었는가 아니면 재해석(성공)되었는지에 초점을 맞추어야 할 것이다. 그렇다면 진융 스스로는 자신의 소설을 개작한 영상물에 대해 어떻게 보고 있을까? 그는 다음과 같이 말한다.

---

22) 천모는 진융 원작보다 개작이 인기 없는 이유에 대해 편폭, 시공간, 장면, 구조, 의경 등이 심오하고 경계가 크다는 것을 이유로 든다. 또 대작은 개작이 너무 어렵고 영화 편집, 감독의 원작 읽기 및 영화 표현방식에 문제가 있어서 그렇다고도 한다. 陳墨, 『孤獨之俠』(上海三聯書店, 1999), 310쪽 참조.

진융의 「사조영웅전」

아주 만족하는 것은 아닙니다. 소설과 TV는 두 가지 다른 예술 표현양식으로 소설을 TV극으로 개작하는 데는 대단히 큰 어려움이 있습니다. 그런데 홍콩의 TV연속극은 정말 괴상하기도 합니다. 그들에게는 취미가 하나 있는데 바로 마음대로 내 소설을 바꾸고 그들 자신의 아주 많은 요소들을 집어넣는다는 겁니다. 어떤 독자들은 편지를 보내 비판하며 말합니다: 당신이 진융보다 잘 쓴다고 생각한다면 왜 직접 한 편 쓰지 않습니까? 어떤 독자는 말합니다. 극화시키는 데 뭘 좀 첨가 안 하면 밥도 못 얻어 먹을까 걱정하는 거 아니냐고. 나는 그들이 제멋대로 집어넣은 요소들에 대해 간섭을 진행할 시간도 여력도 없습니다.

최근 CCTV에서 사람을 보내서 나와 만났는데 내 소설을 방영하겠다는 겁니다. 나는 괜찮다고 하고 그것도 무료로, 돈을 안 받겠다고 말했습니다. 그들이 나에게 무슨 요구가 있느냐고 물어서 나는 없어도 좋다고 했습니다. 어느 한 단락이 너무 길거나 혹은 마음에 안 들면 당신들이 생략해도 좋다. 나는 단지 당신들이 다른 요소들을 삽입하지만 말라. 당신들이 더하지 않겠다고 보장하면 된다고 했습니다. 그래서 우리는 계약을 했습니다. 나는 나의 소설을 개작하려면 사적인 무엇을 안 집어넣기만 하면 만족하리라 생각합니다.[23)]

진융의 불만에서처럼 원작과 달리 영화가 개작되면서 내용이 왜곡된 것은 더 재미있게 만들려고 하기 때문이다. 그것은 대중의 기호에 영합하려는 흥행전략이다. 진융의 인터뷰에 따르면 그 또한 자기 소설의 영화 개작이 실패라고 보는 듯하다. 그러나 일반적으로 소설의 영상화가 반드시 절반의 실패라고 할 수는 없다. 무엇보다도 소설에서 영상물이 제작되었다는 것은 소설에서 영감을 얻고 거기에 새로운 의미를 부여하고 끝내 가치의 평판을 구현했다는 의미이다. 이런 영상물의 제작은 어디까지나 대중의 심미적 기대의 지평에 의해 창작 동기를 고취받게 된다.

문제는 제작자들이 쉬운 제작과 흥행, 두 마리 토끼를 한꺼번에 잡기 위해 진융소설의 명성만 빌리려 한다는 데 있다. 바꾸어 말하면 영상물에서 빌려온 진융소설은 문학의 작품성과 상관없는 영화 시나리오의 저본으로 전락했을 따름이었다. 이런 영상물들의 경우 비난의 화살을 제작자에게 돌릴 수 있겠지만 대중문화의 꽃으로서 영화의 관객이 소설보다 더 말초적 재미를 요구하는 점도 간과해서는 안 된다. 독자가 소설을 읽다가 재미가 없으면 책을 덮어버리면 그만이지만 영화를 볼 때는 재미가 없어도 종영 때까지 기다려야 한다. 그래서 영화가 재미있는지 여부에 대해 관객들은 민감하지만 예술성에 대해서는 잘 판단하지 못한다.

본고에서 진융소설의 개작인 영상물의 가치를 높게 평가하는 것은

---

23) 彭華, 趙敬立,『金庸傳』(江蘇文藝出版社, 2001), 265쪽 참고.

매체의 특성을 고려할 때 관객을 끌어들이는 데 영화가 더 강한 힘을 지니고 있기 때문이다. 맥루한(Marshall Mcluhan)은 『인간 확장의 원리』에서 스크린 영상의 정밀도가 높은 것을 핫미디어로, 브라운관의 정밀도가 낮은 것을 쿨미디어라고 했다.[24] 인간은 핫미디어와 접촉하면 흥분하게 되고 쿨미디어와 접촉하게 되면 냉정하게 된다. 이런 이치 때문에 영화의 관객과 TV 시청자의 수용양상은 다르다. 영화의 영상은 관객의 정서, 꿈, 심리에 호소하게 되는 반면 TV드라마는 시청자에게 냉정한 비평정신을 발휘하게 만든다고 한다. 이런 기능에서라면 영상물은 아니지만 무협소설 같은 경우는 쿨미디어에 가깝다. 흥미롭게도 〈동사서독〉에는 이와 관련된 대화가 있다. 황야오스는 다음과 같이 취생몽사를 설명한다.

> 술과 물의 차이점을 아나? 술은 마시면 몸이 달아오르고, 물은 마시면 몸이 차가워지지.

황야오스는 취생몽사를 마시고 기억을 잃지만 눈먼 무사는 점점 멀어져가는 눈 때문인지 그를 죽이지 못한다. 어쩌면 그는 처음부터 황야오스를 죽일 마음이 없었는지 모른다. 그는 분노를 돋구는 술을 택하지 않고 차가운 물을 택했기 때문이다. 그러나 눈먼 무사는 마적대를 향해 술을 머금어 불에 뿌리는데, 알콜 도수가 높기 때문인지 술은 불로 바뀌어 내뿜어진다. 이 장면에서 관객은 무공의 초식이 실전에서 화공(火攻)으로 활용되는 것을 목격한다. 술을 머금은 눈먼 무사는 실전에서 냉정한(cool) 인물에서 열정적인(hot) 인물로 변한 것이다. 그런데 취생몽사를 마시는 황야오스는 핫미디어적인 인물일지 몰라도 끝까지 냉정한 태도를 견지한다. 취생몽사라는 술은 마시면 분노를 돋

24) 최상식, 『TV드라마 작법』(제3기획, 1994), 163쪽에서 재인용.

구는 것이 아니라 사람을 냉정하게 만들기 때문이다.

불을 뿜는 눈먼 무사

〈동사서독〉에서 황야오스는 이렇게 술과 물로 '열정'과 '냉정'을 구분했지만, 「사조영웅전」에는 이덩대사가 혈을 짚어 황룽의 부상을 치료하는 대목이 나온다. 「구음진경」에도 나오는 이 점혈법은 물이나 술처럼 차갑거나 뜨겁게 하는 작용이 분명하지 않다. 즉 사람을 차갑게 하기도 하고 뜨겁게 하기도 한다. 황룽은 대사의 점혈법으로 치료받고 나서 얼굴이 붉어졌다 창백해지는 경험을 한다.

> 황룽의 얼굴은 핏기가 전혀 없었지만 검은 기운은 이미 사라지고 없었다. 코밑에 손을 대어 보니 호흡이 안정되어 있어 우선 마음이 놓였다. (…) 그런데 황룽의 얼굴에 점차 홍조가 감돌더니 뺨이 불타는 듯 붉어졌다. 이마에 굵은 땀방울이 맺히면서 점차 붉다 못해 다시 창백해지려 했다. 이렇게 서너 차례를 반복하더니 드디어 눈을 떴다.
>
> "오빠, 화로는? 얼음은?"
>
> 황룽은 사방을 둘러보다가 고개를 설레설레 흔들며 웃었다.

"아, 악몽을 꿨구나. 꿈에 어우양펑을 봤어요. 어우양커(歐陽克)와 커우첸런(寇千刃) 등이 저를 펄펄 끓는 화로에 넣으려 하기도 하고, 얼음 속에 집어넣으려 하기도 했어요. 몸이 식으면 다시 화로에 집어넣고……. 아, 정말 무서웠어요. 아니, 대사님, 왜 그러세요?"[25]

이덩대사의 점혈법은 〈동사서독〉에 나오는 취생몽사의 기능에 견줄 수 있다. 열정과 냉정…. 그 원리는 무공비급 「구음진경」에도 나오듯이 무공의 '초식'과 동일한 것으로 보아도 무방하다. 무공을 수련하다는 것은 일단 육체적으로 사람을 뜨겁게 한다. 그러나 정신수양까지 더해지는 일정 경지에 오르면 사람을 냉정하게 하는 것이다. 그렇다면 무공의 '초식'을 어떻게 발휘하느냐에 따라 등장인물은 '냉정과 열정 사이'를 오가게 될 것이다.

〈동사서독〉처럼 허구와 환영의 세계에서 펼쳐지는 영화는 핫미디어적인 요소가 열어진다. 대다수 독자들은 이 영화에서 뭐가 뭔지 내용보다는 미장센에 더 큰 느낌을 받고 영화관을 나선다. 그러나 관객대중이란 쾌락원리에 충실한 법, 그래서 영화를 보면서 감정이입적인 효과에 의한 동일시, 대리만족 등을 체험하게 된다. 웡카와이는 「사조영웅전」에 이미 익숙한 독자들을 위해 〈동사서독〉에서 '낯익게 하기'의 세계로 이끌기 위해 허구와 환영의 장치를 극대화하는 차별화를 시도했다.

그렇다면 결론적으로 〈동사서독〉은 원작을 훼손했을까 아니면 텍스트를 재창조했다고 보아야 할까? 무협소설의 개작이 성공일까 아니면 실패일까? 좋은 의미의 재창조란, 원작의 훼손이 아니라 유쾌한 오독을 유도하는 행위일 것이다. 소설 「사조영웅전」이 공전의 인기를 거

25) 진융소설번역연구회, 『사조영웅전』 7편(김영사, 2003), 48쪽.

두자 홍콩에는 이를 영상으로 만든 비디오물이 봇물 터지듯 쏟아졌다. 비교적 장편으로 구성된 비디오물은 영화보다 무협적인 미학의 전통을 계승한 재현적인 측면이 크다. 장편인 만큼 소설 원작의 세세한 부분까지 잘 반영할 수 있기 때문이다. 이와 달리 영화 〈동사서독〉과 〈동성서취東成西就〉[26]는 소설 「사조영웅전」을 재해석했는데 기교와 변용이 눈에 띈다. 원작과 다르다는 것은 흥행에 더 치중한 까닭이다. 따라서 소설 「사조영웅전」과 비디오물[27]이 장르주의적이라면 〈동사서독〉은 작가주의적이다.[28] 장르주의란 무협물이라는 장르의 관습에 치중한다는 것이고 작가주의란 재해석으로 변용하는 것을 가리킨다. 이런 작가주의적인 재해석의 경향은 〈동사서독〉에서 더 두드러진다.

TV드라마 〈사조영웅전〉과 영화 〈동성서취〉

---

26) 〈동성서취〉(리류전웨이劉鎮偉 감독)는 〈동사서독〉과 감독만 다를 뿐 출연진은 거의 같지만 흥행에는 더 성공했다. 그것은 〈동성서취〉가 빠른 내용의 전개, 화려하고 자극적인 영상에 개그 요소를 가미하여 오락성을 강화한 데 이유가 있을 것이다.

27) 「사조영웅전」을 개작한 TV드라마로는 〈사조영웅전83〉(홍콩TVB), 〈천하오절天下五絶〉 시리즈(홍콩TVB), 〈대사조영웅전大射雕英雄門〉(홍콩TVB), 〈사조영웅전03〉(CCTV) 등이 있다.

28) 표현의 동기와 방식에 따라서 영화는 장르주의 영화와 작가주의(authorism) 영화로 구분된다. 장르주의가 가지는 특징은 관습들을 유형화하고 반복하는 것, 영화가 제기하는 문제들을 단순명쾌하게 해결하는 것, 감독이 스튜디오에 의해 지배되는 것으로 요약된다면 작가주의의 특징은 그 반대의 경향을 띤다.

영화 〈동사서독〉은 환영의 세계에 대한 관객의 몰입의 정도를 극대화시키는 미장센을 사용했다. 이에 비해 TV드라마 〈사조영웅전〉은 현실적인 시청자의 통속적인 경향을 겨냥했다. 물론 〈동사서독〉이 현실과 시청자의 통속적인 감각을 전혀 무시하거나, TV드라마가 영상예술의 미학적 기능과 초경험적인 상상력의 세계를 전혀 보여주지 않는 것은 아니다. 따라서 이것은 어디까지나 상대적인 차이라고 할 수 있다. 따라서 소설 「사조영웅전」과 영화 〈동사서독〉이 이질적인 장르의, 이질적인 텍스트로 공존하는 경우에 어느 것이 세상에 먼저 모습을 드러냈느냐, 어느 것의 작품성이 우월한가 하는 가치의 판단은 그다지 중요하지 않다. 본고에서처럼 「사조영웅전」과 〈동사서독〉을 좋아하는 사람들 간의 취향문제, 수용양상에 더 관심을 가지고 원작이 훼손되었는지, 그렇다면 얼마나 훼손되었는지, 아니면 재해석되었는지를 판단해야 할 것이다.

1997년 홍콩반환을 앞둔 뒤숭숭한 사회적 분위기에서 관객들은 〈동사서독〉을 보면서 그 텍스트 언저리에 놓여 있는 여백을 발견했을 것이다. 〈동사서독〉의 성취는 바로 이 여백에 있다. 오리지널 시나리오(소설)에 비교적 충실한 1958년과 1977년작 영화나 TV드라마보다 〈동사서독〉은 제작 당시 사회적 분위기를 잘 녹여내서 생각의 여지, 사색의 여백, 인생의 여운을 관객들에게 제공했을 가능성이 분명해 보인다. 많은 홍콩인들이 욕망하고 상상하던 분위기를 영화라는 환유적 공간 속에 실현시키는 능력이라는 점에서 웡카와이는 탁월하다. 무엇보다 「사조영웅전」과 〈동사서독〉의 차이에서 이를 확인할 수 있다. 두 작가, 즉 원작자인 진융과 연출자인 웡카와이의 세계관 및 이데올로기의 차이를 읽을 수 있다는 점에서 그러하다. 웡카와이의 영화는 1997년 반환을 앞두고 탈출구를 모색하던 대중의 마음을 사로잡았다. 그러나 그가 가진 세계관이나 이데올로기가 새롭거나 진보적인 것만은 아니다. 언뜻 언뜻 내비치는 등장인물들의 세계관은 지극히 단순하고 유치한 이해를 벗어나지 못한다. 〈동사서독〉이 이런 세계관의 영화로 제작된 것은, 무협물이야말로 그 어떤 유치함이나 단순함마저도 너그럽게 감싸안는 장르이기 때문이다.

하지만 필자는 영화로 개작된 홍콩의 무협물이 「사조영웅전」처럼 강호의 세계를 통해 1950년대 홍콩의 근대를 투영하던 시절의 팽팽한 긴장미를 잃어버리고 황당무계한 CG 기법에 의거한 초자연적 무술연출이나 개그에 의지하는 데 안타까움을 느낀다. 〈동성서취〉의 경우가 그렇다. 거의 동일한 이름의 인물이 등장하는 〈동성서취〉는 〈동사서독〉보다 흥행에는 성공했으나, 지나친 오락적 요소의 부각으로 원작의 작품성과는 거리가 멀어 보인다. 사람이 날아다니고 폭발물이 터지는 장면에서 관객은 희열을 느낀다. 그러나 사려 깊은 관객이라면 특수효과가 주는 재미와 함께 팽팽한 긴장미가 풀리는 아쉬움을 경험했을 것이다. 앞으로 일국가 이체제하에서 진융소설의 영상물은 어떤 변화를 보일까? 홍콩반환이 20년이 가까워가는 이 시점에 우리의 관심사가 아닐 수 없다.

4장

진용 「소오강호」의 영화적 변주

〈소오강호〉, 〈동방불패〉

1. 들어가며

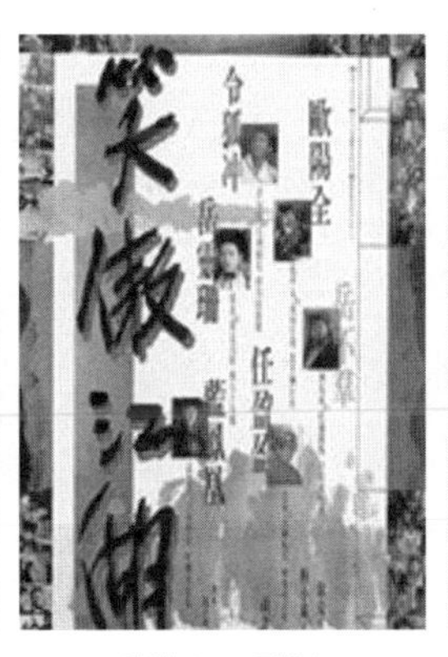

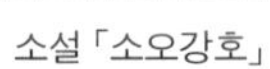
소설「소오강호」　　영화 〈소오강호〉　　영화 〈동방불패〉

영화 〈소오강호笑傲江湖〉는 진융의 소설「소오강호笑傲江湖」를 각색해 쉬커와 청샤오둥이 감독했고, 영화 〈동방불패〉는 이를 또 각색해 쉬커가 제작한 영화다.[1] 영화 〈소오강호〉는 원작소설에 나오는 소오강호

1) 본고에서 영화는 〈소오강호〉로, 소설은「소오강호」로 표기할 것이다. 또 필요할 경우 '소설-'과 '영화-'를 붙여서 장르가 소설인지 영화인지를 확실히 하고 문맥상 장르구분이 명확한 데서는 생략하기로 한다. 진융의「소오강호」는 〈풍운재기風雲再起〉등 영

곡의 기능을 특히 강조하여 영화 주요 장면의 전환점에 곡을 삽입했다. 문학작품을 영화화하는 데 영화의 매체적 기능을 충분히 살린 셈이다. 또 무공비급「규화보전」과 이를 둘러싼 권력욕을 중심으로 소설의 내용을 각색했다. 영화 〈소오강호〉가 소설을 저본으로 한 원작의 재현에 중점을 두었다면 영화 〈동방불패〉는 소설원작에서 동방불패의 성별착란과 사랑, 권력욕에 집중해 재해석한 영화라 할 수 있다. 그런 면에서 〈동방불패〉는 〈소오강호〉보다 원작 소설에서 더 멀리 떨어져 있고 작가주의적이라 할 수 있다. 그럼에도 두 영화 모두 원작소설과 전개순서가 다르거나 아예 내용이 일치하지 않는 곳이 적지 않다.

아무튼 소설「소오강호」가 동방불패라는 인물을 부각시킨 영화로 개작된 것은 중성적인 이미지와 개성적인 카리스마로 일약 스타덤에 오른 린칭샤의 인기에 기댄 바 크다. 그러나 속편이 대개 그렇듯이 먼저 제작되어 흥행에 성공한 영화 〈소오강호〉의 인기에 편승하고자 했을 것이다. 〈동방불패〉는 영화 〈소오강호〉의 주요 배역만 바뀌었을 뿐, 주요 장면을 모방해 재연한 대목이 곳곳에 드러난다.

소설「소오강호」에는 오악검파(五岳劍派)-정파(正派)와 일월신교(日月神教)-사파(邪派)의 대립이 주요 플롯으로 등장한다. 무협소설에서 정파와 사파의 이러한 대립구조는 아주 전형적인 것이다. 오악검파는 일월신교와 확연히 구분되면서도 서로 경계를 맞대고 있다. 서로 경계를 맞대고 있다는 것은 두 방파가 직접적이고 지속적으로 갈등관계를 일으키게 되는 전제조건이 된다. 정파와 사파가 그런 것처럼 삶과 죽음도 종이 한 장 차이로 경계를 맞대고 있다. 그래서 이것은 흔히 삶(선)과 죽음(악)의 대립관계로 표현되기도 한다. 그러나 소설에서 보이는 각 세력 간의 갈등과 충돌 중에는 절대선도 보이지 않고 절대악도

화로도 제작되었으나 본고에서는 영화 〈소오강호〉와 〈동방불패〉에 한해 소설에서 영화로 개작된 양상을 비교하고자 한다.

보이지 않는다. 등장인물에 대한 평가와 판단도 일반 무협소설만큼 단순명쾌하게 정리되어지지 않는다. 소설 「소오강호」에는 다만 야심이 큰 사람과 야심이 그리 크지 않는 사람 혹은 권력을 쟁취하여 맹주가 되려는 사람(패권주의자)과 권력을 지키려고 하는 사람(반패권주의자)의 구별이 있을 뿐이다. 이 어찌 우리 사회의 축소판이 아니겠는가?

또 다른 대립구도 역시 정과 사의 구분처럼 쉽게 경계를 지을 수 있는 것이 아니다. 바로 남과 여, 화와 이의 대립구도인데, 이 또한 직접적이라기보다는 간접적이기에 보다 상징적인 면이 있다. 그래서 이 대립구도는 복합적인 작품의 주제를 이끌어가는 역할을 한다. 정과 사는 눈에 명확하게 보이는 대립구도로서 이야기 전개의 기본조건을 마련하기 위해 도입한 구도이다. 그것은 무협소설 등 기존 대중소설에서 흔히 볼 수 있는 선악구도에 다름 아니다. 반면 남과 여, 화와 이의 대립구도는 중심 주제를 설정하고 부각하기 위한 장치이다. '남:여', '화:이'라는 장치는 정과 사에 부수적으로 존재하거나, 그것을 보조하는 것이 아니다. 이 두 대립구도는 서로 다른 두 역사적 주체로서 남녀 간의, 민족 간의 새로운 강호를 구성해낸다. 이 장치 또한 정과 사처럼 서로 얽혀 있고 서로 필요로 하기도 한다.

소설 「소오강호」에는 남녀의 이원대립 구도가 명확한 진융의 다른 소설에 비해 동방불패, 웨부췬, 린핑즈(林平之)처럼 남자도 여자도 아닌 중성적 인물이 등장한다는 점이 눈에 띈다. 원작을 기반으로 영화 〈소오강호〉가 제작되었지만 특히 〈동방불패〉로 개작되면서 '동방불패'의 역할을 극대화하여 성별과 민족문제를 두드러지게 한 점이 특징적이다.

이처럼 본고의 분석 대상인 소설 「소오강호」의 가장 큰 특징은 복합성이다. 소설뿐 아니라 영화에서도 남과 여, 화와 이가 구분되다가 때로 합치되는 인물의 복합성, 그리고 메시지의 복합성이 두드러진다.

메시지의 복합성에 대하여 진융 자신은 「소오강호」가 문혁뿐만 아니라 역사 속의 권력다툼을 풍자한 알레고리라고 인정하고 있다.[2] 권력다툼에는 어느 누구도 예외가 없다는 풍자였을까? 작가의 견해처럼 소설 「소오강호」를 권력다툼을 투영한 알레고리로 해석한다면, 영화로 개작된 〈소오강호〉, 〈동방불패〉에서 중심(명 조정)과 주변(묘족)의 길항관계가 더 두드러진다. 이를 영화가 제작된 시기(1990년대)를 배경으로 본다면 두 영화에서 중심과 주변의 구도는 화와 이가 아니라 중국(중심)에 대한 홍콩(주변)의 메타포어로 볼 수 있을 것이다. 영화가 1997년 홍콩의 반환을 앞두고 제작되었기 때문이다. 특히 영화 〈동방불패〉는 1990년을 전후한 홍콩사회의 불안한 상황을 잘 투영하고 있다. 본고에서는 진융의 「소오강호」가 쉬커, 청샤오둥의 영화로 개작되면서 성별, 민족적으로 어떻게 재해석될 수 있는지를 고찰할 것이다. 즉 '남녀'와 '화이'라는 이원적 구도가 홍콩이라는 변방의 다원문화적 상상으로 어떻게 펼쳐지는지를 살펴보고자 한다.

2. 남과 여, 정체성의 사이

소설 「소오강호」에서 남성인물들은 무정해 보이면서도 정감이 있다. 그리고 야심에 찬 것 같지만 소탈하고 실리적이다. 반면 여성인물들은 대부분 다정하고 온유하며 포용적이다. 소설에서 마교교주 딸인 런잉잉(任盈盈), 사매(師妹)인 웨링산(岳靈珊), 비구니 이린(儀琳) 등 여성은 링후충의 매력에 빠져 엇갈린 삼각관계를 이루기도 한다. 그러나

2) 『笑傲江湖』(北京: 三聯書店, 1999), 4권, 1591쪽 참고.

여성인물에게 절대무공에 대한 야심은 찾아볼 수 없다. 이런 애정의 다자구도는 일반적인 무협소설에도 흔한 것이다. 한편 다른 측면에서 남녀유별이라는 전통중국의 문인문화와도 다르지 않다. 남녀유별이라는 유교적 사고방식에서처럼 전반적으로 진융소설은 남녀라는 음양의 질서를 명확히 구분한다. 예컨대 웨링산, 런잉잉 등은 남성에 못지않게 용기 있고 의협심이 넘친다. 또 한편 여성으로 지적이고 현숙하며 온유하고 선량하다. 영화의 여성인물들도 마찬가지다. 〈동방불패〉에서 런잉잉의 채찍술은 당할 자가 없을 만큼 뛰어나다. 그러나 밤에 일본 닌자들이 묘족을 급습하자 그녀는 닌자들에 잡혀가는 나약한 모습을 보인다. 그러다가 남주인공 링후충에 의해 구출된다. 영화 〈소오강호〉에서 아버지 웨부췬이 딸(웨링산)에게 어우양촨(歐陽全)과 결혼하라고 요구한다. 그러나 웨링산은 링후충을 마음에 두고 있던 터였다. 웨링산은 그에게로 와 다음과 같이 말한다.

"지금부터라도 여자처럼 온순해지면 되잖아."

〈동방불패〉에서도 그녀는 링후충의 곁을 떠나지 않는다. 만만찮은 무공을 선보이는 그녀지만 링후충의 앞에서는 한낱 연약한 여성일 뿐이다. 〈동방불패〉에서 웨링산은 애마 천리추가 죽자 눈물을 흘린다. 그러나 그녀가 사랑하는 링후충은 여성의 눈물에는 관심이 없고 술병에서 술을 쏟았다고 아쉬워할 뿐이다. 링후충의 어릴 적 사매였던 그녀는 링후충이 런잉잉, 동방불패 두 여성 사이를 오갈 때 질투하고 투정할 수밖에 없다. 〈동방불패〉에서 링후충의 호감을 얻은 여성은 동방불패, 런잉잉, 웨링산의 순이다. 이와 달리 영화 〈소오강호〉에서는 상대적으로 웨링산이 차지하는 비중이 높다. 영화 〈소오강호〉에서도 웨링산의 여성성은 무시되지만 런잉잉보다는 링후충과 훨씬 가까운 상대로 나온다. 특이한 점은 원작소설에 등장했던 동방불패가 영화 〈소오강호〉에는 등장하지 않는다는 점이다. 그리고 원작소설에서 대단원을 장식했던 링후충과 런잉잉의 로맨스도 영화 〈소오강호〉에는 거의 생략되고 없다. 이와 달리 영화 〈동방불패〉에서는 동방불패의 성별착란이 점차 드러나면서 링후충과의 사랑이 영화의 전면에 부각된다.

동방불패 런잉잉 웨링산

진융소설이 남성 중심임은 상술한 바와 같다. 소설 「소오강호」에도 당연히 이와 관련된 대목이 있다. 예를 들면, 29장(掌門)에 링후충이 딩셴스타이(定閒師太)의 유언대로 항산파(恒山派)의 지도자가 되는 장면이 있다. 그런데 런잉잉은 비구니들만으로 구성되어 있는 방파의 지도자직을 남자가 맡는다는 것이 불편하다고 여긴다. 그런데 링후충을 가입시키지 않고 비구니에게 지도자직을 맡기는 것이 아니라 여러 남성들을 항산파에 가입시켜서 남성을 크게 늘려 놓는다. 항산파의 기세는 이를 계기로 크게 진작된다. 소설의 이 대목에서도 비구니들은 남성의 욕망의 그림자일 뿐 결코 항산파의 주체적인 존재가 되지 못한다. 물론 소설과 영화 모두에서 남성과 관련된 것(방파와 무공, 명조정, 가부장적 질서 등)들이 긍정적인 모습으로 그려지는 것은 아니다. 원작소설에서 여성인물들은 줏대 없는 갈대형이 대부분이지만 남성인물들은 편집증적인 욕망의 소유자들이 많다. 남성들은 대부분 이윤을 추구하거나 개인의 권력(무공), 방파(남성세계)의 존립과 확대 같은 자신들의 이익을 위해서라면 어떠한 극단적인 상황이라도 마다하지 않는다.

이런 성별상의 특징과 관련해 주목할 만한 것은 쉬커 감독이 만든 〈동방불패〉에서 찾아볼 수 있다. 영화 〈동방불패〉에서 선머슴 같은 웨링산은 어색한 화장을 하며 링후충에게 잘 보이려고 한다. 그런데 정작 링후충이 반하는 여성은 화장으로 여성성을 되찾으려는 웨링산이 아니라 강에서 만난 여인이다. 묘령의 여인이 목욕을 하는 모습을 본 링후충은 그 자리에서 얼어붙는다.

강에서 목욕하는 동방불패

그러나 그녀는 여성이 아니었다. 바로 「규화보전」으로 절대무공을 습득하지만 거세를 해서 남성성을 잃어가던 동방불패였다. 동방불패는 이때까지만 해도 남성도 여성도 아닌 존재였다. 그녀의 정체성은 목소리를 통해 알려진다. 강가에 남자도 여자도 아닌 다성적인 목소리가 울려 퍼지는 것이다. 동방불패에게 마음을 빼앗긴 링후충은 그(녀)에게 이름을 물어보지만 아직 여성으로 정체성을 획득하지 못한 그(녀)는 이름을 알려주지 않는다. 떠나는 그(녀)를 보고 링후충은 다음과 같이 외친다.

"다음에 만나면 내가 이름을 지어주겠소."

이후 동방불패는 하나의 여성으로서 링후충을 사랑하게 된다. 그러나 완전한 여성이 되지 못한 그(녀)는 끝내 그에게 이름을 가르쳐주지 않는다. 오히려 자신의 이름 대신 애첩의 이름[스스(詩詩)]을 가르쳐주고 애첩을 링후충과 동침하게 한다. 그녀는 링후충에게 여성으로서 호감을 느꼈을지라도 사랑을 택하지 않고 절대권력의 길을 간다. 바로 성별을 초월해서 일통강호를 이룰 수 있는 성별착란을 택하는 대목이다. 권력과 성별 사이를 오가는 그녀의 마음이 편안한 것은 아니다. 그녀의 갈등을 암시하는 대화 하나를 예로 들어보자.

런워싱: 난 네가 황제의 자리 때문에 「규화보전」을 습득한 줄 알았는데 사실은 남자와 자고 싶어서 그런 것이었군!

동방불패: 내가 둘 다 갖게 되서 질투가 일어나나 보군.

한편 영화 〈소오강호〉에서 원작의 동방불패는 등장하지 않는다. 그러나 남성과 여성의 성별이 겹치고 엇갈리는 장면이 등장한다. 런잉잉의 여시종 란펑황(藍鳳凰)은 링후충 일행이 있는 남자들 방을 몰래 엿보다 족장에게 야단을 맞는다. 그녀는 이에 아랑곳 않고 쓰러진 남자를 추행하려 옷을 벗기는데 그가 남자가 아니라 여장남자(웨링산)임을 알고는 기겁을 한다. 이 장면을 본 족장은 한족 앞에서 망신을 했다며 란펑황을 크게 야단친다.[3]

---

3) 사실 이 대목은 란펑황이 소극적이고 남성 의존적인 형상을 과감히 넘어서는 행동을 하는 장면으로 보이지만 난혼 또는 잡혼을 하는 묘족의 봄 축제 풍속을 드러낸 것이기도 하다. 원작소설과 비교했을 때 주체적인 여성형상을 부각시킨 면이 있지만 한족 중심주의의 시각에서 묘족의 풍속을 타자화시킨 것임을 주지해야 할 것이다.

영화가 종국을 향해 치달으면서 〈동방불패〉에서 나약하고 소극적이던 여협들은 주체적인 여성의 형상으로 거듭난다. 란평황은 독이 퍼져 죽어가면서 동방불패에게 달려든다. 동방불패가 뱀을 던지자 그녀는 뱀을 씹어 삼키고 다시 돌진한다. 그러나 계란으로 바위치기일 뿐, 그녀는 장렬한 최후를 맞고 런잉잉은 란평황의 시신을 부여잡고 통곡한다. 그리고 그녀의 입에서는 주제가 〈검푸른 바다의 웃음소리滄海一聲笑〉가 흐느낌과 함께 흘러나온다. 한편 사제들의 주검을 본 링후충의 눈은 분노로 불타고, 런잉잉은 묘비명에 란평황이라는 이름을 적으며 운다.

묘비명 쓰며 우는 런잉잉

앞서 동방불패는 링후충을 애첩 스스와 동침시킨 뒤 처소로 돌아왔다. 원래 스스는 과거 남성이었던 동방불패를 진정 사랑했다. 여성으로 변한 동방불패 앞에서 무가내함을 느낀 스스는 독을 마시고 자결한다.

영화가 결말로 치달으면서 드러난 여협들의 비장함도 종국에는 권력보다 사랑을 택한 동방불패를 부각시키기 위한 장치였는지 모른다. 마지막 장면에서 동방불패는 위기에 처한 링후충을 구하려다 런잉잉의 칼에 찔린다. 게다가 런워싱의 흡성대법(吸星大法)으로 피를 많이 흘려 죽음의 위기에 처한다. 그녀는 원망하며 절벽 아래로 떨어지지만 끝내 링후충을 밀어 올려서 목숨을 구해주고 자기 혼자 죽음을 맞는다. 경각의 짧은 순간이지만 이 장면은 사랑과 권력이 교차되는 가장 극적인 대목이다. 애당초 사랑보다 권력을 택했던 그녀는 죽음을 앞두고는 권력을 버리고 사랑을 택한 것이다. 이처럼 소설과 달리 영화 〈동방불패〉에서는 동방불패가 죽음을 맞게 된 것을 링후충에 대한 사랑 때문인 것으로 각색하였다. 그렇게 영화는 살아남은 자들의 기억 속에 동방불패가 계속 남아 있도록 여운을 남긴 것이다. 결국 남성성과 여성성 모두를 갖춘 동방불패가 사랑과 권력 사이를 오가는 것은 자아의 정체성을 고민하고 성장하는 과정이 된다. 흥미롭게도 영화 〈동방불패〉에서 보여주는 남성과 여성, 성별에 관한 감상성의 이면에는 전통적인 중국적 이념과 가치로부터의 탈주를 상징하는 동성애코드가 깔려 있다고 할 수 있다.

이런 성별 문제는 영화에서 특별히 삽입한 요소는 아니다. 소설에서도 동방불패, 웨부췬, 린핑즈와 같은 양성인이 등장하는데 이들은 두 가지 대립구도와 사투를 벌인다. 하나는 화와 이의 대립이라는 외부로부터의 적이며 다른 하나는 남과 여의 대립이라는 자기 내부로부터의 적이다. 자기 내부의 적이란 남성성이 두드러지는 비도덕적인 집단인 사파나 조정(국가권력), 다시 말해서 생명과 대척점에 서는 파괴와 소멸 뿐인 남성우월주의와의 싸움에 다름 아니다.

원작소설에서 동방불패, 웨부췬, 린핑즈 등은 「규화보전」으로 무공을 이루기 위해 스스로 거세를 한다. 궁중의 환관에 의해 만들어진 이 '벽사검법'은 스스로 성기를 잘라 인성을 제거해야 절대무공을 이룬다는 것이다. 동방불패는 「규화보전」의 벽사검법으로 절대무공을 이루지만 그는 이 무공을 제대로 발휘해보지 못한다. 남자도 여자도 아닌 양성인이 된 그는 양롄팅(楊連亭)에게 대권을 맡기고 헤이무야(黑木崖)의 은밀한 곳에 규방을 꾸며놓고 자수를 놓으며 살아간다. 이처럼 동방불패는 강호가 아니라 규방 속에 자신을 은폐시켰다.

그는 「규화보전」으로 절대무공을 이루었지만 그를 그 자신일 수 있도록 하는 요소(남성성)은 상실되고 없었다. 남성성을 잃은 동방불패가 느낀 성과 권력 사이의 괴리는 겉으로는 행복하지만 실제로는 불행한, 그런 의식 사이의 괴리다. 그것은 내부적 가치와 외부적 상황 사이의 비상응성에서 기인한 것이다. 즉 자기만의 세계에서 절대무공을 이루었지만 특별한 목적 없이, 별다르게 성취해야 할 것도 없는 존재로서의 자괴감이다. 동방불패뿐만 아니라 웨부췬, 린핑즈 등도 내부적 가치와 외부적 상황 사이의 상응성을 이루지 못한 것은 마찬가지다. 이들 모두가 불행한 결말을 맞은 것은 이렇게 자괴감에서 벗어나지 못하고 자기 정체성의 의미를 상실하게 된 데 기인했을 것이다. 거세라는 사건이 가져온 정체성 상실은 자아상실이기도 하다. 이처럼 소설 「소오강호」는 양성적 이미지를 가진 두 겹의 존재를 등장시켰다는 점에서 시사하는 바가 있다. 그것은 남녀라는 생물학적인 구분을 거부하고 해체하는 시도였던 것이다. 그러나 원작소설에서 절대권력을 찬탈하고자 거세를 한 동방불패, 웨부췬, 린핑즈 등은 종국에는 죽음을 맞거나 두 눈이 실명되는 등 비극으로 끝났다. 결국 이들에게 강요된 것은 분열된 이중의 정체성일 뿐, 경직된 기존의 질서를 거부하려 할 때 그들에게는 비극이 돌아올 뿐이었다. 이들이 변태적 양성인의 형상을 넘어서지 못했다는 점에서 결국 소설은 남성 중심적인 제도권의 정당화라는 전제를 벗어나지 못하고 있는 것이다.

「소오강호」의 역사적 배경은 모호하다. 어느 왕조 어느 조대인지 알 수가 없다. 이런 초시간성은 시공을 초월한 인성의 본원적 세계를 추구하는 모습으로 전개된다. 진융은 성별이라는 규격화된 코드에서 벗어나 성별질서를 재편하려고 시도한다. 소설과 영화에서 동방불패등이 스스로 거세한다는 것은 절대무공을 얻기 위한 의도였지만 그것은 역으로 남근이 상징하는 권력을 해체시키는 것을 의미한다.

영화에서 동방불패를 통해서 쉬커는 남성들의 편협한 권위의식과 이에 근거한 지배의식을 조롱한다. 한 걸음 더 나아가 쉬커는 역사 속에서 남자나 여자가 아니라 인간으로 독립하는 동방불패를 그려낸다. 영화에서 탈성화되어 여성화되고, 심지어 부인되기도 하는 동방불패의 성적 정체성은 전통 중국의 지배적인 성역할과는 다른 유형의 사회적 질서를 암시하고 있다. 이러한 시도는 대단히 급진적인 것이다. 쉬커는 자연적인 성역할이나 성별 구분과 합치되지 않는 인물유형을 부각시킴으로써 성적 정체성의 인식에 획기적인 전환점을 제공한다. 이렇게 동방불패는 남성에서 여성으로 전환되지만 결국 남아 있는 것은 권력지향적인, 즉 남근적인 성향이다. 그것이 여성을 배제하는 것임은 성적 취향에서도 알 수 있다. 일례로 영화에서 동방불패는 여성화되면서 애첩 스스의 손길을 애써 거절한다. 오히려 애첩 스스를 자신을 찾아온 링후충과 동침시킨다. 그에게 애첩은 여성이 아니라 성적 도구 그 이상이 아니었던 것이다.

흥미로운 점은 소설원작에서 동방불패는 남성적이고 역할이 축소되어 있지만 영화에서는 여성화되어 나타나고 역할이 확대되어 있다는 점이다. 소설에서 동방불패는 부정적으로 그려졌지만 영화에서 동방불패는 권력과 사랑 사이를 오가며 관객의 동정심을 자아낸다. 특히 권력보다 사랑을 택하고 죽음을 맞는 동방불패를 지켜보는 관객의 뇌리에는 잠시나마 동성애 코드가 떠오르게 될 것이다. 양성적 존재는 남녀의 특성, 예를 들어서 남성의 합리적인 사유와 여성의 섬세한 직관을 동시에 가진다. 동방불패에 대한 동정에서 시작하여 관객들은 남과 여를 분리시켜 사고하는 성이 합당한가라는 의문을 가지게 된다. 양성 구분이 불변하는 실체인가 하는 것이다. 이에 대해 쉬커는 현실이 고정불변한 것이 아니듯이 성적 정체성 역시 고정된 것이 아니라는 답변을 제시하는 듯하다. 쉬커는 여성의 자아형성을 부각시키기에는 원작소설의 전통적인 성적 구분이 영화와 어울리지 않는다고 본 듯하다. 그래서 동방불패를 통해서 여성 특유의 이미지를 남성과 결합시켜서 보여준 것이다.

영화에서 과거로부터의 해방과 새로운 남녀형상의 결합을 가장 잘 보여주는 장면은 역시 맨 마지막에 연출된다. 〈동방불패〉와 『소오강호』를 비교해보자. 〈동방불패〉의 마지막에 런잉잉은 일본행 배를 탈 것을 권하고 링후충은 웨링산과 함께 떠난다. 원작소설에서는 링후충과 런잉잉의 결혼이라는 대단원으로 막을 내린다. 그러나 〈동방불패〉는 링후충과 런잉잉의 이별로 끝을 맺는다. 영화 〈소오강호〉은 이와 상이한 결말을 보여준다. 삽입곡 〈오늘 아침 웃음만 기억하네只記今朝笑〉가 울려 퍼지는 가운데 링후충은 말을 타고 들판을 내달린다. 그러다가 다시 웨링산을 태우고 질주한다.

주지하듯이 소설원작의 주제는 사랑의 완성이 아니다. 대단원으로 끝난 원작의 결말이 권력다툼을 풍자하고자 한 주제와 어울리지 않는다는 소설에 대한 비판이 쉬커의 마음에 걸렸던 모양이다. 소설의 주인공 링후충과 런잉잉이 현실로부터의 탈주, 영원한 유목을 꿈꾸었다면 마지막 장면이 해피엔딩으로 끝나서는 안 될 것 아닌가? 따라서 원작에서 링후충과 런잉잉의 결혼이라는 해피엔딩이 성별질서의 재편이라는 영화의 주제의 부각과 배치되기에 의도적으로 개작했을 것으로 보인다.

한편 〈동방불패〉에는 여성성을 되찾기 위해 노력하는 웨링산의 모습이 곳곳에서 드러나지만 사제들의 비웃음을 살 뿐이다. 링후충은 웨링산에게 "너는 여자도 아니고 남자도 아니야."라고 말한다. 또 "너 여자야 남자야?"라고 링후충이 묻자 다른 사제가 웃으며 대답해준다. "(웨링산은) 아마 중성인가 봐요." 이어지는 대화를 살펴보자.

웨링산: (화장을 하며) 흥, 맨날 나를 막둥이래! 내가 여자로 안 보이나? 여자가 되는 것도 어렵군. (미녀 초상화를 보며) 여자는 머리에 장신구를 하는군.

사제들: (화장한 웨링산의 모습을 보고 키득대며) 남자도 여자도 아닌 것 같아. 남자의 도복을 너무 오래 입었어.

이 대목은 극중 전개상 어색한 대화의 삽입으로 보일 수 있겠지만 쉬커가 관객에게 성적 정체성의 문제를 제시하는 대목 중 하나다. 역지사지(易地思之)라는 말처럼 이 영화는 성적 정체성을 둘러싸고 빚어지는 상황들을 보여주면서 관객들로 하여금 성별문제를 다시 보기를 요구하고 있다.

자수 놓는 동방불패

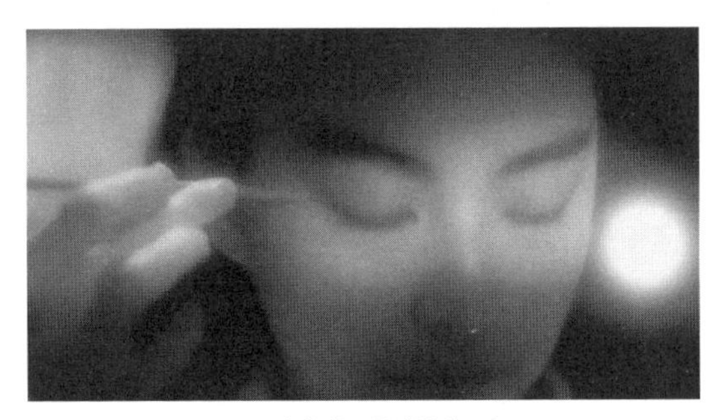

화장하는 동방불패

영화 〈동방불패〉에서 동방불패의 여성화는 규방에서 화장하는 장면으로 완성된다. 이 장면은 그(녀)가 완전한 여성의 목소리를 되찾는 순간이기도 하다. 완전한 여자로 변한 남자를 보면서 남녀라는 성별의 구분은 무의미해진다. 상술한 바와 같이 우리는 여기서 양성의 대립을 무의미하게 여기는 쉬커의 성의식을 발견할 수 있다. 원래 '성(sex)'이라는 말 자체가 '나누어진 것'을 의미하는 라틴어 sextum에서 비롯되었지만, 간과하지 말아야 할 것은 우리들 속에 양성적 요소가 모두 있다는 사실이다. 남성이나 여성 모두 정도의 차이가 있지만 남성호르몬과 여성호르몬이 함께 분비되는 것은 상식적인 사실이다. 남성의 경우 자라면서 남성호르몬이 많이 분비되면 남성적 특징이 두드러지는 식이다. 이런 점을 고려해볼 때 양성의 구분과 대립을 전제로 하여 반쪽의 특성과 한계를 수용할 수밖에 없는 원작소설의 관점은 분리되기 이전의 성의 조화와 충만함을 받아들이는 입장이 아니다. 즉 여성이나 남성이나 동등한 사람임을 전제로 하는 것 같지 않다는 것이다.

그리고 페미니즘적 관점에서 진융소설의 양성적 인물의 등장이나 남성중심주의 사고는 비판의 대상이 될 수 있다. 이러한 인물구도가 봉건적 가족제도로 인한 고통스러운 삶을 살아가야 했던 전통중국의 여성상을 미화시키고 정당화시키는 것이 아니냐고 말이다. 그러나 진융소설에 대한 비판의 잣대로서 페미니즘은 적절해 보이지 않는다. 성적 역할과 정체성에 무감한 무협소설의 등장인물들에게 이러한 페미니즘을 요구할 수도 없고 따라서 소설 자체를 이러한 잣대로 분석할 수도 없기 때문이다. 다만 양성의 구분과 대립을 전제로 하고 있는 소설에서 규방에 유폐된 소극적인 동방불패의 모습은 그가 권력욕의 희생자라는 것을 우리에게 암시해줄 뿐이다.

「소오강호」가 소설로 쓰이고 영화화된 홍콩은 한편으로는 진융소설의 배경이 된 전통적인 정신세계와 자본주의의 냉혹한 시장논리가 첨예하게 맞서는 환경이기도 했다. 이런 환경은 소설과 영화의 대중성을 확보하게 된 토양이 되었다. 영화 속에 등장하는 동성애 코드와 관련하여 언급할 것은 역복풍(逆服風)현상(cross-dressing boom)에 관해서이다. 전통과 근대의 대립이 조성하는 불안의 징후와 소외감 속에서 이 같은 엽기적인 취미가 유행하는지도 모른다. 이런 현상이 영화 〈동방불패〉에서는 여인의 옷을 입고 규방에서 자수를 놓는 동방불패라는 양성적 인물의 극대화로 드러났을 것이다. 이것은 진융소설에서 기존 무협소설의 터부를 깨는 파격이며, 영화의 소재로서 트랜스베스티즘(transvestism)[4] 현상을 미장센으로 표현한 것이기도 하다. 그것은 양성의 구분과 대립에 길들여진 데서 벗어나려는 쉬커의 유목민적 본능이다. '홍콩반환'이라는 미래의 암울함과 희망이 교차하는 가운데 쉬커는 동방불패라는 성별을 넘어서는 인물유형의 부각으로 남녀구분의 질서를 넘어서는 다면적이고 다중적인 권력의 구도를 그려냈다. 이러한 시도를 통한 쉬커의 전략은 생물학적 구분에 불과한 성의 차이를 무시하고 남성 중심의 지배질서로 정당화하

4) 성도착의 한 형태로 남자가 여장을 하거나 여자가 남장을 하는 것.

는 데 대한 부당함을 보여주려는데 있다. 과연 영화 속에서 개작된 내용처럼 중국문화에서 차별적 이원성을 극복하는 것이 가능할까? 이러한 시도는 영화 곳곳에서 화와 이의 정체성의 정치와 겹쳐져 드러나게 된다.

3. 화(華)와 이(夷), 정체성의 정치

영화 〈동방불패〉에서는 동방불패가 완전한 여성이 되었을 때 링후충이 찾아온다. 동방불패는 그때까지 광둥어로 이야기했다. 그런 그녀는 여성이 되었을 뿐 아니라 갑자기 한어(漢語: 표준 중국어)로 이야기한다. 이를 들은 링후충은 의아해한다.

"당신도 한족의 말을 할 수 있어요?"

흥미로운 것은 〈동방불패〉(광둥어판)에서 한족인 링후충 일행이 쓰는 말은 광둥어이고 묘족은 서툴지만 한어를 쓴다는 사실이다. 이 대목은 참으로 모순적이다. 광둥어를 쓰던 한족이 한어를 듣고 한족의 말이라고 한 건 왜일까? 영화는 시대적 배경이 분명치 않은 명만력(明萬曆)년간이지만, 지금 대다수 중국인(한족)이 한어를 공용어로 배우고 쓰기 때문이다. 이와 관련해 고려해야 할 사실은 중심과 주변의 문제이다. 즉 영화원작에서는 광둥어가 '중심'의 자리에 놓였다면 한어는 '주변'으로 밀려나 있다. 그것은 감독과 관객 모두 홍콩인으로서 광둥어를 쓰기 때문이다. 다시 말해 〈동방불패〉는 「소오강호」를 원작으로 했지만 홍콩의 감독 쉬커가 홍콩인을 일차적 관객으로 하여 극화했기 때문에 광둥어를 기본언어로 했던 것이다.

그래서 한족은 광둥어를, 묘족은 어색한 한어를 사용하고 있다. 그런데 평소 광둥어를 쓰던 한족 링후충은 동방불패가 쓰는 한어를 분명 '한족의 말'이라고 받아들인다. 한족인 자신이 평소 광둥어를 쓰면서도 한어로 이야기하는 동방불패에게 한족의 말을 할 줄 아냐고 한어로 묻는 이 헷갈리는 장면은 바로 오늘날 홍콩인들의 혼란을 연상케 하는 대목이다. 홍콩반환을 전후해 어디가 '주변'이고 어디가 '중심'인지 구심점을 잃은 홍콩인들은 영어와 광둥어를 버리고 한어를 배우고 있다.

그렇다면, 쉬커는 왜 동방불패의 성별착란을 광둥어와 한어의 언어착란과 겹쳐서 관객에게 선보였을까? 사실 이 영화에서 한족과 묘족, 일본군을 구분하는 주요 장치는 복장과 언어다. 영화의 주인공 링후충은 주로 광둥어를 구사하지만 한어도 섞어 쓰고, 때로는 닌자의 옷을 입고 서툰 일본어도 구사한다. 동방불패도 닌자들과 대화할 때는 일본어로 대화한다. 영화 〈소오강호〉에서는 링후충과 웨링산이 묘족의 옷을 입고 이들의 지역에 잠입하기도 한다. 이러한 모습은 자가당착적인 모순이 아닐 수 없다. 1997년 반환을 전후해 생존을 위해 한어를 배워야 하는 오늘날 홍콩인들의 정체성 혼란이 영화에서 복장과 언어의 뒤섞임을 통해 표출된 것이 아닐까? 〈동방불패〉는 바로 홍콩인의 정체성 문제를 중심과 주변, 화와 이라는 민족문제를 통해 부각시켰다고 할 수 있다. 명만력년간을 가상의 배경으로 한 이 영화에서 한족과 묘족의 관계는 오늘날 중국인과 홍콩인의 관계로 환치된다.

홍콩의 중국 반환

3장에서 언급했던 쉬커의 말대로라면 1980~90년대 대거 등장한 진융소설의 영상물에서 강호는 극중극으로서 홍콩의 은유에 다름 아니다. 극중극이란 소설 속 또 다른 이야기, 드라마보다 더 드라마틱한 현실을 말한다. 쉬커는 1997년 홍콩반환을 앞둔 시점에서 영화 〈동방불패〉를 통해 한족과 이민족, 화이대립의 양상을 중원을 무대로 펼쳐지는 성별과 권력의 대립구도로 그려냈다. 이는 '중국:영국'이라는 이원대립의 질서가 무너지고 중심과 주변이 교차되는 경계가 사라지는 홍콩의 상황으로, 1997년 반환을 앞둔 홍콩사회의 생존경쟁과 권력다툼이 영상으로 표출되었다고 볼 수 있다. 진융의 원작이 앞서 언급한 그의 말처럼 마오쩌둥이 반대파를 숙청하고 권력을 잡기 위해 일으킨 문혁의 파시즘적 상황에 대한 우화라면 쉬커가 극화한 영화에서 강호는 인생과 세계의 축도이다. 홍콩은 문화사막이라 불릴 만큼 문화적으로 빈곤한 도시다. 이런 알레고리 형식은 황량한 사막 같은 홍콩을 살아가는 현대 홍콩인들의 운명에 대한 자각과 정체성의 갈망을 곡절 있게 반추하게 한다.

그런데 「소오강호」의 소설과 영화에는 화이의 인식에 있어서 차이가 두드러진다. 화와 이를 영화 속 세력에 대입시켜보면, 소설에서는 오악검파와 일월신교가 주요세력으로 대립하지만 영화 〈동방불패〉에서는 묘족과 한족이 첨예하게 대립한다. 대립하는 세력을 더 넓혀보면 두 편의 영화에서 조정, 한(漢) 강호, 묘족군이 3대 세력으로 등장하는 것도 소설과 다른 점이다.

소설에서 오악검파와 일월신교의 대립구도는 들뢰즈/가타리의 말을 빌리자면 '영토화:탈영토화'[5]의 구도로 볼 수 있을 것이다. 그런데 영화에서 조정(관군)은 주요세력이기는 하지만 주류가 아니라 강호의 주변(비주류)으로 물러나 있다. 조정이 묘족세력을 영토화하거나 탈영토화하는 것이 아니다. 일월신교도로 불리던 묘족은 영화에서 자신들의 영토(묘구: 苗區)와 시간을 구획 짓는다. 그들은 자신만의 영토를 지니고 있고, 자신들만의 시간과 공간 속에서 자신들의 목소리로 자기들이 이 공간의 주인임을 말하며 진출을 시도한다. 그들은 링후충이 누비던 한 강호마저 자기영토에 편입시키려 한다. 한 강호라는 추상적인 땅은 실제로는 한 조정의 영토이기 때문이다. 동방불패가 말하는 '북벌', '일통강호'가 바로 그것을 표현한 것이다.

그렇게 묘족의 탈영토화는 시도된다. 그리고 탈영토화가 끝나고 일본 닌자들과 동맹함으로써 새로운 영토화가 시작된다. 이것이 재영토화이다. 영화 〈동방불패〉의 첫 장면에는 토요토미 히데요시(豊臣秀吉)가 일본을 통일할 때 패전한 군대들이 중국 남방으로 와 지역 간신들과 연합한다는 가상이 자막으로 서술된다. 허구적이긴 하지만 영화에 역사성을 불어넣기 위한 작업인 셈이다. 일본 패잔병이나 일월신교도나 화(중심)가 아닌 이(주변)에 해당함은 마찬가지다. 이들이 서로 동맹하여 세력확장을 노리는 것은 일종의 재영토화작업으로 정의할 수 있다. 영화 〈동방불패〉에서 일월신교와 일본 닌자들의 동맹은 '탈영토

---

5) '영토화', '탈영토화', '재영토화'에 관해서는 신명직, 「가리봉을 둘러싼 탈영토화와 재영토화」, 『로컬리티인문학』 제6호(부산대한국민족문화연구소, 2011. 10), 50~52쪽을 참고.

화:재영토화'의 구도로 볼 수 있을 것이다. 단순한 도식화의 위험이 있기는 하지만 영화의 3대 세력은 종족별로 다음과 같은 탈주선의 구도로 그려질 수 있다.

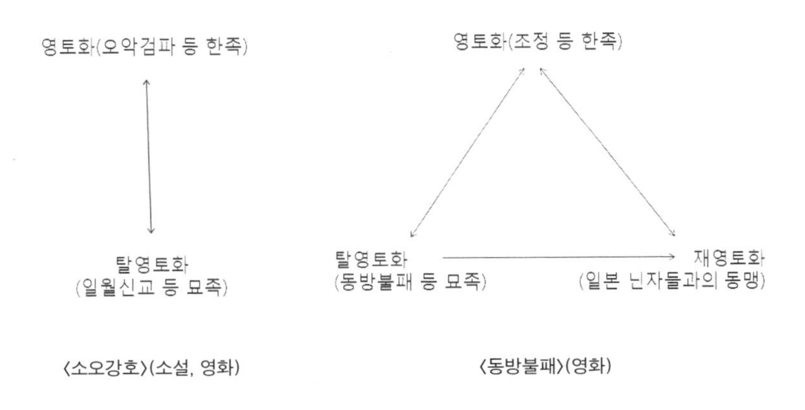

이렇게 탈영토화 또는 탈코드화된 욕망의 흐름들을 서로 연결시킴으로써 고착된 사회적 구조에 혁명을 불러일으키는 역할을 하는 것이 탈주선이다. 탈주선은 탈영토화의 통로로서 기능하며, 무한한 분열증식으로 새로운 욕망의 흐름과 그 대상을 창조해나가는 역동적인 힘이다.'[6]

그렇다면 동방불패는 어떻게 일본 닌자들과 연대하게 되었을까? 또 '동방불패'라는 이름의 함의는 무엇일까? 쉬커는 동방불패의 입을 빌어 다음과 같이 암시한다.

"일출은 동쪽에서 온다. 나에게 패배란 없다."

---

6) [네이버 지식백과] 재영토화/탈영토화 [Reterritorialization/Deterritorialization] (문학비평용어사전, 2006.1.30, 국학자료원)에서 재인용.

원작에서 동방불패는 일본과 아무 상관이 없지만 쉬커는 일본을 끌어들여 중원을 재영토화하도록 한다. 아마 이런 장치는 다분히 영화의 일본수출을 대비한 것으로 일본의 관객을 염두에 둔 것으로 보인다. 일본 닌자들이 영화의 주요세력으로 등장한다는 것은 소설 원작에서는 상상할 수 없는 설정으로 당시 중성적인 이미지의 카리스마로 인기의 상승몰이를 하던 린칭샤의 캐스팅과 함께 일본시장 공략을 염두에 둔 장치로 볼 수 있다. 영화의 시작부터 동방불패는 네덜란드군의 무기를 포획하여 전함을 격퇴시킨다. 바로 육군과 수군이 맞서는 장면이다. 한 조정과 묘족의 이 충돌에서 우리는 아폴론적인 정주민과 디오니소스적인 유목민의 대립을 떠올리게 된다. 영화에서 링후충 일행을 중심으로 한 한족(관군)의 기마병 위주 전술과 묘족 일본연합군 동맹의 수군 위주 전술은 차이가 극명하다.[7]

일본 닌자들

7) 한족의 전술은 말의 문화로 질서 중심의 수직적 인식구조, 부권존중, 직선적 처세태도, 유위적 사고로 아폴론적 대륙문화에 해당된다. 반면 후자는 배의 문화로 혼돈, 수평적 인식구조, 모권존중, 수평적 처세태도, 무위적 사고의 디오니소스적 해양문화에 가깝다.

권력다툼에 한족, 이민족(화이)의 구분이 없는 것은 원작 소설과 다를 바 없지만 영화에서 묘족 일월신교도들은 기본적으로 독충, 독벌, 침, 표창 등 암기에 능한 사파로 설정되어 있다. 이 영화도 여느 무협물처럼 정사 대립구도인 셈이다. 영화의 영문자막에서 한족을 'Mainlander(대륙인)'으로, 묘족을 'Highlander(고지인)'으로 영역한 데도 중심과 주변의 시각이 잘 드러난다.[8] 한족이 대륙의 중심에 있다면 묘족은 대륙의 주변에 있다. 한족이 정파라면 묘족은 사파다. 스수메이(史書美)의 지적대로 영화 〈소오강호〉에서는 한족이 묘족을 압박하여 주변화, 타자화시키는 이유를 묘족의 소금 밀수라는 역사적 사실에 기반하고 있다. 그렇게 묘족기의(起義)는 경제적 측면에서 일어났다는 사실을 부각시키고 있다.[9] 영화 〈동방불패〉에서 동방불패는 조정사신이 찾아오자 반역을 하겠다면서 다음과 같이 훈계한다.

> "금을 비롯한 우리 여섯 민족은 항상 너희 한족에 의해 착취와 수모를 당하고만 살았다. 그런 것은 자고로 민중봉기를 낳기 마련이다."

또 다른 장면에서 동방불패는 런워싱을 향해 다음과 같이 비꼬며 말한다.

> "한인들은 세세대대로 우리 민족의 피를 빨아왔다. 그런데 이젠 그 한인들을 헤이무야까지 불러들여서 일월신교의 내부 일에까지 끌어들이는구나. 어떻게 조상을 뵈올지 걱정이다. (…) 만일 우리 민족이 한인을 통치한다면 동방불패는 길이 남겠지."

---

8) 吳曉東, 計壁瑞 編,『2000, 北京金庸小說國際硏討會論文集』, 381쪽 참고.

9) 위의 책, 381~384쪽.

또 다른 장면에서 동방불패는 민중봉기와 한족에 대한 그의 생각을 요약해 말한다.

"우리 민족은 한인들을 천민으로 보지."
"오늘날 이룬 업적은 후세에 커다란 도움이 될 거야."

여기서 동방불패가 꿈꾸는 북벌, 일통강호가 민족혁명을 통한 한인 정복임이 드러난다. 묘족이 지배층인 나라를 세우려는 것일까? 당시에는 중화민족이라는 개념이 존재하지도 않았기에 한인정복은 민족 내에서의 싸움이나 민족국가 내에서의 봉기가 아니다. 그가 말한 민족 혁명이란 민족해방(NL)과 민중민주(PD)가 결합된 것으로 볼 수 있다. 묘족인 동방불패는 탈영토화, 재영토화의 탈주선을 타고 다른 양식으로 나타날 꿈을 꾸는 노마드(nomade), 즉 유목민이다. 한인정벌에 나선 그는 유목민이지만 정주민을 꿈꾸었던 셈이다. 영화의 묘족 지역에는 일월신교도들이 모여 살지만 그곳은 독뱀, 독충, 독벌, 침, 표창 같은 암기가 행해지는 곳이었다. 이들은 일통강호를 위한 북벌을 기치로 내걸었지만 교주 동방불패나 런워싱을 정점으로 하는 묘족 내부의 권력다툼은 더 심각해서 민중 모순이 병존할 수밖에 없는 곳이기도 했다.

원작소설에서도 일월신교도의 이러한 권위주의가 잘 나타난다. 31장의 예를 들어보자. 런워싱은 런잉잉과 샹원톈(向問天), 링후충 등의 도움으로 동방불패를 죽이고 일월신교의 교주 자리에 다시 오른다. 그런데 런워싱 역시 동방불패가 개인숭배로 만들어놓은 '세세토록 강호를 통일하소서(千秋萬載, 一統江湖)'라는 구호를 외치게 한다. 그리고 런워싱은 또한 동방불패처럼 일통강호를 이루기 위해 수단방법을 가리지 않았다. 런워싱 역시 사악한 마교의 무리 안에서 유목민을 가장한 정주민 행세를 했던 것이다.

그러나 우리는 사파의 동방불패나 런워싱 등을 탈주하는 인물로만 곡해해서는 안 된다. 그들의 삶의 영역은 한 점이 아니기에 계속해서 탈주하는 선처럼 보이지만, 이런 느낌은 바로 전통사회의 정주민으로서 한족의 편견일 뿐이다. 진융은 런워싱, 동방불패, 웨부췬, 줘렁찬(左冷禪) 등을 무림고수보다는 정치적인 인물로 구상하고 권력의 욕망이 엇갈린 네트워크를 그려내려 했다. 원작소설은 단순한 권선징악 구도로 이루어져 있지 않다. 정사 양대 진영 중에 항산파와 형산파(衡山派)만이 정파다운 행동을 보여줄 뿐 나머지 집단들은 하나같이 목적을 이루기 위해 수단과 방법을 가리지 않기 때문이다.

그렇다면 소설에서 오악검파의 어떤 정주적인 면이 영토화를 추구하게 했고 일월신교의 어떤 유목적인 면이 탈영토화를 추구하게 했을까? 중국역사는 정주에 기초를 두고 이합집산하는 각 나라의 문명의 흥망을 중심으로 기술되어 있다. 여기서 몽고족, 만주족 같은 이민족(이)들은 정주적인 농경문명을 정복하는 거친 존재로 타자화되어왔다. 그러나 이들이 농경문명을 밖에서 위협한다는 역사기술은 한족을 중화문명의 주인으로 보는 정주민의 의식을 전제로 하는 것이다. 원대(元代), 청대(淸代) 같은 경우에는 한족이 몽고족, 만주족이 세운 문명을 밖에서 위협하는 존재로 타자화되기 때문이다.

이와 관련해 들뢰즈는 유목민에 대한 일방적인 편견을 벗어나, 정통을 새로 해석할 수 있는 시각을 선보인다. 그는 이교도의 시각으로 정주농경, 혹은 국가의 모델로부터 우리의 사고를 해방시키자며 유목과 정주를 대비해서 논한 바 있다. 들뢰즈의 말을 빌리자면 영화 〈소오강호〉, 〈동방불패〉에서 묘족은 주변인이 아닌 '소수자'의 이름을 갖는다. 여기서 소수자란 수적인 의미가 아니라, 권력이 부과하는 다수자의 모델을 거부하고 욕망의 탈주선을 좇는 비주류를 일컫는다. 이들의 탈주는 앞서 설명한 것처럼 탈영토화의 시도를 통해 이루어진다. 중국에서 정주민과 유목민의 쫓고 쫓기는 게임은 언제나 중원이라는 땅을 중심으로 이루어졌다. 정주민과 유목민의 충돌로 중원이 분열되어도 분열의 끝은 뫼비우스의 띠처럼 통합으로 이어졌다. 역사는 반복된다는 토인비의 말도 있지만, 중원을 중심으로 한 분열과 통합은 중국인들의 역사에 대한 순환론적 사관을 만들어냈다.

이처럼 모든 정주적인 것에 대해 유목적인 것을 대치시키는 들뢰즈의 유목론(nomadology)에서 우리는 중국현대사를 새로이 볼 수 있는 단초를 발견할 수 있다. 비주류에 대한 편견은 역사로 기록되고 다시 그것은 국가장치의 거시정치를 통해 이민족 차별, 한족 중심으로 이어진다. 이렇게 중국역사의 주류를 한족으로 보고 한족 중심으로 역사가 기술된 것은 부인할 수 없는 사실이기도 하다. 무협물에서 벌어지는 강호에서의 결전은 국가장치에 맞서는 것이고 주류가 휘두르는 권력의 틈바구니에서 비주류가 탈주의 선을 찾는 것이다. 조정은 중화라는 '자기존재 기획'을 통해서 영토화를 공고히 한다. 강호를 떠도는 협객들은 이런 시각을 가진 조정에 맞서, 또 한 강호라는 정주민들의 활동무대에서 탈주와 회귀를 반복하는 유목민일 수밖에 없다.

가만히 보면 무협소설은 문화계의 비주류인 대중문화의 한 영역으로 탈코드화 전략으로 독자대중의 인기를 끄는 장르이다. 무협소설에도 긍정적 인물, 부정적 인물이 있다. 그러나 탈코드화로 작품 속의 진지한 탈주자들마저도 예외없이 속화된다. 링후충은 한족 출신으로 영화에서 뛰어난 무공을 지니고 있지만 술과 여자를 밝히는 인물로 속화되어 묘사된다. 그래서인지 소설과 영화 모두 한 강호를 누비는 링후충 일행을 둘러싸고 이야기가 전개되지만 이들은 틈만 나면 강호를 떠나려 한다. 마치 벼슬을 버리고 낙향해 은거하려는 선비의 모습을 연상케 한다. 그래서 이들은 정주민이 아닌 것처럼 보인다. 우리는 여기서 진융의 혈관 속에 유랑민의 피가 면면히 흐르고 있음을 엿볼 수 있다. 「소오강호」의 등장인물들은 정주와 유목, 이 두 영역 모두를 벗어나 탈주하려는 모습을 보여준다. 이 소설은 정과 사라는 전통적인 선악의 이원대립구도가 무의미하다는 윤리학에 기반하고 있다. 영화에서도 마찬가지다. 소설과 영화 모두 등장인물들은 당시대의 윤리적 가치를 끝내 벗어나지 못하지만 유목적 사유를 통해 머물지 않고 이동하려는 시도를 계속한다. 이들은 이러한 충동으로 인해 탈주와 헤맴을 거듭한다. 기존 무협물의 틀을 벗어난 탈주의 욕망은 항상 이동하고 탈영토화, 나아가 재영토화까지 시도하는 유목민적인 것임에 틀림없다.

그리고 원작소설의 화이, 정사 대립구조를 훌쩍 넘어서기 위해 쉬커는 영화에서 동방불패를 부각시킴으로써 성별, 종족별 복수성을 드러냈다. 이것은 기존 무협소설에서 남녀, 화이로 구분하는 이항논리, 그 총체화의 시도에 역행하는 리좀(rhizome: 뿌리)적인 동태적 운동이다.[10)]소수민족의 사교 교주이면서 양성인인 동방불패는 여자로 변신하면서 무공의 원초적 에너지를 마음껏 발산했고 사회적, 정치적 제약에 짓눌린 중국인들의 심경은 새로운 중화의 감상에 젖어들었다. 쉬커는 남과 여, 정과 사, 중심과 주변을 넘나드는 강호의 상상을 통해 현대

---

10) 리좀에 대한 설명에 앞서 유목민과 정주민의 차이를 비교해볼 필요가 있다. 유목민과 정주민은 사회형태와 질서, 생존방식, 예술, 공간개념 등 여러 가지 점에서 다르다. 가령 정주민이 편집증적인 세습 전제군주를 정점으로 받드는 국가를 형성하는 데 비해, 유목민은 전쟁기계를 형성하고 수장의 선출은 보다 우연적이다. 정주민이 차분한 정서를 사랑하고 날줄과 씨줄로 꼭 맞는 베를 짠다면, 유목민은 돌발적인 정령에 살고 섬유가 종, 횡, 사선과 아나키로 달리는 펠트(felt)를 만든다. 또한 거주하는 공간의 존재방식에 있어서 정주민은 안과 밖의 구별이 확실한 닫힌 우주 속에 사는 데 비해, 유목민은 정주공간 사이에 넓은 스텝과 사막과 빙원의 노모스(nomos)적 개방공간을 탄생시킨다. 다시 말하면, 전자가 나무(tree)라면 후자는 뿌리(rhizome)인 것이다. 황원권, 『현대철학산책』(백산서당, 1996), 345쪽 참조.

중국인의 무의식 속 상상계를 그려낸 것이다.

그렇다면 이에 대한 화의 차별과 배타는 진융소설에 어떻게 등장하게 된 것일까? 중국역사에서 화와 이의 끝없는 분열과 통합은 양자의 차이를 제거하려는 지배욕에 기인한다. 한족(화)과 이민족(이)이 서로의 차이를 인정하지 않게 되면 서로를 공존의 대상이 아니라 흡수, 통합해야 할 대상으로 여기게 된다. '차이'를 '틀림'으로 인식하게 되면 다른 존재를 자신의 인식범위하에 놓고, 자신의 것으로 만들지 않고는 못 배기게 된다. 그러한 심리는 일통강호를, 절대권력을 추구하게 만든다. 이러한 반응은 인간이 자기와 같은 것은 좋아하고 다른 것은 기피하는 단순한 현상으로 볼 수도 있다. 그런데 프로이트에 따르면 현대의 인간에게 존재하는 불안과 히스테리는 스스로가 기피하는 '자신과 다른 것'이 자신 안에 있다는 사실을 깨닫기 때문이라고 한다. 그 다른 것은 스스로가 중심의 위치에서 주변으로 물러나면서 느끼는 불안이다. 차이를 인정하려 하지 않는 지배욕은 오늘날에도 '지배의 심리학', '정복의 정치경제학'으로 현대인의 목을 옭죄고 있다. 이러한 지배와 정복의 패권주의는 특히 민족주의와 결합되었을 때 강력한 힘을 발휘한다. 지배와 정복의 패권주의를 기반으로 한 진융의 소설 또한 한족 중심의 민족주의 굴레에서 자유롭지 못하다. 정치사회적 헤게모니가 관철되는 시민사회에서도 그것을 장악하는 것이 우선이라는 진융의 사고는 중국의 특별행정구, 홍콩에서 화의 이에 대한 차별과 배타, 권력쟁탈의 소설로 다시 태어나게 된 것이다.[11)]

---

11) 이 대목에서 시민사회에서 정치, 경제적 헤게모니 장악에 대해서는 그람시의 견해를 빌렸다. 이런 측면은 진융이 영화감독의 이력이 있고, 『밍바오』의 주필이자 CEO였다는 사실에서도 드러난다. 3장 3절에서 언급한 것처럼 그가 무협소설을 『밍바오』에 연재한 것은 홍콩경제가 고도성장을 시작하던 1950년대 말 이후였고, 창작의 주요 동기가 바로 치열한 언론시장에서 『밍바오』의 판매부수를 늘려 살아남기 위해서였던 것이다.

이러한 주변과 중심에 대한 헤게모니의 역학구도는 진융소설 내부에서 뿐만 아니라 비평계에서도 예외가 아니다. 1967년부터 『밍바오』 등 21개 신문에 동시 연재된 「소오강호」는 동남아와 타이완을 휩쓸더니 중국대륙에까지 상륙해서 폭발적인 인기를 끌었다. 문혁시기, 중국문화의 주변(홍콩)에서 중심(대륙)의 권력다툼을 풍자했던 이 소설은 중국문화의 변방인 홍콩과 대만을 거쳐 역으로 대륙을 접수한 것이다. 물론 문혁이 끝나고 진융소설을 읽던 중국의 독자들이 소설의 내용과 문혁을 연관지은 것 같지는 않다. 그러나 스수메이는 「소오강호」가 문혁의 알레고리라고 한다. 그런데 그는 「소오강호」의 성공이 중국문화의 주변에서 중심으로 이동한 것으로 인정하면서도 그 성과가 종국에는 중국 중심의 중화문화의 일부분으로 흡수되었다고 결론 내린다.[12] 과연 그럴까? 진융소설은 거대한 홍콩발 쓰나미가 되어 대륙을 휩쓸었지만 그때는 문혁에 대한 역사적 평가와 단죄가 이미 끝난 시점이었다. 문혁을 풍자한 「소오강호」가 대륙에서 큰 인기를 끌었다고 해도 쓰나미의 발생지인 홍콩이나 타이완(臺灣)에 중국문화의 정통성을 양보할 수는 없는 노릇 아닌가? 그래서 그는 타이완, 홍콩의 문화를 백과사전식이라고 폄하하고 「소오강호」의 성공도 결국 중국의 중화문화에 흡수되었다는 논리를 펴는 것이다.

明報

『밍바오』등에 연재된 「소오강호」

그러나 「소오강호」의 흥행은 주변에서 중심으로, 정통성을 향해 블랙홀처럼 흡수된 것이 아니라 자본주의적 소비문화의 전개양상으로 이해할 필요가 있다. 홍콩, 타이완, 동남아, 중국의 순으로 자본주의화

12) 吳曉東, 計壁瑞 編, 『2000, 北京金庸小說國際研討會論文集』, 373~374쪽 참고.

가 진행된 것처럼 대중문화로서 진융소설이 신문에 연재되고 출간 판매된 순서도 대동소이하다. 진융소설의 발간과 인기는 경제적, 문화적 발전양상과 밀접한 관련이 있는 신문소설이라는 점에 주목할 필요가 있다. 신문소설은 대중문화의 발전과 깊은 연관이 있다. 국가별로 흥행의 순서는 이렇게 진행된 것이다. 스수메이는 중심을 향한 이동, 정통으로의 흡수를 말하지만 중심이라는 중국이 중화권에서도 근대화가 가장 늦었다는 사실을 간과할 수 없다. 이러한 사실은 화와 이라는 정체성의 정치에서 경제적 요소의 역할을 단적으로 보여주는 것이다.

소설 「소오강호」에서 권력은 혐오의 대상이지만, 권력을 가진 자는 부러움의 대상이다. 본고에서는 이 권력이 중국사회에서 정치권력뿐만 아니라 경제적인 금력까지를 포괄하는 메타포어라고 본다. 인간은 정치권력이든 경제력이든 힘을 향한 의지를 갖는다. 그것이 바로 니체가 말한 '권력(힘)에의 의지(Wille zur Macht)'이다. 특이한 점은 일반적인 무협소설에서 그렇듯이 권력의 정점에서 대협이 갑자기 은둔하는 모습이다. 「소오강호」에서도 링후충 일행은 형상적이고 고착된 체제와 틀에 박힌 질서에 환멸을 느낄 때마다 유목민의 충동을 억누르지 못하고 우배산에 은거하려 시도한다. 그랬다가 사냥꾼처럼 야수가 있는 강호로 금새 돌아오는 링후충의 심성은 불안정하고 어둡고 일탈적이다. 권력의 무상함을 절감하고 은거하려 한다는 영화의 주제가는 영화에서 주제곡을 배경으로 주고받는 등장인물 간의 대화에서도 잘 드러난다. 영화 〈소오강호〉에서 권력다툼의 추악함을 되뇌이는 웨링산의 독백을 빌려보자.

> "풍상 같은 칼이여. 왜 우리를 강요하는가? 영원한 영웅도 없건만 바깥세상은 왜 이리도 추악하단 말인가?"

권력에 대한 무상함은 영화 〈동방불패〉의 맨 마지막 장면에서도 잘 드러난다. 다시 한 번 링후충의 말을 빌려보자.

"강호의 승부는 유희에요. 난 더 이상 장난하지 않겠어요."

이런 모습은 무위자연을 지향하는 도가적인 성향으로 보인다. 소설 「소오강호」의 많은 인물들이 은거하는 것은 정치적 무관심이나 정치적 혐오로 인해서이다. 그러나 그것은 역설적으로 권력에 대한 갈망이 그만큼 강렬했기 때문으로 보아야 한다. 그래야 이들이 강호의 권력쟁탈에 참여하는 이유가 설명되기 때문이다. 그렇다면 은거의 탈정치적 욕구와 실제 정치 사이의 길항관계를 어떻게 보아야 하는지가 문제로 남는다. 앞서 언급한 것처럼 이들은 정사로 구분되지 않는다. 오로지 권력에의 의지에 따라 집권파, 모반파, 개혁파[13]로 구분될 따름이다. 이들은 니체적인 권력에의 의지를 적극적으로 내비친다. 물론 비정치적이고 무위적인 방관자인 인물도 있다. 대표적인 인물인 링후충인데 그가 자유를 추구하는 모습은 쇼펜하우어적이다. 즉 삶을 고통으로 보는 허무주의를 연상케 한다. 그러나 그가 권력의지를 근원적으로 극복하고 자유를 쟁취해내는 과정은 예술적 관조에 의해 세상을 망각하거나 불교에서 범아일여(梵我一如)의 경지에 이르는 것이 아니다. 링후충의 자유는 무예 익히기를 통해 강호의 고수로 성장하면서 추구된다. 권력의지에 대한 링후충의 부정은 항구적 해탈을 이루어가는 과정이요, 그것은 또한 개인성의 완성과 연결되지만 종국에는 강호의 고수가 되는 결과를 낳는 주요 요인이 되었다.

흥미로운 점은 오악검파(정)와 일월신교(사)가 대립하는 구도인 원

---

13) 「소오강호」 4권, 1590쪽에서 진융의 구분에 따랐다.

작소설에서는 조정(정부)의 역할이 축소되어 있지만 영화에서는 조정이 한 강호, 묘족군과 더불어 당당한 3대 세력의 하나로 설정된 점이다. 영화의 전면에서 이야기를 이끌어가는 세력이 링후충 일행(한 강호)와 묘족이기는 하지만 조정이 주요세력으로 등장한다는 점에서 소설보다는 영화가 보다 현실정치적이다.

이처럼 원작소설이 현실정치와 거리가 먼 무협물로서 조정을 부정하는 상상을 발휘한다면 그것은 무정부주의와 어떤 차이가 있을까? '무정부주의(anarchism)'는 모든 제도화된 정치조직 · 사회적 권위 · 권력을 부정하는 운동이나 사상을 가리킨다. '무정부'가 자유를 꿈꾸는 모든 사람들의 이상이었던 것처럼 진융의 정치관과는 어떤 연관이 있을까? 4장 3절 '화와 이, 정체성의 정치'에서 서술한 바와 같이 소설 속에서 진융은 정치권력에 대한 허무주의적 태도를 드러낸 바 있다. 그러나 그의 정치적 이상은 소설 속에 명백히 투영되어 있다. 권력지향을 풍자하는 그의 소설에 어찌 정치적 요소가 없을 수 있으랴. 무정부라는 것도 무정치, 즉 '정치 없음'을 뜻하는 것이 아니라 말 그대로 '정부 없음'을 뜻한다. 만일 평화로운 무정부상태가 온다면 정치는 오히려 더 활발해질 것이다.

문혁 사인방(四人幇)

원작소설의 창작이 전 중국을 문혁이라는 광풍으로 몰아넣고 인민을 호도하는 데 앞장선 사인방에 대한 풍자에서 시작되었음은 분명하다. 또한 이 소설이 보편적인 인간의 권력욕에 대한 비판적 의미로 확대해석할 수 있음도 자명하다. 그렇다면 왜 소설과 영화에서 묘족의 한족 국가전복을 위한 음모, 동맹이 독자들의 인기를 끈 것일까? 그것은 무엇보다 권력을 둘러싼 음모가 흥미롭게 진행되고 여기서 유발하는 쾌락이 있기 때문이다. 그것은 독자 대중 누구나 공감할 수 있는 요소이다. 물론 그 쾌락은 소비적이기보다는 생산적인 면이, 민족이나 민중의 고통을 줄이는 긍정적 면이 있어야겠지만 말이다.

지금까지 우리는 진융의 소설 「소오강호」와 영화 〈소오강호〉, 〈동방불패〉를 해석하면서 성별, 종족에 대한 사회적, 정치적 이원론을 넘어서는 작업을 시도해왔다. 영화에서 강호는 이러한 이원론적 제약이 아니라 남과 여, 화와 이의 대립이 새로운 중화의 상상으로 펼쳐지는 세계로 재영토화되었다. 소설에서 한족의 조정이나 오악검파가 중화의 실체라면 일월신교는 오랑캐로서 그림자일 뿐이다. 그러나 영화에서는 그림자인 일월신교가 중심이 되어 성별과 종족에 관한 중국사의 금기와 위반을 깨는 미학의 세계로 다시 태어났다. 화와 이, 남과 여라는 이분법으로부터 탈주의 원천은 바로 중국역사의 원초적 에너지이기도 한, 거세한 양성인 동방불패가 주창한 '일통강호'라는 구호였던 것이다.

4. 맺으며

소설 「소오강호」에서는 권력을 둘러싼 인간의 퇴행적 욕구와 그 욕구로 인해 파멸에 이르는 다양한 모습이 다루어진다. 이 모습이 독자들에게 안쓰럽게 느껴지는 것은 분명 세상에 안착할 자리가 있는 인물들이 '권력에의 의지'에 휘둘려 개인의 정체성을 수립하지 못하기 때문이다. 동방불패, 런워싱, 웨부췬 등은 「규화보전」이라는 절대권력의 욕망 때문에 자기만의 자폐와 유희의 감옥에 은거할 뿐이다. 스스로 정체성의 정치를 이루려면 그들이 은거하고 있는 감옥의 바깥으로 나와야 한다. 소설 「소오강호」는 권력에의 의지에 매몰된 인물들의 쟁탈전에 권력 무상이라는 주제를 결합하였다. 결론적으로 문화대혁명을 통해 세상을 바꿀 수 있다고 믿었던 신념이 가져온 절망과 좌절을 중국의 변방인 홍콩에서 그려낸 중국정치의 우화인 셈이다.

한편 영화 〈소오강호〉는 영웅서사물의 틀에 포함되는 무협물이지만 정사라는 명확한 이분법을 넘어서는 영화다. 그것은 남과 여, 화와 이의 구분이 엇갈리는 가운데 「규화보전」을 둘러싸고 무한정 들끓는 욕망을 심리영화처럼 그려내고 있다. 그런 점에서 욕망의 근원이 된 「규화보전」은 단지 하나의 미장센에 불과할 뿐이다. 독자나 관객이 주목할 것은 누가 보물을 쟁탈할 것인가[14]가 아니라 「규화보전」이 불러일으키는 절대권력의 욕망을 어떻게 해소하는가이다. 그러나 영화의 결말을 통해 우리는 권력의 무상함이라는 감상주의를 만나게 된다. 그렇게 감상주의의 배후에 절대권력의 욕망과 해소라는 전혀 다른 색채의 이데올로기가 숨겨져 있는 것이다. 또한 영화 〈소오강호〉와 〈동방불패〉를 남과 여라는 내적 정체성의 각도에서 볼 때 사랑과 야망, 그리고 탈주와 회귀의 문제를 발견하게 된다. 한편 화이의 정치적 각도에서는 그것이 외적으로 권력의지와 연관되면서 새로운 중화의 문제를 제시하게 된다.

그러나 소설을 개작한 영화에서 자연스럽지 못한 내용의 전개는 연

---

14) 보물쟁탈(창보형搶寶型)은 무협소설의 10대 유형 가운데 하나이다. 陳墨, 『海外新武俠小說論』(雲南: 人民出版社, 1994), 79~165쪽 참고.

출자의 제작의도가 결코 성공하지 못했음을 보여준다. 일례로 영화 〈동방불패〉에서 사냥을 갔던 사제들은 조정순찰대를 목격한다. 그러나 링후충과 사제들은 관군과 부딪히기 싫어서 도망을 갈까 하다가 그냥 죽은 척한다. 조정순찰대는 링후충 일당을 발견하지만 이들이 다 죽은 줄 알고 시체는 본 체도 않고 이들의 말을 끌고 가려고 한다. 그제서야 링후충이 일어나 무공을 발휘해서 이들을 물리치고 말을 되찾아 온다. 이 대목은 코미디의 한 장면을 연상케 한다. 흡사 곰을 만나자 죽은 척했다는 이솝우화를 연상케도 하는데, 영화 속에서 대단히 엉성한 이야기 설정의 한 예가 된다.

또 하나는 인물설정의 문제이다. 원작에 비교적 충실한 영화 〈소오강호〉에는 링후충이 강호의 고수로 거듭나는 성장과정은 삭제되고 없다. 또한 영화 〈동방불패〉뿐만 아니라 원작소설에도 나오는 동방불패의 흔적까지 아예 지워져 있다. 이런 점은 영화 〈소오강호〉가 원작의 내용을 많이 반영하였지만, 제대로 재해석하지 못한 결과를 가져오게 되었다. 그렇게 영화의 내용은 이질적이고도 혼란스럽게 병치되어버린 느낌을 주는 주요인이 된다. 또 이 영화에서 여성은 원작소설과 마찬가지로 남성을 통해 자신들의 정체성을 확인해야 하는 부차적 존재로 머물러 있을 뿐이다.

진융소설의 서사는 표면적으로 신파 무협의 참신함으로 포장되어 있지만 실제로는 가장 전통적인 중국 무협 이데올로기의 재탕이라고 해도 과언이 아니다. 원작에 대한 재현성이 비교적 강한 영화 〈소오강호〉도 이러한 한계에서 자유롭지 못하다. 이 영화에서는 무엇으로부터의 해방이 성과 민족의 참된 지향점인가를 옳게 전달해주지 못한 채 상업주의에 찌든 성별과 민족의 탈주만 제시되고 있다. 이에 비하면 영화 〈소오강호〉를 재해석한 〈동방불패〉는 동방불패라는 양성인을 전면에 내세움으로써 성과 민족의 탈주, 그 지향점을 분명히 했다. 영화 〈소오강호〉에서는 오로지 「규화보전」의 행방을 좇아 전개되는 여러 사건들, 즉 묘족과 방파 내부의 분열, 링후충등과의 계속되는 마찰, 관군과의 대립 등이 등장인물의 권력의지와는 전혀 별개의 사건처럼 유리된 채 뒤섞여 전개된다. 그래서 권력다툼의 무상함이라는 주제는 자극적인 결투장면과 「규화보전」을 둘러싼 잡다한 암투에 가려진 채 하찮은 에피소드로 전락할 위험을 안고 있다. 그에 비하면 〈동방불패〉의 내용전개는 대단히 명확하고 선이 굵은 느낌을 준다.[15]

또 한 가지 주목할 점은 원작소설과 영화 모두에서 음악이 내용의 전환에 지대한 역할을 한다는 사실이다. 〈동방불패〉에서 링후충이 떠나는 마지막 장면은 주제곡 〈검푸른 바다의 웃음소리〉를 다소 편곡한 노래 〈오늘 아침 웃음만 기억하네〉를 배경으로 펼쳐진다. 원작소설에서 소오강호 곡으로 사용된 〈검푸른 바다의 웃음소리〉가 중국 전통악기로 연주된 것과 대조적으로 영화에서 〈오늘 아침 웃음만 기억하네〉는 현대적인 음계의 합창으로 울려퍼진다. 명만력년간을 배경으로 하는 영화의 OST가 지금 쓰이고 있는 악기의 음계로 작곡되어 들리는 것은 왠지 어색하다. 물론 이 영화의 주제가를 홍콩의 인기가수 린칭샤(중국어판)나 뤼산(呂珊)(광둥어판)이 부른 것을 보면 오늘날 관객을 배려한 의도임을 알 수 있다. 전통곡이든, 피아노곡이든 관객들에게 예술의 수용은 변함없다고 감독이 보았다면 〈동방불패〉의 마지막 장면에서 「소오강호」의 주제곡을 편곡한 합창을 들려준 데에는 감독의 예술적 관점을 엿볼 수가 있다. 그래서 소설임에도 작품의 주요 전환점에 음악을 활용한 진융의 시도는 더 참신해 보이는 것이다. 무협소설에 이토록 유서 깊은 음악이 삽입된 경우가 있었던가?

한편 링후충과 런잉잉의 결혼식으로 끝나는 원작과 달리 영화 〈소

15) 영화 〈소오강호〉의 이러한 한계 때문에 본고의 서술도 소설이나 〈동방불패〉 중심으로 치우친 경향이 있다.

오강호〉에서는 주제곡이 배경으로 깔린 가운데 말을 타고 중원을 내달린다. 또 〈동방불패〉는 배를 타고 일본으로 떠나는 장면으로 끝난다. 원작과 이를 개작한 두 영화의 인물들은 왜 끝없이 탈주를 시도할까? 본고에서는 1997년 반환 이후 홍콩인의 심태에 주목하였다. 링후충과 웨링산의 이런 탈주의 모습은 중국반환 이후 홍콩인들의 집단무의식의 현현으로 보인다. 불확실한 미래를 앞둔 홍콩인들이라면 누구나 탈주를 꿈꾸었을 것이다. 우리는 이들의 탈주가 어디서 끝날지 짐작할 수 없다. 그래서 음악을 삽입한 마지막 탈주의 장면에서 이들이 예술을 가장한 유희 속에서 도취된 삶을 영위하려는 것이 아닌가라는 우려도 지울 수가 없다. 특히 영화 〈소오강호〉는 현실정치든, 무정부주의든 그럴듯한 정치철학을 보여주지 못하기 때문에 더욱 그러하다. 도취된 삶이, 혹은 유희적 삶이 현대사회의 구조적이고 사회적인 모순을 해결할 수 있는 태도가 아님은 자명한 사실이다. 무책임한 은거란 현실로부터 달아나려는 하나의 도피양식에 지나지 않는다.

본고에서 영화의 동방불패 형상에 특히 주목하는 것은 그의 역복풍(남장)이 무책임한 자아도취에 빠진 엽기적인 도피양식이 아니기 때문이다. 그것이 자아도취적인 것이라면 남녀, 화이의 경계를 넘어 탈주하는 동방불패의 참신함은 가벼움에 지나지 않을 것이다. 그렇다면 이 영화는 무책임한 미적 모험주의의 한계를 벗어나지 못할 것이다. 여기서 문학작품을 개작한 영화에서 참신함과 가벼움 사이의 긴장선상을 어떻게 찾아내고 그 긴장을 어떻게 조절하는가가 우리의 과제로 남는다.

진융의 원작소설에 나타난 교조적 모순은 주로 정치, 그리고 종교의 문제로 구성되어 있다. 영화 〈동방불패〉는 중국현대사에서 성별, 민족에 있어 교조적 모순을 간파하고 그 대안을 제시한 것으로 보아도 무방할 것 같다. 「소오강호」의 소설과 영화를 보는 중국인들은 교조적 모순에 대한 대안을 발견해야 할 것이다. 그래서 남녀, 화이라는 대립 구도를 넘어서는 세계의 경험은 바로 21세기 중국인의 삶의 시작이며, 그 삶은 중화주의가 아닌 다원주의로 세련되어야 함을 깨달아야 한다. 그렇다면 진융의 소설과 쉬커의 영화를 보는 우리의 삶의 지평은 무엇인가? 그것은 또한 민족과 민중의 모순을 넘어 정치적, 교조적 모순을 깨고 해결하는 것이 아닐까?

5장

디아스포라의 여정 찾기

〈올 때까지 기다려 줘〉

1. 평샤오강과 디아스포라

1990년대 이후 전 지구적 자본주의화의 추세와 세계화, 정보화의 바람 때문인지 이제는 초국가적 이동과 이주가 일상화되어가고 있다. 신자유주의하에서의 규제 철폐, 시장 중심 원칙 등이 전 지구적인 이주의 증가와 확대를 가져온 것이다. 그런데 중국인의 대이동은 수백 년 전부터 이루어져왔다.[1] 그러다가 1960년대 이후 홍콩과 타이완의 경제성장이 사람과 자본의 대규모 이동에 기폭제가 되었으며 중국의 개방정책은 국경을 허물고 경계를 넘나드는 새로운 인구유출을 일으키고 있다. 또한 홍콩의 중국 반환(1997년)을 전후해 중국에서는 1990년대, 그리고 21세기 초반까지 일국적 민족국가의 한계를 뛰어넘는 새로운 형태의 공동체상에 관한 논의가 진행되고 있다. 이렇게 초국가적 이동과 이주, 경계를 넘나들며 단일한 민족국가 체제를 무의미하게 하

1) 동남아 등지로의 이주는 남송(南宋)시대부터 시작되었지만 아편전쟁(鴉片戰爭) 이후 구미에서 값싼 노동력을 필요로 하는 쿠리무역(1830~1920년대)이 늘어나면서 노동력의 대량유출이 일어났다. 정치적 혼란, 자연재해 등으로 인한 이주도 일어났고 1970년대 말 이후에는 베트남전쟁, 중월전쟁(中越戰爭) 등으로 인해 130만 이상의 화교, 화인이 베트남 난민으로 대량 유출되었다. 미야자키 마사카츠, 오근영 역, 허부문 감수, 『하룻밤에 읽는 중국사』(중앙M&B, 2003), 314쪽 참고.

는 현상에 주목하는 것이 디아스포라 담론이다.

디아스포라는 원래 이주와 식민지 건설을 의미하는 능동적이고 긍정적인 의미를 가졌다. 유대인의 유랑을 의미하는 경우 'Diaspora'로 표기하지만 점차 다른 민족까지 아우르는 포괄적인 개념으로 사용되게 되었다. 최근에는 '폭력적으로 자기가 속해 있던 공동체로부터 이산을 강요당한 사람들 및 그들의 후손을 가리키는 용어'로 사용되거나 모국으로 귀환하려는 희망을 포기하였거나 또는 처음부터 그러한 생각을 가지지 않은 이주민 집단도 디아스포라로 간주되고 있다. 이에 미루어 보면 본고에서 영화 속 이주 중국인들의 처지를 '디아스포라'라고 하는 데 별 무리는 없을 것이다.[2)]

---

2) '디아스포라(diaspora)'는 이산을 뜻하는 그리스어이다. 디아스포라에 관한 대표적 이론가로는 길로이(Gilroy)를 들 수 있으나 가장 폭 넓고 깊이 있는 방식을 제기한 연구자로는 브라(Brah)가 있다. 브라는 젠더, 푸코의 담론화와 권력이론을 염두에 두고 성에 관한 페미니즘 관점으로 접근했다. 그는 디아스포라 개념이 각각 다른 역사적 이민사회의 서로 다른 디아스포라 형성 과정 속의 연관성에 주목했다. 그것은 세계 곳곳에 형성되고 있는 여러 디아스포라 이민사회들을 동질화하거나 이질화하는 권력 관계와 관련되어 있다. 브라는 디아스포라가 포괄적인 개념의 국경/경계와 함께 담론화되어야 한다고 말한다. 또 국경 또는 경계를 사회적 관계, 일상생활의 경험, 그리고 주체성/정체성으로 이해해야 한다고 한다. 그리고 디아스포라 연구는 인종주의, 성차별주의, 계급주의로 표현되는 권력의 억압, 폭력, 착취의 좌표에 이들이 주체로서 위치가 정해지므로 '위치의 정치학'에 준거해야 한다고 강조한다. 본고에서도 영화 속 등장인물의 디아스포라적 정체성을 인종, 젠더의 관점에서 파헤치면서 자연스레 오리엔탈리즘이나 탈식민 논의로 이어질 것이다. 윤인진, 『코리안 디아스포라』(고려대 출판부, 2005), 5쪽과 정은경, 『디아스포라문학』(이룸, 2007), 14쪽. 서경식, 김혜신 옮김, 『디아스포라 기행』(돌베개, 2006), 14쪽. 김명석, 「홍콩 대중문학에 나타난 홍콩인의 정체성 연구①」, 『중국학논총』 제25집(고려대학교 중국학연구소, 2009), 115쪽, Brah, A, *Cartographies of Diaspora: Contesting Identities*(Routledge, New York, 1996) 참고.

디아스포라는 중국영화 속에도 잘 반영되어 이런 측면이 나타난 중국영화를 '디아스포라영화'[3]로 부를 수 있을 것이다. 펑샤오강 영화 가운데 〈올 때까지 기다려 줘不見不散〉만큼 디아스포라 현상이 두드러지는 영화 텍스트는 많지 않다. 그런 점에서 이민자의 정착과 귀국, 출국을 다룬 이 영화를 분석하는 데 디아스포라에 대한 천착은 꽤 유효할 것이다.

펑샤오강은 무명의 영상 미술기사 출신이다. 흥행에서 불패의 신화를 이루었다고 자처할 만큼 그는 거의 매년 흥행기록을 갱신했다. 2004년 〈천하무적天下無賊〉으로 입장권 판매수익 1억 위안이 넘는 감독 다섯 명 가운데 하나로 뽑혔을 뿐 아니라 2009년 상영된 〈쉬즈더원非誠勿擾〉[4]은 우위썬(吳宇森) 이후 두 번째로 3억 위안이 넘는 입장권 판매수익을 올렸고 총 입장권 판매액에 있어서 중국 최초로 10억 위안을 넘는 기록을 세웠다.[5]

---

3) 원적을 유보하면 대부분의 중국계 미국인은 상하이, 홍콩, 타이완에서 왔다. 중국의 디아스포라 영화로는 〈뉴욕사람人在纽约〉(1989), 〈결혼피로연喜宴〉(1993), 〈소녀 샤오위少女小鱼〉(1995), 〈첨밀밀甛蜜蜜〉(1996) 등을 들 수 있는데 기본적으로 상하이, 홍콩 등 국내 이주를 거쳐 해외로 이주하고 있다. 이와 달리 〈올 때까지 기다려 줘〉는 베이징에서 미국으로 바로 이주하고 〈쉬즈더원〉(2009)에서는 귀국한 후 베이징, 항저우(杭州), 하이커우(海口)를 거쳐 일본으로 여행을 다녀오는 것이 차이점이다. 한편 영화 〈올 때까지 기다려 줘〉(1998)에는 펑샤오강의 TV극 〈뉴욕의 베이징사람北京人在纽约〉을 촬영하는 장면이 나오는데 이는 스탠리 콴의 〈뉴욕사람〉을 패러디한 것이다. 여기서도 이주/디아스포라의 상황이 잘 드러난다.

4) 〈올 때까지 기다려 줘〉와 〈쉬즈더원〉은 제작기간이 10년의 차이가 나지만 서로 놀랍도록 닮아 있다. 필자의 시각이지만 〈쉬즈더원〉이 〈올 때까지 기다려 줘〉의 속편이라고 보아도 무방할 정도이다. 사실 〈올 때까지 기다려 줘〉와 〈쉬즈더원〉에서 거여우(葛优)가 분한 류위안(劉元)과 친펀(秦奮)의 인생역정은 일치되는 지점도 있고 어긋나는 지점도 있다. 거여우를 공통분모로 하는 영화 속 주인공들은 출국→귀국→재출국의 과정을 거치며 두 영화의 이야기를 이어간다. 두 영화 속에서 거여우가 미국의 유학(이민) 경험을 공유하는 데서 작품 간 상호 텍스트성을 읽을 수 있다.

5) 2004년 최고 흥행 감독은 펑샤오강, 장이머우, 천카이거(陳凱歌), 루촨(陸川), 닝하오 등이었다. 흥행에 성공한 것은 상업주의를 표방했기 때문이다. 참고로 쩌우신싱(鄒欣

〈올 때까지 기다려 줘〉

〈쉬즈더원〉

그러나 평샤오강의 다른 영화처럼 〈올 때까지 기다려 줘〉을 흥행을 염두에 둔 '연말연시 영화(賀歲片)'[6]로만 본다면 중국과 미국 사이에서 부유할 수밖에 없는 등장인물들의 고민과 모색을 해석하기 어려울 것

星), 마오수장(毛淑章)은 평샤오강의 영화가 중국 장르영화의 본토적(本土的) 특징을 구축했다고 한다. 또 차오쥔빙(曹俊兵)은 '스크루볼 코미디'의 일반적 특징을 구비하고 있는 평샤오강의 영화는 개성 있는 장르영화, 즉 중국적 스크루볼 코미디를 탄생시켰다고 한다. 그러나 스크루볼 코미디는 1930년대 대공황 시절 유행한 코믹극이다. 중국에 도입된 장르영화는 스크루볼 코미디뿐만이 아니고 다양한 만큼 본고에서는 〈탄식소리一聲歎息〉, 〈집결호〉, 〈야연〉을 제외한 평샤오강의 연말연시 영화(賀歲片) 대부분을 멜로드라마 가운데 '로맨틱 코미디'로 규정하고자 한다. 그렇다면 그의 영화 속 어떤 코드가 수많은 중국의 관객들을 사로잡고 대중적인 인기를 누리게 한 것일까? 그것은 황당한 상황설정에 걸맞은 여러 에피소드가 현실 속 보통 사람들의 좌절과 인생역전을 꿈꾸는 집단무의식을 보여주는 데 기인할 것이다. 이를 긍정적으로 평가하고 연구한 학자로는 戴錦華, 尹鴻, 王一川, 陶冶博 등이 있다. 鄒欣星 , 毛淑章 ,「民間從想象到消費: 馮小剛電影研究綜述(2)」,『電影文學』 21期(長春電影集團期刊出版社, 2010年) 제3장 「馮氏電影于中國電影發展的意義」와 曹俊兵,「論馮小剛"賀歲片"的樣式特徵與敍述策略」,『중국학논총』 제18집(한국중국문화학회, 2004. 12), 319쪽 참고.

6) '賀歲片'은 연말연시 특집영화라 할 수 있다. 이에 관해서는 강경구,「馮小剛 賀歲片에 나타난 중국적 현실과 꿈」,『중국인문과학』 제43집(중국인문학회, 2009. 12), 577쪽 참고.

이다. 본고에서는 이들의 고민과 모색을 중국인 정체성에 대한 문제로 보고 디아스포라 담론으로 풀어보고자 한다. 펑샤오강은 〈올 때까지 기다려 줘〉에서 국경이라는 인위적 경계를 넘어선 어느 지점에서 디아스포라의 이야기를 통해 이주 중국인 삶의 정체성을 드러내준다. 〈올 때까지 기다려 줘〉의 이민자들은 미국에 정착하는 과정에서 시장논리에 지배당하는 어려움을 겪는다. 이들이 자본의 힘에 의해 휘둘리며 미국사회에 노동력을 바치는 모습은 식민지 백성의 모습[7]에 다름 아니다. 이렇게 정착하려고 애쓰지만 결국 실패하고 베이징으로 돌아오게 된다. 이들이 적응하려 애쓰면서 취하는 동화 혹은 저항의 몸부림은 바로 디아스포라적 정체성 찾기라 할 수 있다.

본고에서는 영화 속 등장인물에서 드러나는 디아스포라적 정체성의 이데올로기적 의미에서 국가와 민족에 관해서도 고찰해볼 것이다. 물론 이것은 수용자(관객)에 대한 심층 인터뷰나 참여 관찰이 아니라 공급자(감독등)의 텍스트 분석 위주가 될 것이다. 디아스포라 영화의 이데올로기적 의미를 해독해보는 것은 관객의 대중심리와 이를 만들어낸 중국사회의 현실과 지향을 추출해내는 작업이다. 등장인물들이 미국과 중국, 중심과 주변의 경계를 가로지르면서 형성해나가는 정체성

7) 본고에서는 이민자들이 식민주의적 지배를 겪는다고 종종 언급되겠지만 이것은 군사력으로 점령된 식민지의 지배가 아니다. 〈올 때까지 기다려 줘〉의 등장인물들이 하는 미국생활은 신식민주의의 상황이다. 영화 속 등장인물들이 겪는 만남과 이별에 작용하는 디아스포라, 기억과 망각, 정체성의 문제 등이 탈식민 논의와 이어지는 것은 이런 맥락에서이다. 식민주의와 신식민주의를 비교해 정리하면 다음과 같다.

	식민주의	신식민주의
차이점	국가를 통한 지배에 주력	시장을 통한 지배가 특징
	군사력에 기반한 직접 지배	자본력을 바탕으로 한 간접 지배
	제국주의 전기 단계의 특징	제국주의 후기 단계의 변화상 강조하는 개념

이 내용은 하정일, 「한국문학과 탈식민」, 『시와 사상』 30호(2001, 세리윤), 30쪽을 참고하고 도표로 정리함.

에 주목할 때 흥행 영화의 이면, 그 깊은 속살을 만지는 것이 가능해진다. 이렇게 〈올 때까지 기다려 줘〉의 디아스포라적 정체성의 좌표를 되짚어 보는 것은 로맨틱 코미디로 틀 지어진 평샤오강 영화를 새로 보는 계기가 될 것이다. 그렇다면 국가라는 내부 영토를 벗어나 외부에 거주하는 이산인의 영화로서 영화 속의 인물들은 어떤 여정을 보이고 있을까?

2. 디아스포라의 역주(逆走)

2.1 디아스포라인의 정체성

〈올 때까지 기다려 줘〉에서 이민자로서 류위안(劉元)과 리칭(李淸)은 이산 중국인 처지이다. 이산 중국인들은 중국과 서구 어디에도 속하지 않은 집단이다. 이들은 주류 사회로부터 소외될 수밖에 없는 소수자이자 주변인이다. 그래서 떠나온 조국과 현재 살고 있는 서구의 대도시 사이를 부유하며 떠돈다. 그들의 삶에서 중심과 주변의 경계는 애매하고 정체성을 측정하기 어렵다. 그래서 그들에게 이산은 개인을 넘어서는 사회 역사적 문제이다. 그들의 유목적 삶은 능동적이고 유쾌한 것이 아니라 고통과 소외로 점철된 신산(辛酸)함이다. 그래서 이들은 정체성의 혼란을 겪는다. 정체성을 제대로 찾지 못하고 시종 취약함을 드러낸다.

〈올 때까지 기다려 줘〉에서는 사랑이라는 과정을 통해 이민자들의 정체성 찾기를 보여준다. 사랑이야기로 정체성 찾기가 가능한 것은 사랑은 앎의 방법 중 하나이기 때문이다. 끊어질 듯 이어지는 이들의 로맨스는 서로를 알아가는 과정이다. 나는 그를 알게 되고 동시에 그도

나를 알게 된다. 나와 그가 완전한 앎에 도달하는 유일한 길은 사랑의 행위이다.

류위안이 리칭의 사랑을 얻는 과정은 자아를 추구하면서 남성으로서 주체성을 회복하는 과정이다. 동서양 문화의 통합자인 이민자로서 뿌리를 내리고 이민자로서 성공하고자 하는 욕망은 아메리칸드림을 일구는 원동력이다. 그렇다면 차이니즈 아메리칸드림을 추구하는 과정은 영화 속에서 어떤 방식으로 굴절되고 있는가?

다양한 직업을 전전하는 류위안과 리칭

아메리칸드림을 꿈꾸며 미국으로 온 이들의 삶은 노동죄수와 다름이 없다. 류위안은 보험영업이든 묘지 판매업이든 여행사 가이드든 돈 되는 일이라면 닥치는 대로 한다. 리칭도 가정부, 청소부 등을 전전하지만 강도를 당하기도 하고 여행사 직원으로 있다가 불법이민 사업에 관여한 혐의로 경찰에 체포되어 조사를 받기도 한다. 시행착오의 연속을 겪는 그들에게는 늘 인종차별적인 백인들의 응시가 쏟아진다. 그것은 호텔 앞 노천바에서 술을 마시는 백인 남녀의 조롱과 섞여 있고 이태리 식당을 터는 강도들의 폭행으로 이어지기도 한다. 이들은 자신이 응시의 대상이라는 것을 의식하고 있다. 류위안과 리칭이 백인 경찰에 체포되는 장면에서도 인종차별적인 백인의 응시는 감지된다. 수감되었다가 석방되는 장면도 마찬가지다. 지배적인 백인 이데올로기에 심문당하는 이주 중국인은 식민지배자의 힘의 응시를 느끼며 스스로를 타자화한다.

이런 백인들의 따가운 시선을 견디며 류위안은 정착도 아니고 유랑도 아닌 삶을 살아간다. 유목민으로서 류위안의 처지는 방과후 중국어수업을 하는 장면에서 잘 드러난다. 류위안은 학생들에게 자신의 이름을 칠판에 써보라고 한다. 한 학생은 '流元'이라고 쓰고 다른 학생은 '留元'이라고 쓴다. 한자쓰기에 서툰 교포학생들의 중국어 수준을 보여주는 장면이지만 학생들이 잘못 쓴 글자의 의미에 주목할 필요가 있다. 流(흐를 류)와 留(머무를 류)에는 유랑하는 것도 아니고 정주한 것도 아닌 류위안의 현 미국생활에 대한 알레고리가 숨겨져 있는 것이다. 'Liu'의 중국어 표기와 관련된 알레고리에서처럼 류위안은 미국 사회에서 자신의 자리를 찾기 위해 정신적 집을 찾아 집 없이 유랑하게 된다.

미국에서 중국어를 가르치는 류위안과 리칭

류위안은 부표처럼 떠다니는 자신의 정체성을 부박하려 하지 않고 이민자로서 정체성을 모색했다는 점에서 디아스포라적이다. 바로 그는 정체성의 탈영토화(deterritorialization)라는 의미에서의 디아스포라인인 것이다. 그래서 그는 현실의 난관을 극복하고 타인과의 연대를 생성해내며 정신적인 외상을 치유한다. 그런 점에서 디아스포라 연구의 주된 관심사인 혼성적이고 초국가적인 정체성을 가지고 있는 디아스포라인의 형상이라 할 수 있다.

리칭과 만남과 헤어짐을 반복하지만 류위안은 어디선가 그녀의 생활을 항상 지켜보는 듯하다. 이 시선은 디아스포라를 보는 디아스포라인의 따뜻한 시선이다. 영화의 초반부에 집을 보다가 리칭이 강도를 당하는 것은 디아스포라의 이민사회에서 가장 약한 고리는 여성이라는 것을 여실히 보여준다. 이주국에서 여성에게 주어지는 삶은 선택의 폭이 좁다. 남성 감독에 의해 남자 주인공 중심으로 엮어진 펑샤오강 영화는 가부장주의적이 아닌가라는 혐의를 받을 만하다. 그래서인지 영화 속 여성 대부분은 주체로 형상화되지 못하고 타자로 위치 지어져 있다. 감독의 작가의식 속 여성상의 틀을 벗어나지 못하는 이들은 다양한 방식으로 억압당하는 형상일 뿐이다.

미국생활의 시작부터 적응에 실패한 리칭은 류위안의 도움으로 비행기표를 구해서 중국으로 돌아올 뻔한다. 그녀가 정말 류위안의 조언대로 귀국했다면 이전 중국에서의 삶과 전혀 다를 바 없는 일상으로 되돌아왔을 것이다. 그러나 리칭은 비행기표를 되팔고 전쟁과도 같은 이민생활을 새로 시작하기로 한다. 리칭은 BMW매장 청소부를 하더니 교포자녀의 방과후 중국어교사를 거쳐 번듯한 꽃집 사장이 된다. 그녀가 단순한 여성 이주노동자에서 성공한 이민자로 거듭나게 되는 것은 정체된 삶에서 벗어나려는 끊임없는 노력을 통해서이다. 그러나 영화의 결말은 상투적이다. 아메리칸드림을 일군 그녀지만 류위안을 다시 만나더니 결국에는 트레일러하우스를 팔고 그를 따라 귀국하는 것이다.

귀국하는 비행기에서 만난 류위안과 리칭

이렇게 류위안과 리칭, 이 디아스포라의 경계인들은 새로운 것을 습득하고 상실하기도 하면서 이주 생활에서의 힘겨운 쟁투를 보여준다. 이들이 체험한 미국은 톨레랑스라는 관용과 포용이 아니라 차별과 적대가 엄존하는 사회 현실이었다. 미국은 그들이 꿈꾸었던 것처럼 결코 안락하지도, 따뜻하지도 않다. 이들이 만남과 이별을 겪는 LA 거리 뒤안길에는 디아스포라의 우울과 비인간성이 폭발의 잔해처럼 곳곳에

산재한다. 자존마저 불가능한 생존경쟁의 각축장에서 리칭의 이민생활은 디아스포라적 삶의 곤궁함 자체였다. 그러던 그녀가 정신적 궁핍과 피폐함을 모면할 수 있었던 것은 순전히 류위안 덕분이었다.

삶의 주체로 거듭난 그녀였지만 류위안의 도움을 외면할 수 없었던 것은 혈연과 가족으로부터 유리됐다는 여성의 정서적 고립감이 한몫했을 것이다. 바꾸어 말해 사회적으로 여성이 약자이기도 하고, 이것이 디아스포라인으로서 그녀의 처지와 중첩되었기 때문이다. 이처럼 여성의 이산은 젠더의 모순이 민족과 계급의 모순과 중첩되어 복잡한 양상을 보인다.[8)]

류위안과 리칭은 아메리칸드림, 바꾸어 말해 중국대륙에서는 불가능한 인생역전이라는 대중의 꿈을 구현하려 한다. 이들은 독자들이 그렇게 되고 싶어 하고 또 현재의 자신보다는 나은 것으로 생각하는 그런 동일시의 대상인 것이다. 말하자면 이들은 실제 이민생활 속에 존재할 법한 이주 중국인의 페르소나이다. 사실 〈올 때까지 기다려 줘〉는 1990년대 말 IMF사태라는 아시아 금융위기 때 제작되었다. 그래서인지 영화 속 등장인물들이 경제적인 곤궁함을 겪으면서 미국에서 정착하기 위해 악전고투하는 것은 시대상황과도 겹친다. 영화 속에서 두 사람이 중국행 비행기를 함께 타기 전까지 돈은 모든 가치의 중심에 위치한다. 돈의 시니피에는 영화 속에서 달러로 나타나는데 무언가 그 자체만으로도 권위와 질서를 가진 절대적인 존재이다. 돈을 벌기 위한 류위안의 눈부신 임기응변, 그 외면적 활동과 앞뒤가 안 맞는 언행과의 부조화는 오로지 돈(자본)의 이데아를 매개로 하여 개인의 영달을 꾀한 결과이다. 이주국에서 이들은 물질주의와 식민주의의 덫에 갇혀 있었던 것이다.

---

8) 오경희, 「민족과 젠더의 경계에 선 이산」, 『아시아여성연구』 제46권, 제1호(2007, 아시아여성연구소), 192쪽.

그러나 이들은 미국의 현실이 중국에서의 꿈이었음을 늘 기억하고 있다. 고향을 버리고 떠난 것이 아니라 언젠가는 금의환향하는 기대를 가지고 있었다. 류위안과 리칭이 만남과 이별을 반복하지만 종국에는 원점에서 다시 만나는 것도 정착보다는 장기 체류에 가까운 의식을 가지고 있기 때문이다. 그래서인지 류위안은 미국생활에서 얻은 정착의 결실을 부정하고 귀국행 비행기를 탄다. 그것은 다시 고향으로 돌아와 어머니(모국)의 품에 안김으로써 자신의 정체성을 회복하려는 시도이다.[9)]

한편 영화 속에는 백인 남성 외에도 백인 여성이 가끔씩 등장한다. 먼저 리칭의 룸메이트가 있다. 류위안과 만난 뒤 집으로 돌아온 리칭은 자신의 룸메이트가 남자친구와 싸우며 헤어지는 장면을 목격한다. 그 남자 역시 백인이다. 옆방의 또 다른 백인 친구는 남자친구와 사랑의 밀어를 속삭인다. 그런데 아파트에서 백인 여성이 리칭과 같이 거주하는 것은 유색인종의 삶으로 백인이 들어가는 것이나 다름없다. 경제적인 이유 때문에 저렴한 아파트를 나누어 쓰는 것이겠지만 문명론에 관한 인종차별주의자의 시각에서는 사회적 진보에서 벗어나서 퇴보하는 것이나 다름없다.

또 다른 백인 여성은 류위안의 거짓말에 나오는 미국인 약혼녀 모니카이다. 류위안이 모니카와 약혼했다는 것은 류위안이 리칭을 놀래키기 위해 지어낸 이야기이다. 따라서 미국여성 모니카는 가상의 인물이다. 그러나 그녀는 류위안의 무의식적인 환상 속에 형상화된 미국의 이미지임을 알 수 있다. 미국은 종종 아시아계 남성 이주민들의 관념

---

9) 참고로 웡카와이의 디아스포라 영화 〈해피 투게더〉는 부에노스아이레스 빈민가에서 떠도는 두 홍콩 이민자의 애증을 담은 영화다. 마지막 장면에서 흘러나오는 노래 '해피투게더'는 미래에는 '함께 행복'할 수 있을 것이라는 희망을 들려준다. 정체성을 상실하고 낯선 이국땅에서 떠돌던 이들이 다시 고향으로 돌아와 정착할 수 있으리라는 희망의 끈을 놓지 않는 것은 〈올 때까지 기다려 줘〉와 상통한다.

속에서 백인 여성으로 대체되기 때문이다. 그런 모니카 이야기는 백인 여성과 미국에서 살고 싶다는 이주 남성의 숨겨진 욕망을 드러내준다. 모니카는 류위안이 갈망하지만 소유할 수 없는 관념적인 존재 혹은 성취할 수 없는 환상이다. 류위안은 미국에서 중재자, 후견인으로서 백인 여성과의 결합을 꿈꿈으로써 자신의 무력해진 남성성을 회복하려 한다. 그것은 아메리칸드림을 백인 여성에 관념적으로 투영하여 자신의 남성성을 실현해서 대리만족하려는 것이다. 정말 류위안이 백인 여성과 결혼하게 된다면 그녀는 미국에서 성공을 가능하게 해줄 성공의 사다리로서 역할을 할 것이다.

이런 장치는 영화의 곳곳에 숨겨져 있다. 류위안은 리칭과 우여곡절 끝에 1년 만에 다시 만나지만 장님행세를 한다. 차 사고로 실명되어서 죽고 싶었으나 네가 보고 싶어서 왔노라고 능청을 떤다. 그런데 늘씬한 백인 여성이 옆을 지나가자 그의 시선이 따라 움직이면서 장님행세를 하는 것이 들통난다. 관객의 어이없는 웃음을 유발하는 이 장면에도 백인 여성에 대한 류위안의 숨겨진 욕망이 드러난다. 류위안이 백인 여성의 몸에 대해 갖는 욕망은 아이러니하게도 인종차별과 관련된 불안과 연결된다. 그리고 유색 이주민이 갖는 콤플렉스, 공통된 불안의 징후가 백인 여성에 대한 동경으로 표출된 것이다. 그런 불안은 단지 아시아계 미국인 남성들의 남성다움에 대한 것만이 아니다. 현실과 문학 모두에서 부권 형식의 남성다움의 구성에 관한 불안이 표출된다.[10)]

---

10) 인종 간의 로맨스는 파농의 이론을 따른다면 피식민지인이 유럽계 백인 미국인의 문명화의 아름다움에 대해 갖는 열망과 강박관념을 그대로 드러낸다. 파농이 "백인은 타자(Other)일 뿐 아니라 실제, 혹은 상상의 주인"이라고 주장하는 것처럼 유색인에게 백인 타자는 바람직한 모든 것으로서 자아가 욕망하는 모든 것을 정의하는 역할을 한다. 따라서 유색인은 백색의 가면을 받아들임으로써 "백인의 문명화와 위엄을 휘두르고 그것을 자신의 것"으로 만들려고 한다. 한편 아시아계 미국인 남성이 백인 여성의 몸에 대해 갖는 욕망을 퍼트리샤 추는 '트로피 패러다임(trophy paradigm)'이라고 부른다. 정은숙, 「이민자들의 로맨스와 혼종화」, 『영어영문학』 제55권, 2호(한국영

백인 여성에 대한 류위안의 숨겨진 욕망

꿩 대신 닭이라던가? 이주 중국인에게 미국 여성은 말 그대로 꿈일 뿐이고 미국에서 성공을 거두기 위한 의미에서 류위안이 성취해야 할 백인 이데올로기의 대체물은 바로 리칭이 된다. 만남과 이별을 반복하며 잡힐 듯 잡히지 않는 그녀는 류위안이 남성성을 실현하기 위해 쟁취해야 할 소유의 대상이 된다. 이 때문인지 영화 속에서 리칭의 형상은 소극적으로 축소되고 타자화되어 있다. 영화 내내 번득이는 아이디어로 변화무상한 모습을 보이는 류위안 앞에서 리칭은 항상 주변적인 존재이자 한없이 왜소하고 소외된 타자가 되고 있다. 이런 그녀의 형상에는 열등한 존재로서 아시아계에 대한 오리엔탈리즘적 백인이데올로기가 그대로 투영되어 있는 것이다.[11]

어영문학회, 2009), 221, 227쪽 참고.

11) 우디페이(吳滌非)는 펑샤오강 영화의 남자 주인공은 적정 수준을 넘어섰다가 중도(中道)로 돌아오고 여주인공은 모자란 상태에서 중도로 돌아온다고 한다. 헬렌 카(Helen Carr)가 "식민화의 언어 속에서 비서구인들은 여성들로서 (…) 통제되어야 하고, 수동적이고, 아이 같고, 세련되지 못하며 지도력과 안내를 필요로 하고, 항상 결핍의 관점에서, 즉 어떤 창의력도, 지적인 힘도, 인내심도 결여된 것으로 묘사되어진다."고 한 말도 참고할 만하다. 위의 논문, 223쪽과 吳滌非, 「世俗之夢: "反英雄", 中庸哲學與"平民風格"—關于馮小剛的電影創作」 第2章 「幽默, 諷刺與中庸哲學」 참고.

2.2 기억에서 망각으로

영화 속 등장인물들은 디아스포라인으로서 미국 주류사회로부터 소외될 수밖에 없다. 디아스포라는 이동성보다는 부동성이 두드러지는 만큼 이들은 자신의 희망과 달리 특정 지역에 갇혀 부유해야 한다. 현지 사회와 동화되지 못하는 이들의 삶은 끈질긴 인내와 막연한 기다림으로 이어질 수밖에 없다. 류위안과 리칭은 영화 내내 미국 사회에 융화되지 못하고 모범적 소수자(model minority)[12]가 아닌 타자 또는 이방인으로 남아 있다. 이들이 LA에서 낯선 땅이라며 줄곧 디아스포라의식을 표출하는 것도 이방인이기 때문이다. 이들은 성공한 이주 중국인과 달리 사회적인 차별과 소외를 경험하면서 주체적으로 부각되지 못한다. 이들의 디아스포라 의식을 밝혀내기 위해서는 동화든 주변화든 이들이 어디서 누구와 무엇을 했는지에 대한 타자의식에 주목할 필요가 있다.

이민자로서의 타자의식을 극복하기 위해서인지 영화 속에는 뜬금없이 현재의 중국이 호출된다. 리칭이 류위안이 하는 중국어 수업방식에 크게 화를 내자 류위안이 장황한 설명으로 이를 해명하는 장면이다. 류위안이 칠판에 그림까지 그려가며 하는 설명을 들어보자.

> 이건 히말라야 산이고 이건 네팔, 이건 칭짱(青藏) 고원이지. 인도양의 온난다습한 기류의 영향으로 네팔왕국은 온난다습하고 사계절이 봄 같지만 산의 북녘은 한랭하니 일 년 내내 눈이 쌓여 있지. 만약 산허리를 따라 통로를 하나 뚫어서 습한 공기를 산의 이쪽으로 끌어온다면 중국의 칭짱 고원은 얼마나 비옥한 땅으로 변할 것인가![13]

---

12) 미국 주류사회는 1960년대 이후 아시안 아메리칸을 모범적, 민족적 소수자라는 의미를 가진 소위 '모델 마이너리티'로 이미지화했다.

13) 본고에서는 지면상 영화의 줄거리는 생략하지만 논의를 진행하면서 필요한 내용을

이런 류위안의 해명에는 자리만 바꾼 중국 본토에서 국토개발의 지형이 드러난다. 서부대개발(西部大開發)[14]을 연상케 하는 허황되고 장황한 설명은 결국 리칭을 설득하게 된다. 서부대개발을 빗댄 류위안의 기발한 해명으로 오해가 간단히 해소되는 장면은 마치 한 편의 꽁트를 보는 듯하다.

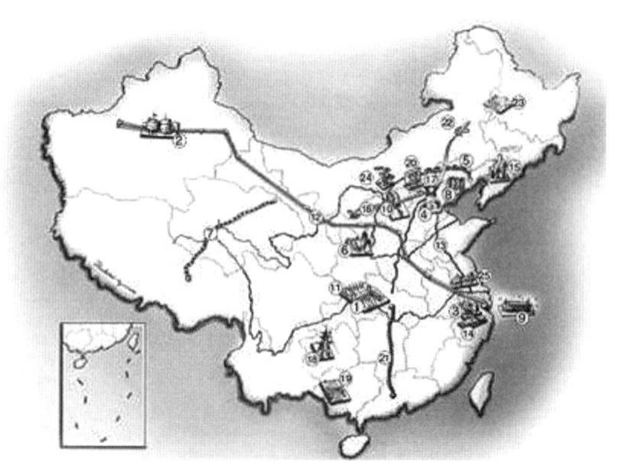

중국의 서부대개발

또 류위안과 리칭은 중국에서의 개인적 기억을 공유하면서 중국인으로서의 집단적인 기억을 자주 내비친다. 이들은 마오쩌둥이라는 중국인 정체성을 공유하면서 류샤오뎬(劉小淀)을 안다는 공통점을 갖고 있다. 두 사람의 인연은 씨줄이라는 집단적인 기억과 그것을 이어주는 날줄, 즉 개인적인 기억으로 직조된다. 개별 사건들은 입체적으로 겹쳐졌다 어긋나면서 기억화의 구조를 형성한다. 마오쩌둥이라는 중국

한 부분씩 언급하고 있다. 또 인용문에서 영화 대사의 원문은 지면상 생략할 것이다.

14) '서부대개발'은 중국의 동부 연해 지구 중심의 경제개발로 낙후된 서부 내륙 지구의 경제성장률을 끌어올리기 위해 중국이 실시하고 있는 개발정책을 가리킨다. 여기에는 칭짱(青藏) 지역에 철도를 개설하는 것이 포함되어 있다.

인 정체성을 공유하기는 관객도 마찬가지다. 관객의 뇌리에 기억과 망각은 교집합처럼 일부가 맞물린 채 이중 나선을 형성한다. 삶의 색이 다른 두 사람이 서서히 서로에 대한 호감을 가지게 되는 것은 서로에 대한 각인의 체험을 공유하기 때문이다. 이민자들의 정체성 혼란이 고향 상실에서 기인하는 것이라면 잃어버린 고향을 찾기 위한 길은 영화 속에서 중국현대사에 대한 기억의 회복으로 나타난다. 〈올 때까지 기다려 줘〉에서 류위안은 자신이 겪는 혼란이 집단기억의 상실에서 초래되었다고 보는지 집단기억을 간간이 언급함으로써 이를 극복하려고 한다.

> 나도 오늘 저녁 돌격하고 싶은데, 내일 아침이면 장제스(蔣介石) 수백만 군대가 소멸될 테지만 안 되네. 동지, ……우리가 오늘 대폭 후퇴하는 건 내일 대폭 전진을 위한 거네.

> 마오(毛)주석께 맹세컨대, 치파오와는 특히 안 어울리는걸.

이들이 가지고 있는 집단기억은 가상적인 기억이다. 이 기억은 개인의 경험에 기인한 것이 아니라 단절되어 사실상 기억이 없는 각인에 불과하다. 이들이 마오쩌둥, 장제스와 동시에 살았을 리 없기 때문이다. 이주 중국인들의 집단적 기억은 민족-국가의 헤게모니가 만들어낸 상상된 기억인 것이다. '중국인'이라는 집단적 기억의 틀에 짜여지는 것은 집단적 정체성이지만 그것은 파편화된 문화적 기억이다.[15] 그

15) 기억이란 사람이나 동물 등의 생활체가 경험한 것이 어떤 형태로 간직되었다가 나중에 재생 또는 재구성되어 나타나는 현상을 말한다. 그 과정은 기명, 보유, 재생, 재인의 네 단계로 나누어 볼 수 있다. 인간은 기억을 통해 연속성을 유지하고 과거와 미래의 시간을 연결한다. 그래서 기억은 집단의 정체성을 구성하는 소속감과 밀접하게 연관되어 있다. 기억은 시간의 지배를 받으면서 망각이 함께 작용하기에 환경이나 개인

것이 만들어내는 논쟁적이고 지속적으로 재구성되는 정체성을 가진 상상된 공동체[16)]가 바로 '신중국(新中國)'이다.

마오쩌둥(우)과 장제스(좌)

또는 집단의 의식에 의해 기억이 조작되고 편집되며 때로는 발명되기도 한다. 기억의 사전적 의미는 [네이버백과사전](http://100.naver.com/100.nhn?docid=29229)을, 문화적 의미는 권선형, 「기억, 정체성 그리고 문화적 기억으로서의 시대소설」, 『독일언어문학』 제27집(독일언어문학연구회, 2005), 129쪽을 참고함.

16) 이것은 베네딕트 앤더슨의 '상상의 공동체(The Imagined Community)'에서 착안한 것이다. 앤더슨의 설명에 따르면, '민족(nation)'은 상상을 통해 탄생된 것이다. 그러나 국가는 민족이 선험적인 존재라는 믿음을 심어주고 구성원들로 하여금 행동하게 하며, 그것을 위해 희생도 감수하게 한다고 한다. 베네딕트 앤더슨, 윤형숙 역, 『상상의 공동체』(나남출판, 2002), 27쪽.

이렇게 언급되는 마오쩌둥은 모든 중국인들의 집단 기억이지만 작금의 이민생활과는 괴리를 지니는 것이다. 류위안이 언급하는 마오쩌둥 이야기는 이민자의 상처를 치유할 수가 없다. 마오쩌둥은 이미 죽은 민족영웅일 뿐, 추억한다고 해서 산 자의 삶을 행복하게 해줄 수 없다. 마오쩌둥이라는 기표가 상징화된다고 하더라고 이민자들의 과거는 추억으로는 절대 온전히 복구되지 못하는 것이다. 마오쩌둥에 대한 추억은 이민자들에게 실상 판타지가 아닌가? 이 추억은 불완전한 것이기에 영원한 미봉책일 수밖에 없다. 그래서 이민자들이 망중한에 늘어놓는 한가로운 넋두리에 불과한 이 집단기억은 이민자의 현실에 또 다른 억압의 단초가 된다.

끊어질 듯 이어지는 두 사람의 인연에는 늘 과거의 기억이 자리한다. 과거의 기억에서 비롯된 이들의 인연은 과거에 기대는 습성을 벗지 못하기 때문에 현실을 지배할 만한 힘을 갖지 못한다. 정착의 노력과 함께 두 사람의 사랑은 무르익어가지만 그것이 과거에 기대는 한 늘 불안하며 잠정적일 수밖에 없다. 류위안이 고비마다 리칭을 뿌리치고 현실의 법에 따르는 일이 반복되는 것도 여기에 기인할 것이다. 이들에게 사랑의 모체는 과거에 속한 것이기에 개인이든 집단이든 과거에 같이 나눈 기억은 사랑을 형성하는 중요한 매개체로 작용한다. 〈올 때까지 기다려 줘〉에서 과거의 기억은 중국의 전통과 맥이 닿아 있다. 류위안은 다음과 같이 중국의 전통을 언급한다.

> 미국 경찰도 루쉰(魯迅), 관한칭(關漢卿)이 누군지 알지만 우리 둘은 아직 아무 관계도 아니잖아.

미국 경찰이 100년 전 중국의 문호 루쉰이나 원대(元代) 잡극(雜劇) 작가 관한칭을 안다는 해괴한 논리는 어디서 나온 것일까? 그런 그의 사고는 중국의 전통에 대한 애착이라기보다는 맹목적인 집착으로 비쳐진다. 전통에 대한 류위안의 언급은 디아스포라의 현실에 대한 반정립이며 비판적 거리두기로 읽혀질 따름이다.[17)]

루쉰

관한칭

중국의 전통 외에도 〈올 때까지 기다려 줘〉에서는 상실된 고향에 대한 그리움과 동경이 끊임없이 표출된다. 그들로 하여금 끊임없이 조국과 고향을 염원하게 만드는 노스탤지어는 온전한 자아로서 살아갈 수 있는 중국인으로서의 자의식이다. 아메리칸드림을 가지고 미국에 온 이들에게 유토피아는 당연히 미국이어야 한다. 그러나 그들이 그리는 유토피아는 현실 속 실체로서의 미국이 아니라 과거이자 기원이며 고향인 중국으로 상정된다.

유토피아의 영역에 속해 있는 과거의 순수는 상상된 것이기 때문에,

17) 그러므로 펑샤오강 영화가 장이머우, 천카이거보다 더 강렬한 사회적 성찰을 보여준다는 쩌우신싱 , 마오수장의 의견은 동의하기 어렵다. 「民間從想象到消費: 馮小剛電影研究綜述(2)」 참고.

그것을 대변하는 고향 역시 상상적인 방법으로 직조된다. 그런데 과거에 잃어버린 순수가 잠들어 있다는 설정은 결코 낯선 것이 아니다. 펑샤오강은 미래의 기억을 상상하기 위해 과거의 기억을 불러오듯이 영화 속에서 플래시백으로 미래의 꿈을 삽입한다. 류위안의 아메리칸드림이 초현실적인 꿈을 통해 표출된 것이다. 이 꿈에는 과거와 현재, 미래가 혼동되지만 과거를 잊고 미래를 반추하는 과정이 서서히 진행된다. 바로 수십 년 뒤 미국의 실버타운에서 남녀가 조우하는 꿈이다. 어머니의 병환 때문에 귀향하는 류위안은 실버타운에서 리칭을 만나는 판타스틱한 이벤트를 꿈꾼다. 이 꿈은 디아스포라인들의 새로운 탄생을 위한 정화의 과정인지도 모른다.

실버타운에서 만난 류위안과 리칭

또 하나 과거와 관련된 장치로 영화 속에서 거론되는 것은 역사이다. 역사와 관련된 이야기도 집단기억과 연계된다. 역사와 관련된 이미지를 지속적으로 재생산해내는 것은 집단적 정체성의 정당성 유지와 강화로 이어진다. 일례로 류위안이 리칭에게 2차대전의 명장 패튼

(George Smith Patton, 1885~1945)에 대해 냉소적으로 이야기하는 장면이 나온다.

> 당신보다 더 억울한 사람이 있으니 패튼이지. 고향은 바로 당신이 원래 살던 그 지역인데, 패튼 장군이란 사람은 온 유럽에서 전쟁을 벌이지 않았겠어. 근데 몇십 년 뒤 고향이 중국인들에게 점령당할지는 상상도 못했을테고, 그가 만약 지금까지 살아 있다면 그를 열받아 죽게 만드는 거지.

류위안이 이야기를 늘어놓는 과정에서 제2차 세계대전이라는 역사적 사실은 영화 전체의 플롯 속에서 모종의 의미를 가지게 된다. 류위안은 백인 제국주의자가 저지른 침략의 역사를 다시 드러내어 전복시키려 한다. 냉소적인 류위안의 말투는 역사적 사실 자체의 고유한 국면과 의미를 상쇄시킨다. 이주 중국인에게 패튼은 식민지배자이다. 따라서 이것은 백인으로 대표되는 식민지배자에 대한 인종 이데올로기적 조롱이다. 또한 '중국' 혹은 '중국인'에 대한 백인 제국주의 이데올로기를 '재동양화' 혹은 '탈동양화' 하려는 시도이다. 이렇게 역사적 사실은 언술될지언정 패튼 고향의 역사적 의미는 소거되면서, 관객의 뇌리 속에서 지워지게 된다.

패튼(George Smith Patton) 장군

경찰에 체포됐다가 무죄 석방된 지 1년이 지나 류위안은 갑자기 리칭을 만나자고 한다. 그는 교통사고로 시각을 상실했다면서 그동안의 기억과 망각을 다음과 같이 구술한다.

> 검은 밤은 나에게 검은 눈동자를 주었다오. 나는 당신이 나를 바라보는 것을 볼 수 있소. ……내 눈 앞에는 칠흑 같은 어둠이 있어서 꿈속에서나 빛을 볼 수 있다오. 햇빛 찬란한 기억 속으로 돌아가면…… 나는 한 줄기 빛이라도 기어코 보려 하지만 들을 수밖에 없소. 청각으로 상상할 수밖에.

여기서 류위안은 햇빛 찬란한 기억으로부터 멀어진 이산의 쓸쓸함을 드러낸다. 그것은 이민자의 소외와 외로움이며 '뿌리 뽑힌 자(uproots)'의 고백이다. 보이는 것에 대한 고뇌는 정체성의 혼란에 다름 아니다.[18] 1년 만에 리칭을 만나는 류위안에게 과거의 기억이란 익숙하고 따뜻했던 추억을 위해서라도 불필요한 요소들이다. 리칭과 함께했던 과거의 끔찍한 기억은 두 사람의 미래를 가로막을 수도 있기에 스스로 삭제해버린 것이고 그의 의뭉스러운 장님행세는 여기에 기인한 것이다. 한 편의 실존주의 시를 읊는 음유시인[19] 같은 류위안의 고백은 일순간 리칭의 감정을 고양시킨다. 그러나 그것이 곧 능청스러운 연극임이 드러나면서 디아스포라의 공간에서 감정에 의해서 가려져 있던 것들이 드러난다. 리칭의 감정은 이탈되고 둔화되면서 이를 지켜보던 관객은 허탈함을 느낀다. 정착하지 못하고 암흑 속을 헤매면서도 이들은 심심찮게 중국인[20]으로서의 자부심을 드러낸다.

---

18) 이와 관련해 차오궈빙은 평샤오강이 류위안 개인이 사랑을 얻는 꿈의 실현과 현실 속에서 문화적 정체성을 찾기 어려운 수많은 이민자들의 잠재된 심적 갈망도 보여준다고 한다.「論馮小剛"賀歲片"的樣式特徵與敍述策略」, 325쪽.

19) 이런 평샤오강을 우디페이는 대중가수라고 표현한다. 吳滌非,「世俗之夢: "反英雄", 中庸哲學與"平民風格"—關于馮小剛的電影創作」,『電影創作』(2001年 3期) 第3章「平民風格與世俗之夢」참고.

20) 중화민족이란 쑨원(孫文)이 내세웠던 삼민주의가 말하는 오족(五族) 공동의 개념이다. '중국인'은 중화민족이 이룬 신중국, 즉 '국민'국가의 개념이다. 그러나 영화 속 이민자들은 중화민족의 중국인을 넘어 세계인을 지향하는 코스모폴리타니즘을 보여주

> 우리 중국인 망신시키는 것 아닌가요? 이 일은 우리 민족의 존엄성과 관련되어 있고 당신과도 관계가 있는 일이오.

> 만약 너희들이 중국어를 성실하게 공부해놓지 않으면 너희들은 우리 조상들이 창조한 찬란한 문화를 이해할 수가 없고 중국인이라는 것이 얼마나 자랑스러운지도 느낄 수가 없단다.

> 우리 중국인들의 습관은 성을 앞에 놓고 이름을 뒤에 두어서 우리 조상들에 대한 존중을 표시하는 거란다.

중국인으로서 류위안과 리칭의 자부심은 아이러니컬하게도 식민의식에 기인하고 있다. 이민생활의 고통 속에서 버리지 못한 민족과 국가에 대한 집착이 피식민자로서의 자괴감을 불러온 것이다. 이들의 정착과정에서 입버릇처럼 내뱉어지는 '중국'이라는 즉자(卽自)는 이민생활에 일조하는 것이 아니라 떨쳐버릴 수 없는 향수가 되었다. 중화라는 상상적 질서를 잊지 않고 있는 류위안에게 정체성 찾기란 결국 중화적 법칙이 구현되는 공동체의 질서라는 테두리 안에서 가능한 것이다. 이런 의미에서 미국에서 새로운 정체성의 구성은 이들에게 원천적으로 불가능한 것이었다.

펑샤오강은 이민자들의 정체성을 찾기 위한 노력을 영상에 담았지만 LA라는 도시공간에서 이민자들의 미래를 제시하지는 못했다. 그래서 영화의 결말은 탈주보다는 귀환으로 끝날 수밖에 없었던 모양이다. 중화민족적 정체성이 현지의 국민적 정체성보다 더 강했던 이민자들은 결국 귀향할 수밖에 없는 운명이었던 것이다. 영화 속 등장인물

지 못하고 있다.

들이 아메리칸드림을 이룬 상승의 여정이 아니라 귀환의 여정을 보여주는 것은 막연한 출국의 꿈을 갖고 있는 보통의 중국 관객들이 편안하게 느끼는 여정이기도 했다. 가공할 경쟁의 세계 안에서 팍팍한 삶을 살아가는 그들에게 아메리칸드림은 말 그대로 꿈일 뿐이기 때문이다.

3. 디아스포라의 공간

3.1 LA와 리틀 타이베이

〈올 때까지 기다려 줘〉의 인물들은 중국과 미국을 넘나든다. 영화에는 출국과 귀국의 유랑과 정주가 반복된다. 〈올 때까지 기다려 줘〉의 표면적인 공간은 미국의 코스포폴리탄 도시 LA이다. 영화가 끝날 때까지 대다수 장면에서 LA는 현실적인 공간으로 등장하고 베이징은 기억의 공간으로 남아 있다. 영화에서는 LA라는 도시의 구역, 거리, 가게 이름을 일일이 언급하면서 현실적 공간으로 등장시킨다. LA는 현실의 공간에 이주민들의 과거에 대한 기억이 겹치면서 왜곡된 정체성을 잉태시키는 공간이다. 과거의 도시 베이징은 상대적으로 불변의 공간으로 여겨지는 반면, LA는 여러 공간의 짜깁기로 구성된다. 다양한 공간으로 이루어진 도시 LA는 현재에서 과거의 기억으로 역주하는 정체성을 잉태시키기에 분열과 해체로 귀착된다. 영화 속에서 LA가 시종 부정적이며 반도시적으로 비치는 것은 이민자들의 이런 피해의식을 반영했기 때문일 것이다. 이들이 아무리 노력해도 미국의 주류사회로의 합체는 불가능하기에 정착이란 낯설기만 한 단어이다.

이들을 유랑하게 하는 도심의 빌딩숲은 미국사회의 계급적 구조를 암시하고 수직적 이해관계를 표상한다. 빽빽한 건물로 둘러싸여 빠져나갈 길이 없는 공간은 이민자들에게 불안감을 가중시킨다. 도시라는 매개체는 영화 속 단순한 배경이 아니다. 이민자들은 물론 관객들에게도 디스토피아의 중압감을 주는 공간이다. 군상들의 욕망은 있으나 꿈을 이루기 어려운 곳, 웃음과 파토스가 충돌하지만 카타르시스는 없고 사람들 간의 네트워크가 부재한 곳이다. 그러다가 리칭이 점차 자리를 잡아가면서 도시생활은 긍정적으로 변해간다.

미국의 빌딩숲과 푸른 초원 위를 달리는 류위안의 차량

이민자들은 미국 내에서도 한 공간에서 다른 공간을 오가며 방랑한다. 바로 류위안이 알래스카로 휴가를 가는 장면이 그러하다. 류위안의 차량은 푸른 초원 위를 달린다. 여기서 갑자기 삽입된 미대륙의 자연 이미지는 귀향의 욕망을 불러일으킨다. 그리고 LA라는 도시의 수직적 이해관계는 자연 속의 수평적 관계로 변모된다. 그의 알래스카행은 미대륙을 가로지르는 기나긴 디아스포라의 여정이다. 영화 속에서 SUV차량이나 트레일러하우스로 곳곳을 누비는 류위안의 여정은 수직적인 도시공간을 전유하는 한편 수평적으로 분할하는 것이다. 그것은 방향성 없는 욕망의 발산이 아니라 성공의 욕망을 채우고자 하는 의식의 발로에서 나온 여정이다. 특히 알래스카로 향하는 질주는 이민자로서 식민주의의 지배를 부정하는 역주행이다. 그러나 이들이 미국

시민권을 획득했다는 내용은 영화에 나오지 않는다. 이런 〈올 때까지 기다려 줘〉의 이민자들이 돌아갈 곳이 중국, 아니 베이징 뿐인 것은 필연적이다. 만나기만 하면 이별을 반복하는 두 사람의 악연은 끊임없는 귀향의식 때문인지도 모른다. 금의환향을 꿈꾸는 〈올 때까지 기다려 줘〉의 인물들에게 귀국은 바로 귀향이기도 했다.

누구나 이국땅에 오면 고향을 그리워하고 고향과 관련된 모든 것에서 동질성을 느끼게 된다. 리칭은 류위안과 헤어진지 1년 동안 자신이 어떻게 지냈는지를 이야기한다. 자신은 '리틀 타이베이(Little Taipei)에 사는데 미국도 타이완도 아닌 중국 광둥(廣東)에 이사온 것 같다고 너스레를 떤다. 리틀 타이베이는 차이나타운 이름이다. 이곳은 국가 사이의 경계긋기, 그 중간에 위치한 곳으로 '중국인(미개인)'과 '백인(문명인)'이 접촉하는 지역이다. 이주민들의 혼종화가 이루어지는 이곳은 거주자들의 국적이 가진 구심력을 상쇄시키고 국경의 원심력이 해소되는 공간이다. 국경의 원심력이 해소되면서 인종과 국적, 젠더를 뛰어넘은 이주민들이 누리는 것은 조화로움이다. 인종과 국경을 넘어선 이주 중국인들이 같은 공간에서 살아가면서 자연스럽게 혼종성(hybridity)[21]을 경험하는 이곳에서 리칭은 안정을 얻게 된다.

디아스포라인들은 특정한 지리적 범주 안에서 타자화를 함께 겪는다. 그것은 이주 중국인의 디아스포라가 필연적으로 초래하는 소외감이지만 리틀 타이베이처럼 타향에서 발견되는 공간적 동일성에 의해 무화되기도 한다. 리틀 타이베이는 '중화'라는 경험을 각인시킬 수 있는 공간이 되면서 여기서의 성공과 실패는 '중국인'이라는 국민 정체

21) 오늘날 혼종성 개념은 세계화와 초국적인 문화 흐름에 의해 생겨난 다양한 혼합 과정들과 그 산물로서 새로운 문화현상과 정체성을 설명하기 위해 사용되고 있다. 김수정, 양은경, 「동아시아 대중문화물의 수용과 혼종성의 이해」, 『한국언론학보』 50권, 1호(한국언론학회, 2006), 119쪽.

성을 배태하게 된다.

그래서인지 류위안과 리칭은 이국땅에서 만남과 이별을 반복하지만 자연스레 의기투합하며 서로를 격려하고 위로하는 친구가 된다. 너와 나의 구분이 점차 무의미해질 만큼 친해지다가 결국은 '중국인'임을 서로 확인한다. 영화가 진행되면서 류위안이 갖가지 위기를 유쾌하게 해결해나가는 과정은 오욕과 굴종의 역사를 딛고 경이적인 경제성장을 이루고 있는 오늘날 중국인의 모습으로 관객에게 다가오고, 그 속에서 관객들은 '중화'라는 더 큰 공동체를 발견하게 된다.

LA의 리틀 타이베이(Little Taipei)

3.2 아파트와 트레일러하우스

중국인들에게 집의 의미는 심대하다. 〈올 때까지 기다려 줘〉에서 디아스포라는 집이라는 곳과 떨어져서 이해할 수가 없다. 류위안과 리칭 모두 미국에서 안주할 공간이 없는 점은 공통적이다. 집은 거주자의 정체성을 확인할 수 있는 사적인 공간이다. 그래서 영화 내내 번듯한 집이 없는 이들은 미국사회에서 존재가 부정된다.

가정부로서 리칭이 처음 미국에서 거주하는 집은 대저택이다. 그 집은 마치 미국 영화에서나 볼 수 있는 으리으리한 분위기이다. 이국적인 건축 스타일에 관객은 잠시 집주인이 누구일까 하는 생각을 하게 된다. 그런데 집 앞에는 중국의 큰 건물 앞에 주로 놓여 있는 사자상이 떡 버티고 있다. 알고 보니 집주인은 미국에서 크게 성공한 이주 중국인이었다. 리칭이 아메리칸드림을 이룬 중국인의 대저택에서 첫 이주생활을 시작하는 것은 시사하는 바가 크다.

미국 대저택 앞의 사자상

이후 정착을 위한 온갖 고생을 하다가 리칭은 미국인 룸메이트와 아파트를 나누어 쓰기로 한다. 아파트는 난민적 상황에 봉착해 있는 이주노동자가 백인 친구들과 함께 거주하는 공간이다. 거실을 공유하지만 각자 따로 방을 쓰는 아파트에는 서로 사랑의 밀어를 속삭이는 커플이 있는가 하면 남자친구를 내쫓고 창밖으로 이삿짐을 내던지는 여자도 있다. 이들의 이웃살이는 방세를 절약하기 위한 방편일 뿐, 각자 나르시시즘에 빠진 개인주의를 드러낼 뿐이다. 서로에 대한 무관심이 불러온 소외가 드러나면서 의사소통의 부재가 극대화된다. 거실을 공유하면서도 이웃살이의 따뜻한 정을 느끼는 것 같지는 않다. 아파트는 고립과 소외, 적대로 가득 차 있는 공간이며 꿈이 내동댕이쳐지고 관계가 깨어지고 파괴된 비인간적인 공간이다. 아파트는 도시 하층민과 이주민의 다양한 기억이 혼재된 장소이다.

이들은 사회에 어떤 방식으로든 편입되려고 애쓴다. 그러나 도시는 이들의 정주를 허락하지 않는다. 도시에서 유랑하는 주체가 거주하는 아파트는 이들을 사회의 유랑인으로 정체성을 배태하게 한다. 그러나 그 속에서 정체성을 잃은 인간들은 보헤미안 기질 때문인지 또 다른 디아스포라로 유랑하게 된다.

한편 류위안은 트레일러하우스라는 독특한 형태의 집에 거주한다. 트레일러하우스는 이동하기 위한 교통수단이면서 이민자의 유랑성을 드러내는 장치로 해석된다. 트레일러하우스가 주차된 초원의 특징은 방향 없음이다. 트레일러하우스의 길은 어디에도 없지만 어디로도 갈 수 있다. 그래서 트레일러하우스는 영화 속에서 디아스포라적인 보편성을 가장 집약적으로 보여주는 이미지일 것이다. 캠핑촌이라는 가장 비정치적인 공간에서 류위안은 휴양객처럼 이주 생활을 이어간다. 트레일러하우스라는 집은 공원에 주차되어 있는데 인스턴트식품 포장지와 빈 병, 빈 캔 등으로 어지럽혀 있다. 너무 단출한 가옥구조는 정주하기 위한 집이 아니라 어딘가 훌쩍 떠나기 위한 임시 거처 같은 느낌을 준다. 실제로 그는 갑자기 트레일러하우스를 놔두고 차를 몰더니 알래스카로 훌쩍 휴가를 다녀온다.

류위안의 트레일러하우스와 캠핑촌

트레일러하우스에 살다가 알래스카로, 중국 베이징으로 이주한다는 점에서 그곳은 고립과 착취의 디아스포라로부터 벗어날 준비를 하는 류위안의 임시 거처이다. 타향에서 고향으로, 도시에서 농촌으로, 고립으로부터 가족을 찾아가는 귀향이 앞으로의 여정이다. 그렇게 캠핑촌의 트레일러하우스에 사는 류위안은 초원에 남아서 유랑을 준비하는 유목민이다.[22] 류위안은 이곳에 사는 것을 부끄러워하지 않는다. 캠핑촌은 작은 지구촌이다. 주위에는 캠핑족으로 보이는 백인들도 함께 거주하고 있다. 그래서 다국적 공간이고 혼성성이 존재하는 이곳에서 류위안은 나름의 질서를 깨뜨리지 않고 공존하려 한다. 이들은 서로의 라이프스타일을 침범하지 않으면서 자신들의 공간을 지키려 애쓴다. 어디든지 머물 수 있고 언제든지 떠날 수 있는 트레일러하우스야말로 포섭과 포용이 공존하는 '제3의 공간'[23]이

22) 〈올 때까지 기다려 줘〉에서 트레일러하우스에 처음 온 리칭이 자기집 정원인 양 하얀 빨래를 잔디마당 위에 정성스레 널어 말리는 것은 팍팍한 이민생활에도 목가적 꿈을 꾸는 속마음의 표출이 아닐까? 자크 아탈리는 여행을 존재의 본질로 하는 인간상을 '호모 노마드(유목적인 인간)'라고 불렀다. 류위안은 노동죄수의 일상에서 벗어나 미 대륙을 횡단하여 알래스카까지 차를 몰고 휴가를 다녀온다. 그것은 미국이라는 국가 장치의 시공간을 넘어 자유를 추구하는 모습이다. 알래스카로 무작정 휴가를 떠나는 이주민 류위안은 호모 노마드적인 모습을 보여준 셈이다. 그래서 트레일러하우스는 유목민적 꿈의 회복을 상징한다.

23) 사람들은 공공장소에서도 자신의 안방이나 거실에서 책을 보거나 영화를 보는 편안

라 할 수 있다. 이 새로운 공간은 희망과 연대를 형성하는 소통의 공간인 것이다.

그런데 리칭이 트레일러하우스를 방문한 뒤 이 집은 깔끔이 정돈된다. 리칭은 머리를 감다가 퇴근하여 돌아오는 류위안을 맞이한다. 트레일러하우스에서 같이 식사를 하는 이들은 완전한 가족의 모습이다. 마치 부부가 된 듯한 류위안과 리칭의 모습은 이들의 삶의 완성을 위한 화합의 과정이다. 두 사람이 겪는 일시적 집의 체험은 트레일러하우스가 안락의 공간으로 되면서 가능하게 되고 진짜 집에 대한 꿈을 불러일으킨다. 유목민이 완전한 가족을 이루려면 고향으로 돌아가 정주해야 한다. 따라서 진정한 집이 지어지는 것은 상대를 있는 그대로 사랑하면서부터이다. 즉 류위안과 리칭이 늙음과 죽음을 간접 체험한 뒤 상대를 진정 사랑한다는 것을 깨닫게 된 순간이다. 영화 속에는 류위안의 꿈속에 나타난 실버타운이 그들에게는 진정한 집이라 할 수 있다. 그러나 한낮의 꿈일 뿐 실버타운은 가상에 존재하는 유토피아일 뿐이다. 트레일러하우스에서 류위안은 은근슬쩍 신체 접촉을 시도하지만 리칭이 뿌리치면서 관계를 갖지 못한다. 성관계는 두 사람이 일심동체로 완전히 통합된다는 것을 의미하지만, 영화의 결말에서야 이주생활을 포기하고 함께 귀향한다는 내용이 나오므로 이 부분에서는 어울리지 않는다. 미국에서 이루어지는 사랑의 완성은 유랑을 포기한 정주를 의미하기 때문이다.

함을 느끼고 싶어 한다. 스타벅스는 무선 인터넷과 편안한 의자를 겸비해 집과 다를 바 없는 제3의 공간을 원하는 사람들의 욕구를 채워주었다. 트레일러하우스는 숙식을 한꺼번에 해결하며 여행할 수 있는 제3의 공간이다. 이처럼 소매업과 오락이 결합된 리테일먼트 공간이 지고 상품 대신 라이프스타일을 파는 제3의 공간이 뜨고 있다. 데본 리, 『콜래보경제학』(흐름, 2008) 중 2장 3절, 「브랜드 공간을 확보하라: 공간 콜래보레이션」 참고.

3.3 유랑에서 정주로-실버타운

류위안은 영화의 말미에서 몸져누운 어머니를 뵈러 이민생활을 포기하고 귀국하게 된다. 이런 그의 행보에서 영화는 다시 현실 원칙으로 돌아온다. 영화의 초반부에 이들은 귀국하려고 시도한 적 있지만, 결국 이민생활에 정착하려고 각고의 세월을 보냈다. 영화의 내용 대부분은 아메리칸드림을 이루기 위해 이들이 고군분투하는 데 맞추어져 있다. 그런 만큼 중국에 두고 온 모친 때문에 미국생활을 선뜻 포기한다는 것은 이해하기 힘들다. 류위안의 아메리칸드림은 일장춘몽이었던가? 마치 괴안국(槐安國)에서 국왕의 사위가 되고 태수로 20년간 통치하다가 정신차려보니 꿈이더라는 남가지몽(南柯之夢)의 이야기처럼 말이다. 사실 로맨틱 코미디의 해피엔딩이 극대화되어야 할 시점에서 돌연 잊혀졌던 실재(현실 중국)가 부각되고 현실 원칙으로 돌아오는 형국이다. 그것은 허구와 현실과의 불화를 억지 화해로 풀려고 하기 때문이었다. 다시 말해 현실로부터 벗어난 로맨틱 코미디의 열린 결말[24]을 받아들이지 못하고 서둘러 봉합해서 현실의 모순을 치유하려 하기 때문이다.

어머니의 나라(모국), 중국으로 돌아감은 자신의 정체성을 회복하기 위해 기원의 장소로 회귀하는 것이다. 그래서 류위안과 어머니와의 관계는 개인과 민족의 관계로 환원될 수 있다. 류위안을 개인으로 본다면 개인의 정체성을 배태한 어머니는 민족의 역할을 하는 셈이다. 그러나 피는 물보다 진하다는 막연한 신념으로 유지되는 어머니의 나라

24) 이것은 '불균질 텍스트'의 열린 결말을 연상케 한다. 로빈우드는 윌리엄 프레드킨의 영화 〈크루징〉(1980)을 '불균질 텍스트'라고 설명한다. '불균질 텍스트'는 의도적인 부정합, 결말 없는 결말, 내러티브상의 잉여 등을 특징으로 한다. 매끈한 결론을 도출해내지 못하고 서둘러 봉합된 상처는 언제 다시 터질지 모르는 상태인 것이다. 로빈 우드, 이순진 역, 『베트남에서 레이건까지』(시각과언어, 1996) 제4장 「불균질 텍스트」 참조.

는 '상상된 공동체'일 뿐이다.[25)]

이런 부담을 안고 비행기를 탄 류위안은 비통한 심정에 모자를 눌러쓰고 잠깐 동안의 잠에 빠져든다. 펑샤오강은 현실과 꿈의 경계를 넘어서 수십 년 뒤 두 남녀의 조우를 플래쉬백처럼 재현한다. 오랜 미국생활 끝에 정착에 성공했는지 류위안은 실버타운에서 살고 있다. 그곳은 아메리칸드림이 실현된 유토피아이다. 또 이주 중국인들의 꿈이 현실로 현현하는 환상적 공간이기도 하다. 현실인지 꿈인지 미래인지 알 수 없는 시공간에서 류위안의 기억은 교차된다. 실버타운은 과거와 현재가 겹쳐지고 현실과 비현실이 혼재된 시공간이다. 이주민의 정체성 상실과 소외 현상은 실버타운에서도 이어지고 이상과 현실, 유목과 정주가 교차되는 아슬아슬한 경계에서 류위안은 탈공간적 경험을 한다.

전지적 시점으로 구술되는 영화 속 사랑이야기는 노트북 컴퓨터로 타이핑된다. 현실의 내가 꿈을 꾸는 것인지 꿈속의 내가 현실을 사는 것인지, 꿈과 현실은 메타적 방식으로 접속된다. 공간의 프레임 밖에서 겹쳐지며 자신의 지나간 인생을 구술하는 류위안의 독백은 얼핏 자신의 근본을 완전히 망각한 것처럼 들린다. 그러나 곧이어 그가 여전히 리칭과의 재회를 기다리며 독신으로 살아왔다는 말로 장면이 이어지면서 잃어버린 과거에 대한 집착이 계속됨을 보여준다. 이렇게 류위안은 중산층 백인이 다수인 실버타운에서도 백인 이데올로기와 거리를 유지하는 정체성을 보여준다. 그것은 미국에서 경험하는 모든 기

25) 개인의 정체성은 사회적 관계 속에서 구성되기에 국가나 국민으로까지 확장될 수 있다. 개인과 부모 간의 관계, 또는 개인과 집단(이민)사회와의 관계는 점점 규범이 확장될 수 있는 연쇄적 관계이다. 즉 소가족에서 민족이라는 거대가족(superfamily)으로 확장되는 경우이다. 이승원, 오선민, 정여울, 『국민국가의 정치적 상상력』(소명출판, 2003), 153쪽과 김명석, 「江湖之英雄乎中華之偶像乎」, 『中國學論叢』 제22집(고려대 중국학연구소, 2007), 237쪽 참고.

회와 혜택에도 불구하고 그가 여전히 중국인으로서의 정체성을 유지한다는 의미이기도 하다. 독신 중국남성이란 형상은 식민주의에 저항한다는 암시가 아닐까?

이중으로 고립된 류위안의 의식을 전달하는 데 꿈이라는 설정은 더할 나위 없이 적절하다. 그러나 실버타운에서도 류위안은 마음 편해 보이지 않는다. 아메리칸드림을 실현하고도 겪는 낯섦은 이주 중국인이 말년까지 떨치지 못하는 디아스포라의 불안이다. 그것은 이주 중국인이 겪어야 하는 소외와 정체성의 위기를 보여준다. 그러다가 꿈속이지만 리칭과 극적으로 재회함으로써 죽음의 문턱에서 재생이 중첩된다.

실버타운에서의 재회와 감격 어린 키스

그런데 정신 차리고 보니 한바탕 꿈일 뿐, 자신은 비행기를 타고 있고 옆에는 정말로 리칭이 앉아 있는 것이 아닌가? 리칭은 일부종사의 각오로 류위안을 따르고자 만사를 제쳐두고 비행기에 올랐다. 류위안은 꿈이 현실이 된 것처럼 감격한다. 그러나 극적인 만남도 잠시뿐, 두 남녀는 갑작스런 비행기의 고장으로 생사의 기로에 봉착한다. 꿈에서 돌아온 현실은 균열되고 죽음 앞에서 모든 이성적 판단은 의미를 잃는다. 아메리칸드림을 포기하고 가족의 안녕을 택했던 두 사람은 멜로드라마의 눈물과 함께 감상주의로 도피한다. 그런데 해피엔딩에 대한 관객의 기대에 부응하듯 비행 중임에도 기체의 이상은 기적적으로 고쳐진다. 죽음 앞에 선 로미오와 줄리엣처럼 두려움에 부둥켜안고 있던 두 사람은 감격 어린 키스를 나눈다. 그것은 로맨틱 코미디의 전형적인 결말이다. 무조건 출국을 해서라도 인생역전을 꿈꾸는 중국인들이 많지만 또 실상은 외국에 나가서 성공한 사람은 많지 않더라는 인식에 따른 것일까? 이 영화는 자의반 타의반의 모순을 안고 막을 내린다.

어머니가 몸져 누워 있기에 돌아가야만 하는 현실 중국은 디스토피아[26]와 다를 바 없다. 류위안은 실버타운의 꿈이 말 그대로 꿈이었을 뿐, 자신의 유토피아가 상상 속에 있는 것임을 깨닫게 된다. 이렇게 과거의 기억과 미래의 희망이 직조하는 공간인 실버타운은 그가 꿈에서 깨어나 현실로 돌아왔을 때 고향이 가지는 의미로 환원된다. 고향에 대한 집단기억은 디아스포라의 집단적 정체성을 상기시키는 데 유용하다. 중국의 현대사를 매개로 한 집단기억은 개인적 차원에서는 디아스포라에 대한 일시적 망각이라는 위안을 주었다. 역사적, 운명적 공동체로부터 이탈되는 불안에 싸인 디아스포라인들에게 개인적으로 망각을 통한 재생을 이루게 해준 것이다. 또한 공동체와의 동일시는 개개인에게 자부심을 주었다. 구성원들은 중화라는 민족과의 동일시를 통해 이주국에서도 언젠가는 그들 민족의 신성한 가치를 알아주고 자신도 인정받으리라는 막연한 믿음을 가지고 있었다. 그렇게 펑샤오강은 고향이라는 장치로 이민자의 현실 속 고통을 봉합하려 하였다.

---

26) 디스토피아는 가공의 이상향, 즉 현실에는 '어디에도 존재하지 않는 나라'를 묘사하는 유토피아와는 반대로, 가장 부정적인 암흑세계의 픽션을 그려냄으로써 현실을 날카롭게 비판하는 문학작품 및 사상을 가리킨다. [네이버 백과사전](http://100.naver.com/100.nhn?docid=52470) 참조.

4. 맺으며

고도성장의 그늘에 가려 보통 중국인들이 미쳐 의식하지 못하고 있던 욕망과 상상, 꿈을 찾아내어 이를 흥행코드로 활용하고 영화라는 환유적 공간 속에 재현하는 펑샤오강의 능력은 탁월하다. 그러나 중국에서 거둔 놀라운 흥행기록에도 불구하고 그의 영화는 세계는 물론 아시아의 벽조차 넘지 못하고 있다. 〈올 때까지 기다려 줘〉에서 펑샤오강은 민족국가의 안과 밖, 경계를 넘나들지만 맹목적인 민족주의와 막연한 노스탤지어를 떨치지 못한다. 흥행코드에만 관심이 있어서인지 이주민의 디아스포라 현상 내부를 구체화시키거나 탈중심화된 민족담론으로 이끌어내지는 못했다. 그것은 탈식민에 대한 관심이기도 한데 상업주의 영화감독에 대한 이런 관심은 지나친 기대일까?

펑샤오강의 로맨틱 코미디가 대개 그렇듯이 〈올 때까지 기다려 줘〉에는 여전히 과장과 주정주의가 드러난다. 양념처럼 버무려진 웃음에는 풍자가 결여되어 있고[27] 로맨스는 현실을 가릴 뿐이다. 미국 정착생활에서 두 남녀가 보여주었던 나름대로의 절실함과 치열함은 영화 후반부로 갈수록 약해진다. 영화의 말미에 이주민의 꿈은 화석처럼 굳어진 인물들의 캐릭터만 앙상하게 남기고 사그라진다. 영화가 아메리

---

27) 우디페이는 펑샤오강의 풍자와 유머가 중용의 철학과 관련되어 있다고 본다. 차오쥔빙은 그가 중국의 세속문화를 풍자한다고 한다. 또 현실에 초점을 맞춘 풍유적 성격을 지녔다는 쩌우신싱 , 마오수장의 견해도 있다. 그러나 더 구체적으로는 세속문화보다 천민자본주의를 풍자했다고 보는 것이 정확하지 않을까? 차오쥔빙 등 중국의 평론가들은 그의 유머를 풍자로 평가하지만 본고에서는 사회풍자의 깊은 수준에는 이르지 못한다고 본다. 물론 블랙코미디의 요소를 도입하여 아이러니를 보여주기는 한다. 「論馮小剛"賀歲片"的樣式特徵與敍述策略」, 326쪽과 「民間從想象到消費: 馮小剛電影研究綜述(2)」, 제2기는「馮氏電影文本與商業文化研究」와 吳滌非, 「世俗之夢: "反英雄", 中庸哲學與"平民風格"—關于馮小剛的電影創作」, 제2장 「幽默, 諷刺與中庸哲學」 참고.

칸드림을 안고 이주한 이들의 생활이 의식에 가져온 분열을 심층적으로 그려냈더라면 좋았겠지만 그러지 못했다. 또 한편 두 남녀의 비환이합(悲歡離合)이 비합리적으로 처리되는 부분은 중국 고전소설의 한계를 연상시킨다.

〈올 때까지 기다려 줘〉에는 막연한 노스탤지어가 끝없이 표출되지만 식민주의의 지배를 받고 있는 이민자들이 가진 왜곡된 서양관(오리엔탈리즘)이나 식민주의, 인종차별주의 등에 저항하는 탈오리엔탈리즘적 사유는 물론 서양 중심의 근대에 대한 비판을 찾아보기 힘들다. 펑샤오강의 영화는 표면적으로는 외국에서 이민자들의 부적응을 내세우지만 이면적으로는 이들에 대한 중국의 지배를 공고히 하는 점에서 주선율적[28]이라 할 만하다.

흥행의 귀재 펑샤오강은 해외 유수 영화제에 입상한 여러 감독들[29]과 달리 국외에서는 별다른 주목을 받지 못했다. 그의 흥행코드는 코스모폴리탄이 공감할 만한 문화적 혼종성을 갖지 못하기 때문이다. 〈올 때까지 기다려 줘〉의 등장인물들은 디아스포라 개인으로서 중국인일 뿐, 공적인 코스모폴리탄(세계시민)과는 거리가 멀다. 디아스포라 개인들의 노스탤지어는 이주국의 문화를 전유하는 혼종성을 구현하지 못하고 새로운 정체성도 구현하지 못하기 때문이다. 물론 〈올 때까지 기다려 줘〉는 '온전한' 중국인을 형상화하는 데는 성공했다. '온전한'이란 말은, 중국인들이 보기에 미국에 이민을 가서도 마오쩌둥이

28) 주선율 영화란 중국에서 국가의 이데올로기를 선양하면서 주류 문화를 알리기 위해 만들어진 관변적인 영화를 일컫는다. 우디페이가 펑샤오강 영화를 일컬어 주제와 사상의 내함에서 주류 이데올로기로 귀결된다고 하는 것도 같은 맥락이다. 吳滌非, 「世俗之夢. "反英雄", 中庸哲學與"平民風格"—關于馮小剛的電影創作」 제2장 「幽默, 諷刺與中庸哲學」 참고.

29) 제5세대 감독 장이머우와 배우 공리는 칸, 베를린 영화제에서 연속 수상했고 6세대 감독 쟈장커(賈樟柯)의 「스틸라이프」는 2006년 제63회 베니스 영화제에서 금사자상을 수상했다.

건설한 신중국을 그리워하다 끝내 귀국하고 마는 그런 중국인이다. 그런데 이런 시각으로는 이민국에 완전히 정착해 화인이 된 사람들은 불완전한 중국인으로 폄하되고 타자화될 것이다.

이 영화의 속편처럼 제작된 〈쉬즈더원〉(2008)의 뒤를 이어 〈쉬즈더원2〉가 흥행몰이를 했다. 과연 이들 영화에도 〈올 때까지 기다려 줘〉처럼 디아스포라 영화로서 새로운 대차대조표를 적용할 수 있을까? 〈쉬즈더원2〉가 기존 평샤오강 영화의 스테레오타입을 새롭게 구성하는 디아스포라인의 형상을 등장시키고 작가주의의 이름으로 미학적 성취를 이루어낸다면 중국영화의 코스모폴리탄적 확장이자 새로운 지평이 될 수 있을 터이다.

6장

출구 없는 도시의 범죄코미디

〈크레이지 스톤〉

1. 들어가며

〈크레이지 스톤〉과 닝하오 감독

〈크레이지 스톤〉은 중국대륙의 범죄코미디 영화다. 범죄를 소재로 한 내용을 코믹하게 그린 장르가 범죄코미디다. 이 장르에 약방의 감초처럼 곁들여지는 액션은 일상적 폭력처럼 가볍게 그려진다. 일상적 폭력의 원인을 알고 보면 정치권력으로 거슬러 올라간다. 정권에 의해 가해지는 일상적 폭력이 대중을 세뇌시킨 전체주의, 범죄코미디는 이런 전체주의가 낳은 사생아다. 왜 범죄라는 소재가 코믹한 영화로 그려질까? 범죄코미디에 파시즘이라는 은밀한 그림자가 드리워져 있지만 이에 대한 대중의 욕망이 코미디라는 대중영합적인 장치로 포장되기 때문이다. 마치 두 얼굴을 가진 야누스처럼 범죄는 코미디 속에 자신을 위장한 채 정체를 숨긴다. 이런 범죄코미디는 대중적 동일화를 강력히 유인해낼 수 있는 서사구조이다. 그래서 범죄코미디는 쉽게 흥행을 추동할 수 있는 장르가 되었다.

제6장에서는 스물아홉 살의 닝하오 감독이 300만 위안의 저예산으로 만들어 지금까지 중국에서 극장수입만 2000만 위안 이상을 벌어들인 화제작 〈크레이지 스톤〉을 분석대상으로 할 것이다. 닝하오는 이 영화에서 특유의 감각적 연출을 펼쳐 보이며 중국영화 안에 적절한 장르영화의 가능성을 열어놓았다. '중국식 블랙유머', '얼어붙은 중국 영화시장을 녹이는 저예산영화의 힘', '중국식 새 장르영화의 탄생', '중국산 웰메이드의 표본 등' 다양한 평가를 받으며 작품성과 흥행에서 동시에 성공을 거둔 〈크레이지 스톤〉은 2006년 부산국제영화제(BIFF)의 폐막작으로 상영되기도 했다.

영화는 중국의 도시 충칭(重慶)에 자리한 어느 수공예품 공장이 파산위기를 맞는데 때마침 수공예장에서 비취를 발견하면서 이야기가 시작된다. 수공예품 공장에서는 돈을 벌어보려고 전시회를 연다. 여기에 진열된 비취를 훔치기 위해 전문 보석털이범과 좀도둑들이 꼬이게 되고 보석을 지키려는 책임감으로 무장한 공장 관리인이 얽히면서 소동이 벌어진다. 외국 범죄코미디 영화의 흔적이 적잖이 느껴지는 이 영화는 현실감 넘치는 '중국식' 범죄코미디로 제작되었는데, 시종일관 꼬이고 꼬이는 우연과 실수 속에 중국사회의 여러 문제를 노출시킨다. 마치 서로가 서로를 잡아먹다가 자기 자신까지 잡아먹는 오늘날 중국사회의 자화상을 보는 듯하다.

최근 중국영화의 뚜렷한 경향 중의 하나는 홍콩과 중국의 연계와 협력이다. 이 영화에서도 홍콩의 배우 류더화(劉德華)가 제작비를 댔는데, 영화가 기대 이상으로 흥행몰이를 하면서 류더화는 안목 있는 제작자로 인정받기도 했다.[1] 이처럼 대륙의 풍부한 자원과 인적 인프라, 그리고 홍콩의 시스템과 축적된 기술력이 합쳐져 최근 중국에는 시너지 효과가 발휘되는 흥행작이 제작 상영되고 있다. 마치 대중화의 시절을 그리워하듯 〈영웅〉(2002), 〈야연〉(2006), 〈황후花〉(2006)처럼 고대 중국의 황실을 둘러싼 음모와 배신, 갈등을 소재로 하는 장중한 분위기의 블록버스터 영화가 중국과 홍콩 합작으로 연이어 제작되고 있

1) 영화의 원제는 〈瘋狂的石頭〉지만 BIFF 폐막식에서는 〈Crazy Stone〉이라는 제목으로 상영되었고, 한국의 매체에는 〈크레이지 스톤〉으로 소개된 바 있다. 본고에서 언급되는 영화의 제목은 한국에 소개, 상영된 제목을 그대로 사용하기로 한다. 기타 〈크레이지 스톤〉에 대한 정보는 http://movie.naver.com/movie/mzine/read.nhn?section=rev&office_id=140&article_id=0000004751&mb=c의 『씨네21』 기사를 주로 참고했음을 밝힌다.

다. 이것은 다민족국가인 중국에서 불가능해 보이는 민족주의(중화주의)를 애써 고양시키려는 최근의 분위기를 드러내는 것으로 보인다.[2] 이런 와중에 〈크레이지 스톤〉이라는 저예산의 범죄코미디 영화가 대륙에서 인기를 끈 것을 어떻게 보아야 할까? 그러나 극장에서든 아니면 해적판 DVD를 통해서든 자본주의 사회의 뒷골목 건달들의 우정과 사랑을 그린 홍콩누아르[3]에 익숙해 있던 중국관객들에게 역시 중국과 홍콩 합작으로 만들어진 중국형 범죄코미디가 평지돌출의 괴물로 보이지는 않을 것이다. 이 영화는 가이 리치의 〈록 스탁 앤 투 스모킹 배럴즈〉(1998)나 스티븐 소더버그의 〈오션스 일레븐〉(2001) 같은 할리우드 범죄코미디영화를 주로 표준으로 하여 만들어진 것으로 보인다.[4] 〈크레이지 스톤〉이라는 영화는 범죄의 기획과 실패라는 과정

2) 마오쩌둥, 덩샤오핑이 타계한 이후 체제유지 이데올로기가 사라지자 개혁개방 이후 고도성장의 시기에 중국은 사회불안을 원천봉쇄하고 체제를 유지할 수 있는 대안 이데올로기로서 중화 민족주의를 강하게 고취시키고 있다. 1997년 홍콩반환, 2003년 선저우(神舟) 5호 발사성공, 2008년 베이징올림픽 등 잇다른 국가적 쾌거에 중화 민족주의로 민중을 강하게 세뇌시키고 있는 것이다. 이양자, 『현대 중국의 탐색』(신지서원, 2004), 231~242쪽 참조.

3) '필름 누아르(film noir)'라 하면 범죄와 폭력의 세계를 다룬 영화를 말한다. 제2차 세계대전 당시에 사회의 불안과 암울한 미래 등의 시대적인 분위기로부터 출발한 필름 누아르는 제도화된 폭력성에 처한 인간의 강박관념, 도덕의 타락과 사회정의의 부재, 법질서의 유린, 현실에 대한 부정적인 이미지 등 표현상의 금기를 수용했다는 점에서 좌파적인 성격으로 규정되었다. 암흑가를 배경으로 한 프랑스식 누아르풍이 한때 국제 영화계를 휩쓸었고 1980년대 중반 이후에는 이른바 '홍콩누아르'가 동남아시아를 중심으로 위세를 떨친 바 있다. 1990년대 초 이후 쇠퇴했으나 2003년 제작된 〈무간도無間道〉(2003)는 홍콩누아르의 부활이라는 호평을 받았다.

4) 〈오션스 일레븐〉은 1960년에 제작되었다가 2001년 리메이크되었고 속편이 계속 나오면서 할리우드 범죄코미디의 고전이 되었다. BIFF 기자회견장에서 닝하오 감독은 〈오션스 일레븐〉과의 관련성을 강하게 부인한 바 있으나, 〈미션임파서블〉이 그렇듯이 비취를 훔치기 위해 첨단경비시스템을 뚫고 침투하는 장면은 그 영향을 부인할 수 없을 정도로 유사하다. 물론 내용에 있어서는 〈록 스탁 앤 투 스모킹 배럴즈〉가 더 유사하다고 할 수 있다.

을 통해 일견 사회 현실풍자에서 출발해 현실부정으로 이어지는 것처럼 보인다. 그러나 결론은 권선징악이다. 범죄는 실패하기 마련이라는 결론은 지배질서의 안정성 도식을 공고히 하게 된다. 이 영화를 통해 이 장에서는 영화의 배경이 되는 충칭(重慶)이라는 도시공간이 영화에서 어떻게 재현되는지, 쓰촨(四川) 사투리의 대사는 어떤 기능을 하는지 살펴본다. 그리고 갱스터로 등장하는 등장인물들이 어떻게 형상화되는지, 중국적 범죄코미디 장르가 현실을 어떻게 가리고 있는지 파헤쳐본다.

〈록 스탁 앤 투 스모킹 배럴즈〉(1998)과 〈오션스 일레븐〉(2001)

2. 반(反)영웅이 귀환한 도시

2.1 영화로 읽는 도시-충칭

도시가 영화의 배경일 경우 영화 읽기는 영화를 통한 도시 읽기와 다름없을 것이다. 현실의 공간과 영화적 공간 사이에는 일정한 간극이 존재한다. 따라서 영화는 현실 도시의 총체적 모습을 그대로 담고 있지는 않다. 영화 속의 도시를 보는 작업은 영화와 현실을 넘나드는 작업이다. 영화 속의 공간을 읽는 것은 영화 속의 도시와 현실의 도시 사이의 간극을 극복하는 작업이기도 하다. 이 때 우리는 영화 속에 비친 도시의 모습이 실재인가 아닌가보다 도시가 영화 속에서 어떻게 재현되고 있는가에 초점을 맞추어야 한다. 영화의 현실재현에서는 도시의 특징적인 모습이 드러나기도 하고 도시의 현실이 과장되거나 왜곡되기도 한다. 그것은 재현방식에 따른 것인데 현실의 일상공간이 영상이미지로 전환되는 과정에서 카메라의 눈에 의해 왜곡되고 영화를 만드는 사람에 의해 취사선택되며 편집되기 때문이다. 하지만 뜻밖에도 세트로 만든 도시가 실제 도시보다 더 실감나게 보일 수도 있다. 이것은 보드리야르의 시뮬라시옹 효과처럼 영화 속에 재현된 도시가 현실의 도시보다 더욱 실재적으로 느껴지는 착각을 일으키는 것이다.[5)]

〈크레이지 스톤〉에는 시작부터 바람둥이 셰샤오멍(谢小盟)에 의해 도시에 대한 이야기가 제시된다. 셰샤오멍은 충칭 시내풍경이 부감앵글로 잡히는 가운데 지나가는 케이블카 위에서 감언이설로 여자를 유혹한다.

---

5) 여기서 영화 속의 도시를 분석하는 방법은 구동회, 『영화 속의 도시』(한울, 2004), 「책을 펴내며」의 5~15쪽을 주로 참고했으며 이 책에 실린 여러 영화평에서 본고의 다른 부분도 힌트를 얻었음을 밝힌다.

도시는 엄마, 우리는 자궁 안에서 살고 있는 거지.

케이블카의 셰샤오멍

그러나 여자는 하이힐로 그의 발을 짓밟고 관객들은 웃음을 터뜨린다. 이렇게 〈크레이지 스톤〉은 시작부터 충칭이라는 대도시에 사는 이들의 처지를 희화화하고 있다. 〈크레이지 스톤〉은 전반적으로 위의 케이블카 장면처럼 조감쇼트를 빈번하게 사용한다. 또 맨홀 안, 건물천장 등 다오거(道哥)일당이 옮겨 다니는 도시 곳곳을 비추면서 색조를 어둡게 하여 코미디영화임에도 침중한 정조를 유발하고 현실과 유리시키는 것도 특징적이다. 영화의 구도는 대부분 불안정해 보인다. 이처럼 영화는 낯설고 거칠게 표현된 양식을 의도적으로 지향하고 있다. 도시개발의 차원에서 볼 때 이 영화는 부정적인 공간으로부터 시각적 미학을 발생시키는 듯하다. 관객은 도시가 극적으로 재현되는 공간을 통해 복잡다단한 경험의 공간을 더욱 잘 이해하게 되는 것이다. 이 영화가 관객에게 친근감을 주는 까닭은 비록 낯설고 거칠기는 하지만 자연스런 도시의 실재감, 이를 상쇄시키는 재기발랄한 유머감각에 있다. 이런 측면을 통해 영화는 도시의 면면을 관객이 자연스레 엿볼 수 있도록 해준다.

빽빽한 건물로 둘러싸여 빠져나갈 길 없는 충칭이라는 도시는 영화 속의 단순한 배경이 아니라 관객에게 디스토피아의 중압감을 주고 있다. 디스토피아는 유토피아와는 반대로, 가장 부정적인 암흑세계로 그려진 허구의 세상이다. 이 영화의 도시에 보이는 건물들은 대부분 높은 빌딩으로 묘사되어 있는데 이는 도시의 물리적인 경관을 수평적인 것이 아닌 수직적인 것으로 묘사한 것이다. 수직적인 도시의 경관은 사회의 계급적 구조를 암시하고 수직적 이해관계를 표현한다.

또한 앞서 언급한 대로 충칭이라는 도시의 경관 대부분은 침중한 색을 띠고 있다. 그것은 이 영화 속의 도시가 고도성장에서 대중의 있는 그대로의 모습보다는 도시의 그늘, 그곳에 거주하는 주체들의 정체성의 혼란을 담아내는 공간으로 그려지기 때문일 것이다. 이런 도시의 분위기는 어둡고 폐쇄적인 폭력집단을 등장시키기 위해 한 도시를 영화의 대안공간으로 설정하는 홍콩누아르와 맥락이 닿아 있다. 범죄코미디인 〈크레이지 스톤〉에도 중국사회의 뿌리 깊은 구조적 모순과 검은 욕망의 그림자가 짙게 깃들어 있는 것이다. 영화 속에서 홍콩은 충칭과 네트워크(교통수단)로 이어지지만 사람들 간의 네트워크는 단절되어 있다. 홍콩이라는 곳은 미지와 불안의 세계에서 탈주할 수 있는 꿈을 찾는 곳으로 묘사된다. 한편 영화의 주요 배경이 되는 충칭은 혼돈스러울 뿐 아니라 정체성이 취약한 도시로서 사람들은 도시의 과거(역사)나 미래(발전)에 대하여 관심을 기울이지 않는다. 영화 속 도시는 급속한 도시화의 와중에 이리저리 입은 상처로 깊은 흉터를 지니고 있으며, 코믹한 상황은 이어지지만 군상들의 욕망이 분출될 출구를 찾지 못하여 진정한 커뮤니케이션이 이루어지지 못하는 곳이다.

천장 환풍구 속의 마이크

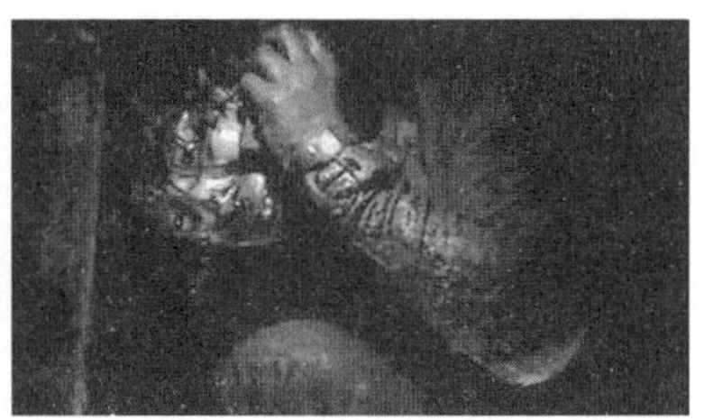

하수구를 기어가는 헤이피

충칭에서 비취를 훔친 마이크가 천장 환풍구를 통해 기어나가고, 헤이피(黑皮)는 하수구로 기어나가지만 맨홀 위에 BMW가 주차되어 있어 나오지 못한다. 이처럼 이 영화 속의 룸펜들은 탈주를 시도하지만 때로는 가방 속에, 쓰레기통에, 맨홀에 갇혀 출로를 찾지 못한다. 이와 같은 분위기에서 잉태되는 도시의 범죄는 당연히 실패로 이어질 수밖에 없다. 이렇게 〈크레이지 스톤〉에서는 충칭이라는 도시(중심)와 그곳에서 밀려난 자들의 분노가 표출되는 뒷골목(주변)을 대비시키면서 중국이 안고 있는 도시문제가 부각된다. 이와 더불어 출구가 막혀버린 젊은이들의 길찾기가 쉴 새 없이 전개된다. 이때 충칭은 꿈이 사라지고 네트워크는 있으나 진정한 커뮤니케이션은 없는 비인간적인 공간이고, 폭력과 빈부격차, 실업, 도시개발 문제로 고립되고 소외된 사람들의 적대감으로 가득 차 있는 공간이다.

영화는 도시의 전경을 가끔씩 비추며 특히 높은 곳에서 아래를 내려다 보는 부감앵글을 사용하며 급작스런 성장의 상징 뒤에 숨은 도시의 속내를 드러내 보여준다. 〈크레이지 스톤〉에 나타난 도시에는 주로 부정적이며 반도시적인 정서만 부각될 뿐이다. 이 영화가 어두운 도시의 속내를 비출 때 누아르의 비판적인 속성을 언뜻 내비치기도 한다. 개혁개방 이후 중국에서 지속되어온 고속성장의 부작용, 즉 지역유지와 기업인들의 결탁과 부패가 〈크레이지 스톤〉이라는 범죄코미디의 프리즘을 거쳐 스펙트럼으로 형상화된 것이다.

전통 양식의 호텔과 도시의 야경

주인공을 제외한 영화 속 주요인물들은 갱스터이다. 범죄영화의 갱스터, 이들은 영웅이 아니라 반(反)영웅이라 할 수 있다. 반영웅이 활개치는 영화의 도시공간 속에서 호텔방에 모여 금고털이를 모의하는 갱스터들. 영화에서 호텔방은 냉혹한 현실 속에서 대박의 꿈을 모의하는 공간이다. 그런 호텔방의 성격은 아이러니하고 모호할 수밖에 없다. 〈크레이지 스톤〉에서 일당이 거주하는 공간은 전통적 양식이 남아있는 호텔인데 공교롭게도 이들은 경비인 주인공[바오스홍(包世宏)]과 벽 하나를 사이에 둔 옆방에 거주하게 된다. 베란다 밖에 멀리 위치한 카메라와 이중삼중으로 세워진 창틀의 미장센은 그들을 차단하면서 거리감과 의사소통의 불가능성을 드러낸다. 이들의 영문을 모를 이웃살이는 자본주의적 거주공간의 일종인 호텔이라는 곳에서 어울리지 않는 이질감을 준다. 경비와 갱스터들이 생존을 위해 경쟁하는 상황 또한 너무나 어색하다. 그것은 타인에 대한 무관심과 현실과의 단절이 가져다주는 소외인 것이다.

부감앵글로 드러난 호텔 주위에 들어선 서구적인 건물들은 마치 충칭이라는 도시를 뒤덮은 것처럼 보인다. 영화에는 전통적인 공간과 서구적인 공간이 대비된다. 그러나 두 공간을 대비시키며 충칭이라는 도시공간의 미래를 제시하지는 못하고 있다. 단지 공간의 치우침과 파라독스를 통해 마치 콩크리트 정글 같은 충칭의 오늘을 이야기할 뿐이다. 그래서 영화 속 전통적 이미지와 서구화된 이미지가 불균형을 이룬 도시의 경관이 진짜 충칭의 얼굴로 보이지는 않는다. 이 영화가 충칭의 대표적 이미지일 수 없다면 전통이 배제된 채 이루어진 서구식 남개발이 중국인들에게 어떤 의식의 분열을 가져왔는지를 심층적으로 그려냈다면 좋았을 것이다.

2.2 사투리의 미장센

또 하나 관객을 향해 의도적으로 배치한 수용미학적 장치 가운데 하나는 사투리를 들 수 있다. 이 영화에서 우리는 등장인물들의 일그러진 캐릭터에 상응하는 일그러진 언어에 주목하게 된다. 등장인물들의 심한 사투리는 표준 중국어(普通話) 교육을 제대로 받은 중국인들을 경악시키고도 남을 만하다. 한국 조폭영화에 자주 등장하는 전라도 사투리가 어투만으로도 웃음을 유발하듯이, 이 영화의 쓰촨 사투리도 알아듣기는 힘들지만 코믹한 요소로서 의도된 장치임이 분명하다.[6] 영화의 서사적인 목적이 사투리를 통해 차별화된 이들의 목소리에 담겨 있던 것이다. 사투리는 그런 목적을 유지하는 핵심적인 담화 전략으로 기능한다. 사투리는 관습적인 기능을 수행함은 물론 감독의 서사적 목적을 관객이 수용하도록 요구한다. 범죄코미디 영화 〈크레이지 스톤〉은 1980~90년대를 휩쓸고 지나갔던 홍콩누아르와는 전혀

6) 〈크레이지 스톤〉에는 표준 중국어, 쓰촨방언, 광둥방언이 함께 등장하지만 쓰촨방언이 압도적이다. 필자 주위의 중국인들 중 자막 없이 이 영화를 이해할 수 있는 사람이 없을 정도이므로 구체적인 예는 생략하겠다. 기자회견장에서 닝하오 감독은 배우나 그 자신도 무슨 의미인지 모르고 촬영을 했고 그렇게 크게 주목을 끌리라고 생각하지 못했다고 했다. 그러나 이 말이 영화 속 방언이 의도되지 않은 장치라는 뜻은 아니다.

다른 가벼운 영화이다. 그러나 범죄라는 소재 외에 공통적인 것은 사투리에도 있다. 홍콩누아르는 물론 광둥어로 제작되었다. 바로 세련된 베이징어가 아니라 중국인도 알아듣지 못할 쓰촨방언은 관객의 뇌리에 광둥어로 제작되어 더빙이나 자막처리를 해서 보았던 이국적인 홍콩(누아르)영화와 겹쳐지는 것이다. 다만 이 영화에서는 다소 촌스럽긴 하지만 쓰촨방언으로 대체되어 중국형 범죄코미디라는 장르로 재탄생된 점이 다르다. 그렇게 베이징어와 쓰촨방언의 혼성을 중심과 주변의 혼성성으로 들려주고자 하는 감독의 의도가 전달된다. 그러나 〈크레이지 스톤〉의 쓰촨방언은 간혹 섞여 들리는 베이징어 대사를 에워싸고 물과 기름처럼 겉돌 뿐, 관객들로 하여금 중심과 주변을 생각하게 하는 것 같지는 않다. 의도적으로 삽입한 사투리 대사는 범죄코미디라는 장르영화에서 다성적 의미를 갖지 못하고 웃음소리와 함께 허공으로 흩어지기 때문이다.

3. 출구 없는 도시의 범죄코미디

3.1 갱스터의 질주와 회귀

영화의 결말이 다가오면서 두목은 오토바이를 타고 질주하다 다른 건달들이 탄 차에 부딪혀 허무한 죽음을 맞이한다. 마이크 또한 펑둥(馮董)의 석궁에 맞아 목숨을 잃는다. 이는 고전적 누아르영화에서 흔히 나타나는 죽음이라는 비극의 도식과 일치한다. 범죄가 '조직'이라는 울타리를 벗어나 제도권에 드러났을 경우 누군가 공식적인 책임을 져야 한다는 원칙이 인물의 죽음을 초래하는 것이다. 두목과 마이크의 죽음은 영화가 종말을 향해 치닫고 있음을 감지하게 한다. 죽음이라는 엔딩은 고전적 누아르영화로부터 1980~90년대 홍콩누아르를 거쳐 〈크레이지 스톤〉에까지 이어지고 있다. 갱스터가 등장하는 영화지만 사회질서를 파괴하는 것을 보여줌으로써 관객의 대리만족을 유발하는 것이 감독의 의도가 아니다. 갱스터의 정체성은 반사회적이지만 사회적 질서는 유지해야 한다는 것이 영화의 전제다. 그 틈 사이에 균형을 유지하려면 갱스터가 비장한 죽음을 맞는 수밖에 없다. 그것이 갱스터영화 내러티브의 욕망이다. 그러나 이들의 죽음이 관객에게 선사하는 감정은 숭고함에 의한 감동이 아니라 공허함일 뿐이다.

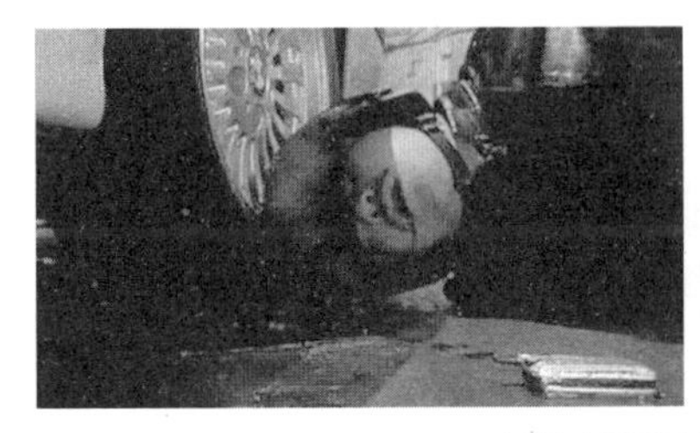
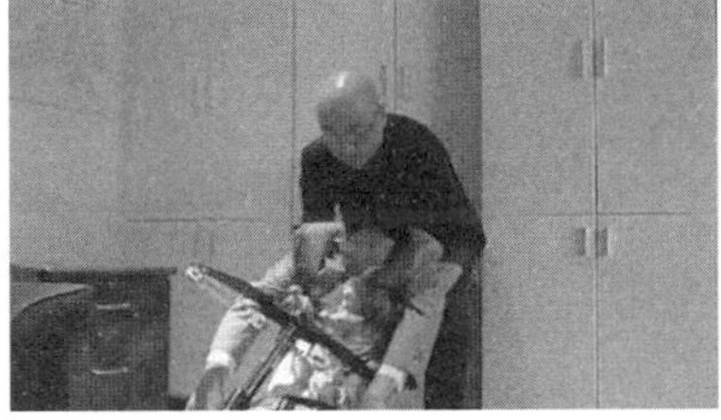

두목의 죽음과 마이크의 죽음

갱스터 장르 주인공의 특성에 관해 론 윌슨(Ron Wilson)은 갱스터 영웅은 종종 거의 셰익스피어적인 비극적 형상으로 그려졌으며, 그의 불가피한 몰락은 거의 아리스토텔레스적인 방식으로 기록되었다고 한 바 있다. 셰익스피어 비극의 특징은 비극의 원인이 인물 안에 있다. 따라서 비극요소는 인물의 행동과 업적에 의해 자발적으로 이루어지고 희곡 내에 가미되어 있다. 셰익스피어 비극의 주인공을 보는 관객은 그에 대해 강한 공감대를 얻게 된다. 그래서 인물과 어떤 특정한 동일감과 일체감을 형성하게 된다. 시대를 사는 관객들은 암울한 뒷골목에서 일어나는 갱스터 이야기도 있을 법하다고 여긴다. 영화가 허구인 줄 알지만 왠지 모를 일체감을 느끼는 것이다. 갱스터가 영화에 등장하고 반사회적이긴 하지만 관객의 공감을 얻는 것은 이런 유형이기 때문이다. 그런데 갱스터들은 대개 비장한 최후를 맞이한다. 그의 불가피한 몰락이 아리스토텔레스적이라고 한 것은 이 때문이다. 아리스토텔레스에 의하면 비극이란 비장미로부터 이끌어져 나온다. 갱스터 영화에서 반사회적 인물이 겪는 불가피한 몰락은 대개 숭고한 의지를 가진 인간의 위대성이 무너지는 상황에서 기인한다. 이런 고뇌로 그는 비장한 죽음을 맞이하고 관객은 갱스터의 갈등, 공포, 연민에 의해서 비극을 공유하고 생의 진정한 의미를 성찰하게 된다.[7]

그러나 이는 고전적 누아르영화에 해당될 법한 논리다. 누아르 영화에서 갱스터가 받는 징벌은 욕망의 성취 과정에서 저지르게 되는 자신의 행위에 따른 자업자득이라 할 만하다. 그러나 〈크레이지 스톤〉에 나오는 중국의 갱스터들이 맞는 비극은 그 원인이 모호하다. 이들이 불행과 파멸을 맞는 근본적 이유를 따지자면 한 마디로 반항적이기 때문이다. 이들은 세상을 향한 증오를 자의반 타의반 드러낸다. 그들은 사회의 공적 공간에 있는 장벽을 예사로 무시하고, 사적인 공간에 대해 끊임없이 침탈을 자행한다. 끊임없는 충동에 지배되는 그들은 스스로 운신의 폭을 좁혀 나가더니 부나비처럼 불을 향해 뛰어든다. 그들은 폭력과 소란함 속에서 사회에 노출되지만, 비좁고 어두운 공간에 있을 뿐 결코 밝은 공간으로 나오고자 하지 않는다.

이처럼 〈크레이지 스톤〉은 미래가 없는 '어둠의 자식들'을 부각시키고 있다. 우리가 이들의 자기 파괴적인 행위로부터 어떤 윤리적 결단을 감지할 수 있는 것은 아니다. 우리가 이들의 범죄행각에서 확인하는 것은 이들의 욕망이 단지 욕망의 수준에 머물렀을 뿐이라는 사실이다. 때문에 〈크레이지 스톤〉에서 갱스터가 맞는 죽음의 장면은 영화

7) 연세대 미디어아트연구소 엮음, 『친구』(삼인, 2003), 58쪽에서 재인용.

의 의도를 극명하게 드러내는 클라이맥스가 될 수 없다.

이어지는 장면에서는 주인공이 엘리베이터에서 소발에 쥐잡기로 다오거 일당을 일망타진하게 되면서 대단원의 서막이 펼쳐진다. 마이크가 칼을 휘두르다 쓰러지고, 엘리베이터 문이 열리면서 공교롭게 배낭 속 밀가루가 터진다. 두 사람은 밀가루를 뒤집어쓴 채 몸싸움을 하고 경찰이 이를 발견하면서 이 장면이 사진에 찍힌다. 이튿날 신문에는 이 사진과 함께 다음과 같은 기사가 대문짝만 하게 실린다.

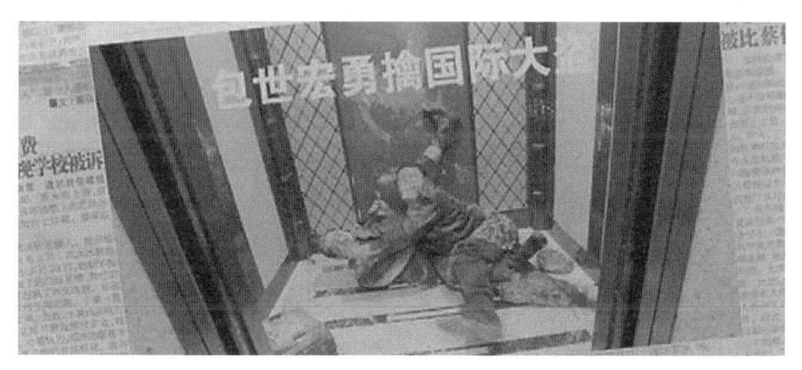

包世宏勇擒國際大盜(바오스훙, 국제 대도를 생포하다)

이렇게 깡패 일당이 일망타진되고 주인공이 표창을 받는 장면은 대단원의 피로연이라 할 만하다. 그것은 내러티브의 측면에서, 복잡다단한 과정을 완수해 사건을 해결하고 난 뒤 이어지는 해피엔딩이다. 〈크레이지 스톤〉에서 이런 대단원의 장면에 이어지는 것은 질주의 장면이다. 배고픔에 지친 헤이피는 케익을 훔쳐 먹다 빵집 주인에 쫓겨 도망간다. 빵집 주인은 오토바이를 타고 헤이피를 쫓는데 고가도로 위를 달리는 그에게 비취 따위는 안중에도 없다. 그를 질주로 이끈 동인은 바로 배고픔이라는 단순한 욕망이다. 어느 공간에서도 그가 주인이 될 수는 없지만 이 순간 그는 도시의 공간을 전유한다. 자동차가 달려야 할 고가도로를 사람이 점유해 달리는 것, 이것은 개혁개방의 고속성장 체제하에서 고가도로로 재현되는 현대의 속도에 대한 도전의 질주다. 자동차는 중국경제처럼 고속성장의 길을 내달렸다. 평행선을 달리는 듯한 그의 질주는 소통의 불가능을 의미한다. 자동차와 고가도로는 자본주의 문명의 이기라 할 수 있다. 이런 길을 달리는 것은 고속성장을 부정하는 역주행이다. 이 역주행은 끊임없는 욕망의 회귀노선으로 귀결된다.

헤이피의 질주

그런데 달리는 장면을 자세히 보면 그는 달리는 것 자체가 즐거운 '러닝하이'[8] 같은 경지에 이른 듯하다. 무작정 내달리는 그는 그저 달리기만 할 뿐, 얼굴에는 웃음마저 띠고 있다. 또 한편 도시적 삶의 속도감마저도 만족스럽지 않은지 뒤쫓는 빵집 주인의 눈치를 흘끔흘끔 보며 달린다. 그래서 그의 질주는 방향성 없는 욕망의 발산이

8) 달리기를 하다 보면 '러닝하이(Running High)'라는 상태에 이르게 된다. 이 용어는 달리기 애호가들이 맛보는 독특한 도취감을 말한다. 그 기분은 헤로인이나 모르핀을 투약했을 때 나타나는 의식상태나 행복감과 비슷하다고 한다.

라기보다는 최후까지 욕망을 채우고자 하는 경쟁의식의 발로로 보일 뿐이다.

영화에서 일당들은 승용차나 지하철, 오토바이로 이동한다. 여기서 교통수단은 단지 비취나 돈을 훔쳐가기 위한 운송수단이다. 이들은 차를 타고 무리지어 질주한다. 그것은 도시공간을 분할하는 것이며 기성의 질서와 합리성에 대한 반항의 의미이다. 그것이 중국의 여러 도시와 홍콩까지 오가면서 단순한 도구를 넘어서 교통을 통해 질서를 재구성하는 사회적 장치로도 해석된다.

이 영화에 나오는 인물들은 퇴색된 사회주의와 천민 자본주의 사이에서 사회에 뿌리를 내리지 못하고 방황하는 이방인이며 도시의 정체성을 잘 반영하는 주변인이다. 이들이 반사회적 성향의 갱스터가 된 데는 스스로에게 책임을 물을 수도 있겠지만 천박한 물질만능주의적 경쟁에 내몰린 체제의 희생물로 보아야 할 것이다. 결과적으로 이들은 자본주의적 생존경쟁에서 탈락한 패잔병들이다.

흔히 조폭들은 자신을 건달로 표현한다.[9] 우리가 '깡패'라고 하면 강자에 약하고 약자를 괴롭히는 인간쓰레기라는 어감이 있지만 '건달'이라면 근대화 과정에서 도회지적 새로운 삶 의식에 적응하지 못하고, 가족적, 향토적 공동체 삶의 터전에도 뿌리를 내리지 못해 반사회적 성향을 가진 사나이라는 인식이 있다. 물론 오늘날 조폭들처럼 〈크레이지 스톤〉의 일당들은 의리의 사나이라는 이런 낭만적 느낌으로부터 상당히 멀어져 있다. 그래서 고전적 갱스터나 홍콩누아르의 인물들이

---

9) 어원적으로 건달이란 '건달파'라는 인도어에서 나온 것인데 불교 용어로서 건달파란 수미산 남쪽의 금강굴에 살며 제석천의 음악을 맡아보는 신으로서 술과 고기를 먹지 않고 향만 먹고 허공을 날아다니는 존재라고 한다. 인도에서는 음악을 전문적으로 하는 악사나 배우를 가리키는 말로 쓰였지만, 우리나라에서는 광대를 천시하던 풍습 때문에 "돈은 없으면서 아무 일도 않고 빈둥빈둥 놀거나 게으름을 피우는 사람"의 의미로 바뀌어 통용되었다. http://orja.com.ne.kr/tiphtml/root.htm

현대의 건달파(乾達婆)이자 도시의 전사로서 제도 안에서의 연명을 과감히 포기하고 항상 죽음에 직면한 삶을 사는 것과도 사뭇 다르다. 그런 〈크레이지 스톤〉의 건달들은 '깡패'의 이미지에 가깝다. 그러나 근대화 과정 중에 이들은 제도권 안에 들어가 살고 싶어도 그럴 기회를 얻지 못해 깡패가 되는 비자발적 깡패이다. 이들은 비취를 위해 혹은 형님을 위해 임무를 수행함에 있어서는 믿기지 않을 만큼 맹목적이다. 그들의 계획이 예기치 못한 상황이 코믹하게 전개됨에 따라 자기 과신과 불안, 두려움과 분노가 표출되고 어딘지 모르게 종말로 치닫고 있다는 느낌을 준다. 이들의 모습에서 셰익스피어적인 비극의 형상을 느낄 관객은 아무도 없다. 그들의 불가피한 몰락에서 아리스토텔레스 비극과 같은 비장미가 느껴지지도 않는다. 바로 여기에 이들이 삼류깡패에 머무를 수밖에 없는 까닭이 있다. 그들의 충성은 전통적인 군신관계에서 '충(忠)'이 신하가 마땅히 행하여야 할 도리였던 것처럼 보스가 협의한 약속을 이행할 것으로 믿고 자신의 상품인 충성을 무작정 바치는 식이다. 하지만 보스는 이 모든 상황을 자신에게 유리하도록 십분 활용할 뿐, 그들이 마치 핏줄이나 의리로 굳게 결속된 관계인 양 인간적인 '애정'을 삼류 깡패에게 요구한다. 그것은 부하가 느낄 불안을 없애고, 마땅히 두려워해야 할 희생도 숭고한 행위라도 되는 양 믿도록 하기 위해서이다.

집단주의 문화로 표상되는 동양사회(중국)에서 개인은 결여, 결핍의 존재이다. 그 결핍은 친구의 형태든 방회(幇會)[10]든 어떤 형태로든 사적 네트워크로 벌충되어야 한다. 중국사람들이 일단 안면이 있는 사

---

10) 방회는 칭방(青幇), 홍방(洪幇), 거라오후이(哥老會) 등 중국 민간의 비밀결사의 총칭으로, 300여 년 전부터 결성되었는데 당시에는 반청복명(反淸復明)을 표방하여 청(淸)정부가 방회를 적으로 간주했다. 그런데 20세기로 들어와서 쑨중산(孫中山)이 국민혁명 진영을 이끄는 데 방회가 큰 역할을 하여 쑨중산의 지도하에 있기도 했다. 방회는 오늘날까지 유지되고 있는데 때로는 폭력 '조직'으로서 역할하기도 한다.

람들에게는 친근감을 보이고 관계 형성이 가능하지만 그렇지 않은 사람들에게는 무배려와 강한 배타성을 드러낸다는 이야기도 넓게 보면 같은 맥락이다. 〈크레이지 스톤〉의 일당이 우두머리에게 무조건 맹종하고 목숨 바쳐 충성하는 데는 이유가 없다. 그들의 터무니없는 명령과 복종체계는 우스꽝스러운 코미디로 그리기에 알맞을 뿐이다. 그러나 거기에는 무조건적인 복종을 강요할 수 있는 전근대적 권위주의에 대한 욕망, 수직적 상하관계가 대중을 세뇌시켰던 권력자에 대한 기억이 감추어져 있다. 마오쩌둥이 사망하고 개혁개방의 시대가 열렸지만 영화가 막을 내릴 때만 해도 중국에는 덩샤오핑이 주창한 '중국적 사회주의'[11]의 구호가 여전하지 않았던가? 그렇다면 이 영화에 등장하는 남성인물들은 범죄코미디 같은 중국의 현실에서 사회적 위기를 대변하고 있는 것 아닌가?

이 영화의 건달들에게는 안주할 공간이 없다는 점이 공통적이다. 누구에게도 가족은 없는 듯하며 그들은 자신의 생업을 팽개치고 일확천금을 좇아 나설 뿐이다. 가정이 사라진 이 영화에는 범행을 모의하는 공간으로 호텔(여관)이 등장한다. 대도시 충칭에서 거주할 수 있는 집, 즉 자신의 정체성을 항상 각인시켜주는 사적인 공간이 없다는 데서 사회적 존재로서 이들의 실존은 저절로 부정된다. 이들은 집과 함께 사회적 존재로서 자신을 버렸고, 대신 노동하지 않을 기회를 얻었다. 이들은 사회체제의 권력을 무시하지만 체제가 권력을 독점하기 위해 사용하는 권력을 자신의 권리로 전유한다. 즉 사회체제를 무시하고 자신의 욕망을 룸펜으로 살 수 있는 권리로 상치시킨다. 이때 룸펜으로서의 권리란 그 체제에 대한 조소와 질타를 담고 있는 무정부주의적인 가치의 표현이 아니라 단순히 반사회적 행위에 불과하다.

---

11) 이는 중국특색사회주의(中國特色社會主義)를 말한다.

이 때문에 이들은 영화가 진행되는 내내 사회의 사각지대에서 떠돌게 된다.

〈크레이지 스톤〉에서 주목할 만한 또 다른 룸펜의 유형으로 셰샤오멍이 있다. 깡패가 아닌 기업주의 아들인 그는 시쳇말로 애비 애미도 모르는, 개혁개방이 낳은 사생아다. 큰 사업을 일군 부모를 둔 새로운 세대인 그는 부나비처럼 여자를 쫓아다닌다. 새로운 부의 상징이자 신흥 부르조아인 그를 믿는 사람은 없다. 단 한 번도 자신의 행위 때문에 후회한 적이 없을 뿐 아니라 부모를 기만하고도 죄책감을 전혀 느끼지 않는다. 영화 속에서 셰샤오멍이 자신의 이익을 위해 도저히 이해가 가지 않는 행각을 저지르고도 도덕적인 가책을 전혀 느끼지 않는 것은 악인이라서가 아니라 애초에 그러한 판단을 가능하게 하는 사회적 규범 자체를 부정하기 때문이다. 말 그대로 그에게는 인간적인 고민이 없다. 그는 개혁개방 이후의 '돈을 지향하라(向钱看)'는 경제논리가 낳은 호모 이코노미쿠스(경제적 인간)인 것이다. 이런 셰샤오멍에게 우리가 주목하게 되는 것은 그가 실제 생활 속의 리얼리티를 갖고 있는 상징적인 페르소나로 만들어졌다는 사실이다. '드라마투르기'적인 사회 또는 연극 같은 인생이라는 은유는 하이퍼리얼리티가 리얼리티를 무력하게 만든다는 '시뮬라시옹'효과를 떠올리게 한다.[12] 드라마가 현실보다 더 현실적인 것이다. 그럼에도 불구하고 관객들은 깡패들의 범죄모의보다 셰샤오멍의 행각에는 개탄을 한다.

12) '드라마투르기(Dramaturgie)'는 극작법 또는 극본 작업을 일컫는다.

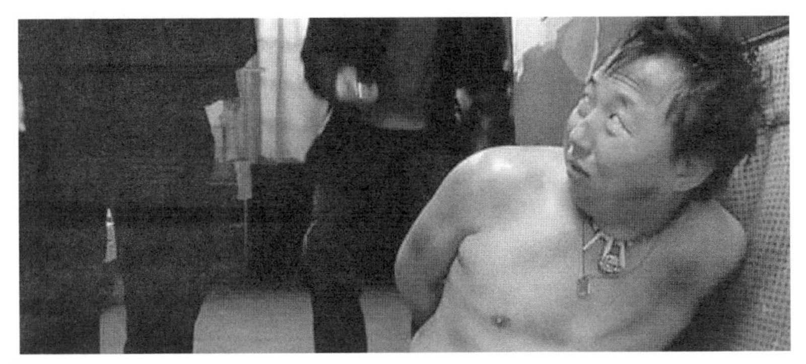

셰샤오멍

중국에서 권력층은 초법적인 존재여서 법을 지키는 서민들만 손해를 본다는 의식이 팽배해 있고, 그러다 보니 법을 무서워하지도 않고 잘 지키지도 않는 경향이 있다. '위에 정책이 있으면 아래에는 대책이 있다(上有政策, 下有对策)'고 했던가? 법집행 또한 엄정하게 이루어지지 않고 있어서 교통위반이나 쓰레기 투기, 침 뱉기나 노상방뇨처럼 경범죄에 해당되는 것들은 곧잘 무시되곤 한다. 게다가 법은 산업화과정에서 도시의 주변부로 밀려난 자들의 좌절과 분노를 전혀 해결해내지 못했다. 이들이 욕망의 성취를 위한 최후의 선택은 욕망을 통제하고 부정하는 사회체제와 그것이 확립한 질서를 무시하는 것이다. 결국 이들은 오직 욕구불만을 해소시키기 위해 도시를 종횡무진할 뿐이다. 이들은 자본주의 사회의 희생자가 아니며, 더욱이 가해자도 아니다. 그래서 그들은 룸펜이 된 것을 후회할 이유가 없다. 그들에게는 선과 악을 판가름하는 윤리적 기준이 부재하며 탈선이라는 유일한 방식으로 성공과 권리를 추구할 따름이다.

그런데 관객들은 갱스터들의 행각에 혀를 차면서도 한탕 해서 인생역전하자는 모의에는 누구나 공감을 느낀다. 여기에 관객이 룸펜에게 느끼는 양가적인 감정의 원인이 존재한다. 이들은 우리가 되고 싶어

하면서도 실제로 그렇게 되기는 두려워하는 그런 인물인 것이다. 그러므로 〈크레이지 스톤〉이라는 범죄코미디에 나오는 깡패들은 진정한 악당이라고 할 수 없다. 누아르영화에서 그렇듯이 이들은 사회 혹은 체제 자체의 부조리를 전제로 하지만 그 안에서 추구할 수밖에 없는 개인의 반제도적 행위를 은연중 정당화하게 된다. 이렇게 일확천금을 꿈꾸는 데는 중국의 어느 계층도 다를 바 없다는 식의 배금주의를 주제로 영화를 이끌어 간다. 이 영화가 인생역전이라는 꿈을 가진 대중의 암묵적 지지를 얻어낸 데는 이런 연유가 있었던 것이다. 일당 하나가 복권을 긁고서 던져버리는 장면은 소시민의 그러한 의지를 가장 명징하게 형상화하는 장면이다. 찢긴 복권의 모습처럼 인생역전을 꿈꾸기조차 힘든 수많은 중국대중의 꿈은 산산이 흩어진다.

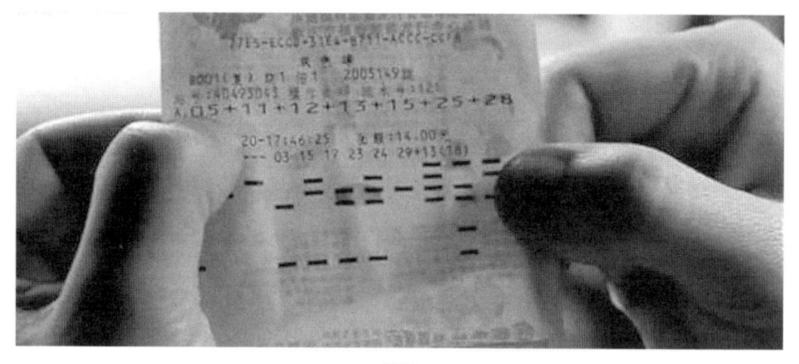

복권

그래서 금고(비취)를 둘러싼 철통보안을 비웃듯이 범죄를 성공시키고나서 거칠 것 없이 질주하는 이들의 모습은 보는 이로 하여금 짜릿한 쾌감을 느끼게 한다. 〈크레이지 스톤〉은 일견 현실 세계에서 누구나 꿈꾸어 보는 일확천금을 노린 범죄의 행각을 재구성한 것처럼 보인다. 그러나 우리는 결말에서 이것이 실현 불가능한 설정으로 드러난다는 점에 주목해야 한다. 〈크레이지 스톤〉은 현실세계로부터 멀어진 반영웅적 인물들의 사회적 이탈과 파멸을 다루는 서사구조인데 중국 사회의 자기 반영적 속성이 강하게 드러난 것도 주목할 필요가 있다. 범죄코미디 영화가 사회 반영적인 영화로 인식되는 것은 도시문명과 자본주의에 대한 기존의 인식에서도 확인할 수 있다. 이처럼 범죄코미디 장르는 범죄와 당대 사회의 함수 관계를 고찰하는 데 유효한 지침을 제시한다. 범죄코미디로 포장된 이 영화가 선보이는 '호모이코노미쿠스'라는 인물유형은 컨텍스트 깊이 그 의미를 해독할 때 비로소 그 의미가 드러나게 될 것이다.

무정부주의가 '정부' 없는 사회가 아니라 '정치' 없는 이상을 그린다고 하지만 영화 속 갱스터들의 세계는 질서와 무질서, 도덕과 부도덕의 가치관이 무차별적으로 전도된 카오스일 따름이다. 관객이 웃고 즐기도록 한다는 철칙만이 있을 뿐, 어떤 원칙도 입장도 없는 영화에서는 반성의 순간을 만들어내지 못한다. 이 영화에서도 등장인물이 자신들의 악행을 반성하는 모습은 찾아볼 수 없다. 저예산으로 만들어진 이러한 분위기의 〈크레이지 스톤〉이 극장의 스크린을 장악하고 대중의 인기를 누린 연유는 간단하다. 그것은 현실 속 대중의 좌절감의 반증인 동시에 현실 중국을 성공적으로 반영하고 있기 때문이다. 중국형 범죄코미디 장르로 탄생한 〈크레이지 스톤〉에서 비취를 탐내던 깡패들이 우여곡절 끝에 일망타진되고 경비 과장인 주인공이 표창을 받는 결말에서 우리는 중국대중의 상상력이 결국에는 사회의 상식을 크게 벗어나지 않는 타협 지점에 머물고 싶어 한다는 것을 알 수 있다. 이 영화는 대중의 무의식적 욕망을 선도적으로 보여주었지만 반제도에의 유혹에도 불구하고 그 욕망의 종착 지점이 결국은 제도 속으로 회귀하도록 하고 있다. 그러한 맥락에서 볼 때 이 영화는 중국영화의 표현영역이 제도에서 반제도 또는 탈제도로 옮겨가는 이동 경로의 경계에 서 있다.

이 영화처럼 주류적인 삶, 정상적인 삶에서 철저하게 이탈된 반제도권 사람들을 영화적 소재로 끌어내는 것은 중국영화의 전통에서 그다지 흔하지 않다. 관객들은 기껏해야 홍콩 무협영화의 협객이나 홍콩누아르의 갱스터에 익숙할 뿐이다. 〈크레이지 스톤〉에서는 주먹세계(黑社會)의 깡패들이 사회의 비주류이기는 하나 자본주의 대도시의 먹이사슬 내에 완전히 포섭되어 있다는 점이 다르다. 중국의 관객들에게 영화 〈크레이지 스톤〉은 홍콩누아르 영화의 갱스터 이미지와 중국의 깡패 이미지를 합친 낯설고도 익숙한 사회의 자화상이었던 셈이다.

3.2 화장실의 미장센

이 영화에서 화장실은 등장인물들의 불안감이 배설되는 장소이다. 범죄가 필연적으로 실패할 거라는 예감이 든 걸까? 이들은 범죄행각 내내 불길함을 떨치지 못하는 듯하다. 화장실과 관련한 에피소드는 심심찮게 등장한다. 일당이 여관에 묵기로 하고 체크인할 때 여관 경리는 'No toilet'이라고 한다. 방마다 개별 화장실이 있는 것이 아니라 공동화장실을 쓴다는 뜻이다. 이들이 아주 저렴한 방에 묵음을 알 수 있다. 화장실과 관련해서 주목되는 것은 이들의 배설행위이다. 영화에서 제도와 반제도, 준법과 탈법 사이를 오가는 등장인물들은 유달리 배설행위를 자주 선보인다. 특권층부터 서민층, 깡패들까지, 배뇨든 배변이든 배설하는 시도에는 거리낌이 없다.[13] 배설행위는 문명사회와 원시사회를 갈라놓는 척도이기도 하다. 문명사회 내에서도 배설물과 악취는 생활수준에 따라 반비례하고 다른 특권층으로부터 서민을 갈라놓게 된다. 그래서 배설의 장벽은 계급 간의 장벽이기도 하다.

---

13) 이 영화에도 나오는 장면이지만 최근까지도 중국인들은 큰 공간 안에 도랑이 여러 개 파인 공중화장실에 앉아 용변을 보며 심지어 대화를 나누기까지 했다.

그런데 영화 속 등장인물들이 배설행위에 거리낌이 없는 것은 이들이 반사회적인 주변인이어서 만은 아니다. 이들은 관객들 앞에 배설행위를 자랑스럽게 선보인다. 〈크레이지 스톤〉이 깡패라는 인물형상을 제도권 영화에 진입시킨 의미를 곱씹어 본다면 이들의 배설행위는 배설의 장벽, 즉 계층 간의 장벽을 넘어서려는 시도로 볼 수 있다.

배설행위의 저항성과 관련하여 문화인류학적인 의미를 살펴볼 필요가 있다. 배설물과 관련된 말은 미풍양속과 예의범절, 질서 속의 청결이라는 규율 및 그와 연관된 도덕적 의도에 저항하는 언어가 되었다. 그것은 '자아의 상징'이었으며 화장실 장면, 배설의 시도는 자신의 추잡한 행위를 위장된 건전함으로 은폐시키고 싶어 하는 사람들에게 의도적인 화근과 자극이 되었다. 이 영화에서 문제 삼는 것은 그런 문명의 더러움이 아니라 문명의 청결 강박관념이다. 〈크레이지 스톤〉의 등장인물들은 의도적으로 당혹스런 언행을 일삼음으로써 기존의 사회질서를 조롱한다. 공공연한 배설행위는 우리는 아무것도 숨길 것이 없다는 자세로 사회에 솔직하고 직선적인 행동을 과시하는 셈이다.[14)]

한편 비취를 지키려는 경비 과장으로 나오는 주인공 바오스홍에게서 정의의 획득 형질은 '사내다움(마초 이데올로기)'의 형질과 한 가지다. 말 그대로 그는 정의의 사나이다. 그러나 그는 영화가 끝날 때까지 계속 전립선염으로 인한 오줌소태에 시달린다. 말 그대로 서서 시원스럽게 소변을 보지 못하는 것이다. 오줌소태는 배설행위가 원만치 못함을 보여준다. 동시에 특정한 욕망이 호출되면서 동시에 제한될 수밖에 없는 현대 자본주의 사회의 고질적인 제도적 모순을 드러내는 징후이

---

14) 똥은 이데올로기나 문학논쟁에서 자주 사용된 투쟁수단이기도 했다. "똥을 소리쳐 말하는 사람은 항문에 집착하는 사회에서 일어나는 일을 솔직하게 표현하는 것이다."라고 프랑크푸르트의 사회학자 헬무트 틸라크는 평한 바 있다. 화장실의 문화적 의미에 관해서는 야콥 블루메, 박정미 역, 『화장실의 역사』(이룸, 2005), 218~221쪽을 참고했음.

다. 하지만 이 영화가 제시하는 모순의 해결이라는 것은 갱스터들에 분노하는 것뿐이다. 비취 전시장이 침탈 당했음을 확인하자 그는 쉰 소리로 말한다.

> 여기가 공중변소인 줄 아느냐? 오고 싶으면 오고 가고 싶으면 가고.

> 화장실에서 오줌소태로 인해 땀을 뻘뻘 흘리다 화가 난 그는 변기를 발로 차고 혼자 난동을 부린다.

> 소변도 못 보냐?

이때 변기가 부서져 물이 쏟아져 나오고 그는 주먹으로 거울을 깨버린다. 이 장면은 감정표출(카타르시스)[15]의 자유가 억압된 당대 중국인들의 표현욕구를 은유하는 듯하다. 주인공이 남성성을 발휘하는 듯한 이 장면의 본질이 거세와 심약함으로 설명될 수밖에 없는 것도 이 때

---

15) 서서 소변 보는 데 대한 중국인의 인식에 관한『화장실의 역사』, 239쪽의 설명을 요약하자면 다음과 같다: "전통적으로 중국인들에게는 서서 소변을 보는 것이 관행처럼 되어 있었다. 남자라면 서서 소변을 본다는 것이 당연해 보이지만 타 문화권의 경우 꼭 그런 것은 아니다. 중국에서는 신분이 높은 사람이나 태수 또는 고위 관리들은 길이가 1척 정도 되고 속이 뚫려 있으며 도금을 한 대나무관을 가지고 있다가 소변을 볼 때마다 항상 그것을 사용하곤 했다. 그런 식으로 서서 소변을 보면 소변이 대나무관을 통해 그들로부터 좀 떨어진 곳으로 옮겨진다. 중국인들은 배뇨욕을 비롯하여 담석에 이르기까지 콩팥에 생기는 모든 질환이 앉은 자세에서 소변을 보는 것에서 기인하며, 서서 소변을 보아야만 콩팥을 완전하게 비울 수 있다고 생각한데 주목할 필요가 있다. 그처럼 서서 소변을 보는 자세는 건강유지에 대단한 도움이 된다." 한편 '카타르시스'는 고대 그리스어로 아리스토텔레스의『시학(詩學)』에서 유래되었다. '정화', 또는 '마음의 배설'이라는 의미로 쓰였는데, 의학적으로는 체내에 남은 불순물을 배설시키는 방법을 말한다. 눈물과 웃음 또는 울음에 관한 이 말 역시 배설행위와 관련이 있는 것이다.

문이다. 그것은 중국사회의 문제 상황에 대한 무반성적, 무자각적 인증에 다름 아니다.

화장실을 부수는 바오스홍

이는 석궁 역시 마찬가지다. 평둥은 석궁으로 흰 닭을 겨누며 다음과 같이 말한다.

> 늙은 닭아, 날게 해주마.

엉뚱한 데를 맞히고 닭이 훌쩍 날자 쓰옌(四眼)은 완벽한 사수라며 평둥을 칭찬한다. 명중해서 하는 칭찬이 아니라 닭을 사냥하려고 석궁을 쏜 데 대한 카타르시스가 느껴지는 대목이다. 석궁 한 발을 쏘고 빗나간 것은 할리우드영화나 홍콩누아르에서 권총이 쉴 새 없이 불을 뿜어내는 것과 대조되는 장면이다. 왜 이들은 마음껏 배뇨를 못하고 석궁을 쏴도 제대로 맞추지 못하는 것일까? 이것은 표출할 길 없이 찔끔찔끔 발산되는 대중의 카타르시스를 상징하는 것이다.

흥미로운 것은 영화의 마지막 장면이다. 영화 내내 전립선염으로 인한 배뇨장애에 시달리던 주인공은 비취 도난사건을 해결하고 나서야 시원하게 배뇨를 한다. 그리고 변기의 물을 내리는데 이 물은 폭력과 광기 등 세상의 모든 오물을 정화하는 생명수로서 영화의 대단원을 상징하고 있다. 이처럼 〈크레이지 스톤〉에서 화장실, 전립선비대증 등 배설과 관련된 장치들은 중층적 의미를 갖고 있음을 알 수 있다.

4. 범죄코미디로 '현실' 괄호 치기

〈크레이지 스톤〉은 엎치락뒤치락 바뀌는 비취의 행방을 쫓는 과정에서 웃음을 만들어내는 데 집중한다. 하지만 그들이 벌이는 범죄코미디의 상황이 현실 속에서 일어났을 때 웃고 있을 사람은 없다. 영화 내내 사회의 구조적 모순은 끝내 드러나지 않고, 영화는 범죄의 위험과 현실의 잔혹함을 감추기 위해 코믹한 상황을 연출함으로써 면죄부를 받는다. 영화 속 인물들은 대개 30~40대로 보인다. 기이하게도 영화 속 인물들이 성장한 1970~80년대 중국사회는 문혁은 끝났지만 개혁개방이 시작되면서 자본의 억압과 인성의 말살이 가져온 폭력으로 얼룩진 시대였다. 영화는 할리우드 범죄코미디의 흥행요소를 변형, 재생산하여 개혁개방 세대가 성장해 맞은 억압과 폭력의 시대를 건달들의 범죄와 죽음으로 재현해낸다. 어쩌면 이 영화의 비극은 진정한 코미디가 될 만한 개혁개방 세대의 현실을 제대로 재현해내지 못한다는 데 있는지도 모른다. 즉 이 영화에서는 인물들이 저지르는 범죄의 원인이 단지 개인에게로 귀속되며, 사회적인 원인은 부차적인 요인으로 치부된다. 그것은 한 인물의 운명을 전적으로 개인의 문제로 환원시키는 해결방식이다. 이것은 마치 반성 없는 피카레스크 소설[16]을 보는 느낌과 같다.

할리우드에서 제작된 갱스터영화가 흥행에 성공하면 새로운 스타도 함께 탄생하기 마련이다. 그렇게 〈대부〉의 말론 브란도, 알 파치노, 로버트 드니로, 앤디 가르시아가 스타덤에 올랐다. 그것은 자기 영화문화의 전통 안에서 이어지는 장르적 전통이며, 영화사 이어가기가 되는 셈이다. 그러나 중국영화계에 가장 커다란 차이는 지금까지 전형화된 갱스터영화의 전통이 없다는 사실이다. 일본이 사무라이영화를, 홍콩이 무협영화와 홍콩누아르를 만들어낸 것과 비교하면 명확해진다. 범죄코미디라는 장르전략은 받아들였으나 그것을 담아낼 갱스터영화라는 내러티브의 장르전통은 갖고 있지 않은 것이다. 그래서 이 영화는 홍콩누아르의 도시 변두리 분위기를 흥행전략으로 삼고 여기에 블랙코미디적 요소를 가미했다. 어쩌면 〈크레이지 스톤〉이 범죄코미디로서는 처음일지 모른다. 중국에서 돌연 범죄코미디 장르를 시도하면서 중국적인 장르에 대한 괄호 치기가 일단 이루어진 셈이다.

홍콩누아르와 사뭇 다른 분위기의 〈크레이지 스톤〉은 권선징악이라는 명암을 뚜렷이 대비시키고 있다. 도시의 변두리를 배경으로 하고 있는 이 영화는 권선징악이라는 측면에 있어서 홍콩누아르의 전통보다는 청룽(成龍), 리롄제(李連杰)로 이어지는 홍콩 무술영화와 더 가까운 듯하다. 그러나 무술영화에서 선악의 비현실적인 대결을 무마하는 장치로 흔히 사용되던 의리라는 것이 이 영화에서는 사라지고 없다. 홍콩누아르의 주인공들이 그토록 중시하던 의리, 즉 강호의 '의'는 이미 바닥에 떨어진지 오래다. 홍콩누아르 마지막 작품이라는 〈무간도〉(2002)를 끝으로 협객들이 강호를 떠나자 중원에는 세태에 발 빠르

16) 16세기 중반 에스파냐에서 나타나 17세기까지 크게 유행하였던 문학 양식으로 악한소설 또는 건달소설이라고 한다.

게 자신의 이익을 챙기거나, 돈에 눈먼 깡패들만 남았다. 영화에서 다오거일당이 나누는 대화에서도 이런 사실이 드러난다.

> 다오거: 도덕이 변했어. 일하는 사람 중 좋은 사람이 몇이나 있나. 헤이피, 네 말이 맞다. 도덕이라니….
>
> 헤이피: 보세요, 무슨 가짜가 이렇게 진짜처럼 빛나나…. 진짜 같아도 진짜에 비할 바는 못 되긴 한데. …바꾸면 안 되나요?

등장인물들은 모두 비취를 훔치거나 빼앗으려 혈안이 되어 있고 이 과정에서 웃으려야 웃을 수 없는 현실은 괄호가 쳐져 가려지게 되었다. 두목은 죽고 일당은 일망타진됨으로써 범죄행각은 막을 내리지만 닝하오 감독은 잔당들을 도로 위로 질주시킨다. 닝하오는 충칭에 새로 건설된 고가도로 위를 무한궤도처럼 달리게 함으로써 엔딩장면을 처리한다. 이로써 영화 속의 반사회적 행각은 현실을 벗어난 탈주로 이어짐을 암시하는 것이다.

〈크레이지 스톤〉에서 만들어낸 인물들이 탈주를 꿈꾸다 체포될 수밖에 없는 운명은 자아의 자리에 있다. 사회적 요인이 타자로 제시되면서 반사회적 인물들은 주체로 홀로 서지 못했다. 등장인물들은 권선징악이라는 역사의 예정 인과율을 벗어나지 못하고 현실의 모순으로 인해 스스로 붕괴되고 만 것이다. 〈크레이지 스톤〉은 의욕적으로 사회적 요인들을 끌어들였지만 그것은 중국 현대사회를 구성하고 지배하는 타자일 뿐 영화 속에서 부각되지 않는다. 사회적 요인이라는 타자에 대한 완전한 부정이 이루어지지 못할 때, 결국 부정되지 않은 타자는 돌아오기 마련이다. 범죄코미디로 포장된 이 영화가 마지막 순간 범죄집단 일망타진이라는 예정된 결론이 돌출되는 것도 마찬가지다. 이처럼 이 영화는 현실을 다루고 있지만 정작 현실의 실체는 회피하고 있다. 영화 속 인물들이 범죄행각으로 내몰린 데는 사회적 여건이 작용했겠지만 이들 중 현실을 바꾸어 보려는 이는 없다. 하다못해 현실을 원망하는 이도 없다. 이들은 사회에 대한 알 수 없는 적대감이 자신의 비정상적 성향에 의한 것뿐만이 아니라 자본주의적 경쟁에서 내몰린 사회문제였음을 인식했어야 한다. 결국 자신들이 휘둘렀던 욕망이 무조건적으로 발산시킬 것이 아닌 극복의 대상이라는 사실을 깨달았어야 한다는 것이다.

이처럼 〈크레이지 스톤〉에는 다양한 군상의 인물들이 등장하지만 일상에서 변혁의 주체나 변혁의 대상이 되지는 못하고 있다. 이것은 급속한 경제성장에 수반되는 도시의 제반문제에서 이들이 주변인으로 밀려나 있기 때문이다. 도시재개발과 공장철거에 맞서는 듯했던 셰샤오멍의 아버지도 결국 돈벌이에만 집착하는 인물로 드러난다. 쓰옌과 펑둥도 반사회적 인물이다. 앞서 펑둥이 완벽한 사수라며 칭찬했던 쓰옌은 펑둥에게 폭행을 당한다. 분을 못참은 쓰옌은 펑둥에게 콩밥을 먹이겠다고 위협한다. 쓰옌은 끝내 펑둥의 석궁을 맞고 쓰러진다. 마치 비장미가 빠진 홍콩누아르의 한 장면을 보는 것 같다. 반사회적 인물들끼리의 아귀다툼….

석궁을 든 쓰옌

사실 이 장면은 현대 중국사회에서 약육강식의 현실에 다름아니다. 이런 시퀀스는 남을 누르지 않고서는 내가 올라설 수 없다는 세간의 적자생존이라는 존명책과 일치한다. 관객들이 이 영화에서 반복되는 일상적 폭력이나 살인 같은 가학적인 장면을 재미있어 하는 것은 자본의 억압과 인성의 말살이 가져온 폭력에 너무도 오랫동안 익숙해졌기 때문일 것이다. 폭력에 대한 이런 둔감성은 루쉰의 소설 「아큐정전阿Q正傳」에서부터 '정신승리법(精神勝利法)'으로 제시된 바 있다. 〈크레이지 스톤〉에 등장하는 반사회적 인물들은 사실 주체로 홀로 서지 못한 아큐와 다름없다. 이들이 서로 치고받는 슬랩스틱도 사실 일상적인 폭력의 경험이 무의식까지 지배하고 있다는 반증일 것이다. 이런 점에서 〈크레이지 스톤〉이 저예산영화임에도 흥행에 성공했다는 데서 우리는 그것이 시대의 징후라는 사실을 확인하게 된다. 그러나 이 영화는 시대의 징후가 되기만 할 뿐, 시대를 향한 목소리를 들어보기 힘들다. 등장인물들에게서 자기 목소리로, 자기 몸짓으로 시대를 거부해보려는 시도도 찾아보기가 힘들다. 그것은 일종의 사회적 책임회피라 할 수 있다. 그런 점에서 성장과정이나 가족의 역할이 지워진 영화의 인물들은 다만 깡패 그 이상이 아니다.

할리우드 범죄코미디나 홍콩누아르의 흥행요인을 따라가는 식으로 만들어진 〈크레이지 스톤〉은 '인생대박'을 꿈꾸는 대중의 욕망을 굴절시키면서 본의 아니게 중국사회의 집단적 무의식의 세계를 위악적으로 비추어내는 거울이 되었다. 중국적 범죄코미디를 표방한 이 영화는 홍콩누아르의 액션장면이 아니라, 비틀어진 폭력으로 관객의 웃음을 자아냈다. 이 웃음의 코드가 예상치 못한 성공을 이루어낸 것은 결코 우연이 아니다. 〈크레이지 스톤〉은 압축성장이 빚어낸 중국사회의 여러 모순, 그 원인으로 공산 개발독재가 강요하는 착취의 논리를 제시하는 게 아니라 대중들끼리의 이전투구를 제시했다. 비취를 훔치고자 또 지키고자 엎치락뒤치락하는 싸움은 살아남은 자만이 승자가 되는 자본주의의 무한경쟁 논리와 너무나 닮아 있다. 〈크레이지 스톤〉이 깡패 일당의 몰락으로 사건을 마무리 지은 것은 어떻게든 새로운 '경제적 인간'의 탄생을 인증해야만 하는 중국사회의 무의식적인 강박관념에 기인할 것이다. 말하자면 〈크레이지 스톤〉의 깡패들이 맞는 몰락은 곧 중국의 개혁개방이 낳은 비극에 다름 아닌 것이다.

이와 같이 중국형 범죄코미디에는 불균등적이고 복합된 사회문제가 굴절된 채 투영되어 나타난다. 그러나 범죄코미디라 할지언정 현실을 사는 관객들의 삶에 바탕을 둔 이야기, 그들이 참여하는 생산과 소비의 과정에서 다시 생산되고 소비되는 이야기만이 생명력을 얻게 되는 것은 아닐까? 스스로 생산하지 않은 이야기는 소비되는 순간 생명력을 잃는다. 따라서 이 영화에서 지울 수 없는 아쉬움은 관객들이 영화를 통해 왜곡된 현실의 실상을 돌아보게 될 계기를 가질 수 없다는 데 있다. 중국의 범죄코미디에서도 현실의 역동성을 발견해내야 하는 고민은 이 영화가 남겨놓은 과제이기도 하다.

5. 맺으며

〈크레이지 스톤〉은 우연에 휘둘리는 비취의 향방을 쫓는 인간의 욕망, 희화화된 폭력장면과 여기서 드러나는 선악 구분의 무의미함을 통해 중국형 범죄코미디 장르가 어떤 것인지 보여준다. 1990년대 이후 서구의 여러 사조[17]가 중국에 도입되었지만 필연적으로 변형되어 수

17) 포스트모더니즘, 탈식민주의, 신좌파(新左派) 등을 말한다.

용되는 것처럼, 이 영화는 중국에서 범죄코미디 장르가 어떻게 변신할 수 있는지를 보여주는 영화이다. 바꾸어 말하면 법과 제도와 규범과 윤리를 부인하는 사실상의 초법적, 위법적 존재들인 깡패들마저 급기야는 제도에 연루되어 친화 관계를 맺고 있다는 것을 영화가 인정한다는 의미다.

홍콩누아르에서는 건달의, 건달에 의한, 건달을 위한 세계가 제도권의 축도처럼 펼쳐졌기 때문에 제도와 반제도와의 접점을 문제삼을 필요가 없었다. 홍콩누아르의 건달들이 동경의 대상이든, 두려움의 대상이든 관객의 눈요기로서 영화의 소재가 될 수 있었던 것은 '조직'이라는 제도에 순응하며 살아가는 이들이 애초 반제도적 세계[18]에 연루될 일이 없었기 때문이었다. 그러나 〈크레이지 스톤〉이라는 영화는 홍콩무협이나 누아르에서처럼 깡패를 영웅대협의 존재로 올려세우기보다 반제도의 표상인 그들을 제도와의 접점 쪽으로 끌어내리려고 했다. 인생역전을 꿈꾸는 것은 깡패나 누구나 마찬가지라는 식의 재현을 통해 모든 반사회계층을 두루 제도화시키고 있는 것이다. 이것은 사실상 건달 이미지를 벗기고 깡패를 반영웅으로 만드는 작업이었다.

마치 제5세대 영화와 제6세대 영화, 주선율 영화와 지하 독립영화의 경계처럼 중국에서는 제도 안과 제도 밖을 경계로 한 배타적인 분리의 벽이 있었다. 중국형 범죄코미디로 불리는 이 영화는 그 분리의 틈 사이에 소통과 협력을 가능하게 했다. 이것은 굳이 중화주의라는 거창한 민족주의 이데올로기가 아니더라도 1997년 홍콩반환을 거치면서 중국과 홍콩사회 전체를 바꾸어 놓았던 거대한 인식론적, 미학적 패러다임의 전환이 계기가 되었을 것이다. 1990년대 초반까지 홍콩누아르가 전성기를 한참 지난 잊혀진 장르가 되었을 때 중국에서 갑자기 모습

---

18) 여기서 제도란 '조직'이며 반제도란 다른 폭력조직 또는 경찰이 될 수도 있으므로 반(反)사회적이라는 의미는 아니다.

을 드러낸 이 영화가 갖는 의미 또한 여기서 찾을 수 있다.

이 영화가 저예산에도 불구하고 흥행에 크게 성공한 것은 불법, 탈법을 저지를지라도 인생역전을 꿈꾸는 사람이 많고 중국에서 일벌백계 차원의 단속에도 불구하고 사회비리가 청산되지 못한다는 현실인식 때문일 것이다. 범죄조직의 일망타진으로 이 영화는 자의반 타의반의 모순을 안고 막을 내린다.

본고에서 현실의 상황과 대중의 심리를 일그러진 거울처럼 반영하고 있는 이 영화에 대해 현실 문제를 '봉합'하려 한다고 비난하려는 것은 아니다. 왜냐하면 힘든 현실이 우리에게 불러일으키는 도피하고픈 심정을 그대로 비추려는 것이 영화의 의도를 볼 수 있기 때문이다. 어쨌든 그 봉합이 영화 내러티브에서 감독이나 작가의 욕망이라기보다 관객의 욕망이었던 것은 아닐까라는 생각이 들기도 한다. 그래서 이 영화를 보며 결론 지을 수 있는 것은 흥행작은 될 수 있어도 문제작은 아니라는 것이다. 그래서인지 또 다른 작가주의의 이름으로 '중국형 범죄코미디'라는 제도와 반제도의 경계를 무너뜨린 영화가 속편[19]으로 이어질 것을 기대해본다.

19) 닝하오는 2006년 BIFF 폐막 이전 가진 인터뷰에서 차기작은 류더화(劉德華)의 포커스필름과 함께 할 가능성이 높지만 〈크레이지 스톤〉 연작은 가급적 하고 싶지 않다고 밝힌 바 있다. 그러나 『씨네21』(2006년 8월)에는 닝하오가 속편인 〈Crazy Traffic Jam〉을 이미 촬영하기로 했다는 기사가 있어 이와 상반된다.

참고문헌

영화, 방송프로그램

강제규 감독, 〈태극기 휘날리며〉(강제규필름, 2003)

닝하오 감독, 〈크레이지 스톤〉(중영화나형뎬잉스유한공사, 2006)

리안 감독, 〈와호장룡〉(콜롬비아트라이스타, 2000)

스티븐 소더버그 감독, 〈오션스 13〉(워너브러더스, 2007)

스티븐 소더버그 감독, 〈오션스 일레븐〉(워너브러더스, 2001)

스티븐 소더버그 감독, 〈오션스 트웰브〉(워너브러더스, 2004)

스티븐 스필버그 감독, 〈라이언일병 구하기〉(파라마운트픽쳐스, 1998)

싸이푸(塞夫), 마이리쓰(麦丽丝) 감독, 〈Genghis Khan〉(내몽고전영공사, 1997)

왕원지에 감독, 〈칭기즈칸〉(KBS1 TV드라마, 2005)

임권택 감독, 〈태백산맥〉(태흥영화사, 1993)

장이머우 감독, 〈연인〉(신화면, 2004)

장이머우 감독, 〈황후花〉(Blue Sky Media, 2006)

정지영 감독, 〈남부군〉(남프로덕션, 1990)

최동훈 감독, 〈범죄의 재구성〉(싸이더스, 2004)

펑샤오강 감독, 〈야연〉(환야 · 화이브라더스, 2006)

펑샤오강 감독, 〈집결호〉(환야 · 화이브라더스, 2007)

논문

강경구, 「馮小剛 賀歲片에 나타난 중국적 현실과 꿈」, 『중국인문과학』 제43집 (중국인문학회, 2009. 12)

권선형, 「기억, 정체성 그리고 문화적 기억으로서의 시대소설」, 『독일언어문학』 제27집(독일언어문학연구회, 2005)

김명석, 「「射雕英雄傳」, 〈東邪西毒〉의 상호텍스트성 비교」, 『中國學論叢』 19집

(고려대중국학연구소, 2006)
김명석, 「江湖之英雄乎中華之偶像乎」, 『中國學論叢』 제22집(고려대중국학연구소, 2007)
김명석, 「金庸「笑傲江湖」의 영화적 변주」, 『中國語文論叢』 30집(중국어문연구회, 2006)
김명석, 「鴛鴦蝴蝶派論爭」, 『中國現代文學』 제22호(中國現代文學學會, 2002. 6)
김명석, 「鴛鴦蝴蝶派小說의 대중성」, 『중국현대문학』 제12호(중국현대문학학회, 1997)
김명석, 「홍콩 대중문학에 나타난 홍콩인의 정체성 연구①」, 『中國學論叢』제25집(고려대학교 중국학연구소, 2009)
김명석, 「江湖之英雄乎中華之偶像乎」, 『中國學論叢』 제22집(고려대학교중국학연구소, 2007. 9)
김성곤, 「탈식민주의 시대의 문학」, 『외국문학』(1992년 여름)
김수정, 양은경, 「동아시아 대중문화물의 수용과 혼종성의 이해」, 『한국언론학보』 50권, 1호(한국언론학회, 2006)
김정원, 「토니 모리슨의 소설 연구-미국흑인의 정체성 탐구와 역사인식」(전남대 박사학위논문, 2001)
김진균 · 정근식, 「식민지 체제와 근대적 규율」, 『근대주체와 식민지 규율편력』(문학과학사, 1997)
김현, 「무협소설이란 왜 읽히는가」, 『현대문학』(1986년 10월호)
김현경, 「펑샤오깡(馮小剛)영화를 통한 상업영화 연구」, 『중국어문논역총간』 제12집(중국어문논역학회, 2004. 1)
레이 초우, 심광현 역, 「종족 영략의 비밀들」, 『흔적』2(2001. 12)
박정선, 「아시아계 미국인에 대한 타자화와 그 문제점」, 『역사비평』 58호(2002, 봄)
서영채, 「문화산업의 논리와 소설의 자리-문학과 문화의 새로운 논리를 위하여」, 『소설과 사상』(1994년 여름호)
신명직, 「가리봉을 둘러싼 탈영토화와 재영토화」, 『로컬리티인문학』 제6호(부산대한국민족문화연구소, 2011. 10)
오경희, 「민족과 젠더의 경계에 선 이산」, 『아시아여성연구소학회지』 제46권, 제1호(2007)

왕샤오밍,「현대중국의 민족주의」,『황해문화』 40호(2003년 가을)
劉京哲,「金庸 武俠小說의 "中國 想像"연구」(서울대대학원중문과 박사논문, 2005)
이한위,「한국 액션/갱스터영화연구:1990년대 작품을 중심으로」(중앙대 공연영상학과 석사논문, 1997)
임춘성,「이주와 디아스포라」,『중국현대문학』 제44호(중국현대문학학회, 2008)
장정아,「'홍콩인' 정체성의 정치」(서울대대학원인류학전공 박사논문, 2003)
정은숙,「이민자들의 로맨스와 혼종화」,『영어영문학』 제55권, 2호(한국영어영문학회, 2009)
조한혜정,「남북 통일의 문화적 차원: 북조선과 남한의 문화적 동질성/이질성 논의와 민족주의 진보주의 담론」, 송자 · 이영선 엮음,『통일 사회로 가는 길』(오름, 1996)
차오쥔빙,「論馮小剛"賀歲片"的樣式特徵與敍述策略」,『중국학논총』 제18집(한국중국문화학회, 2004. 12)
하정일,「한국문학과 탈식민」,『시와 사상』 30호(2001, 세리윤)
황광수,「삶과 역사적 진실성」,『한국문학의 현단계』1(창작과비평사, 1982)

단행본

강대진,『신화와 영화』(작은이야기, 2004)
강성두,『선구자의 신학과 사상』(대한기독교서회, 1995)
강진구,『한국 현대문학의 쟁점들-탈식민 · 역사 · 디아스포라』(제이앤씨, 2007)
고미숙,『한국의 근대성, 그 기원을 찾아서-민족 · 섹슈얼리티 · 병리학』(책세상, 2001)
구동회,『영화 속의 도시』(2004, 한울)
권형진, 이종훈 엮음,『대중독재의 영웅만들기』(휴머니스트, 2005)
김용석,『미녀와 야수 그리고 인간』(푸른숲, 2004)
김용옥,『나는 불교를 이렇게 본다』(통나무, 1999)
김용옥,『東洋學 어떻게 할 것인가』(통나무, 1987)

김용옥, 『새춘향뎐』(통나무, 1987)
김용옥, 『여자란 무엇인가』(통나무, 2000)
대중문학연구회 편, 『무협소설이란 무엇인가』(예림기획, 1997)
대중소설연구회 편, 『신문소설이란 무엇인가?』(국학자료원, 1996)
데본 리, 『콜래보경제학』(흐름, 2008)
드보르, 이경숙 역, 『스펙터클의 사회』(현실문화연구, 1996)
로만 야콥슨, 『문학 속의 언어학』(문학과지성사, 1989)
로빈 우드, 이순진 역, 『베트남에서 레이건까지』(시각과언어, 1996)
롤랑 바르트, 조광희, 한정식 공역, 『카메라 루시다』(열화당, 1998)
루카치, 이영옥 역, 『역사소설론』(거름, 1984)
르네 지라르, 김윤식 역, 『소설의 이론』(삼영사, 1994)
린 헌트, 조한욱 역, 『프랑스혁명의 가족 로망스』(새물결, 1999)
릴라 간디, 이영욱 역, 『포스트식민주의란 무엇인가』(현실문화연구, 2000)
미야자키 마사카츠, 오근영 옮김 · 허부문 감수, 『하룻밤에 읽는 중국사』(중앙 M&B, 2003)
박성봉, 『대중예술의 미학』(동연, 1995)
베네딕트 앤더슨, 윤형숙 역, 『상상의 공동체』(나남출판, 2002)
사마천, 김원중 역, 『사기』(민음사, 2007)
샤오메이 천, 정진배 · 김정아 역, 『옥시덴탈리즘』(강, 2001)
서경식, 김혜신 역, 『디아스포라 기행』(돌베개, 2006)
송희복, 『영상문학의 이해』(2003, 두남)
스튜어트 보이틸라, 김경식 역, 『영화와 신화』(을유문화사, 2005)
아네트 쿤, 『이미지의 힘』(동문선, 2001)
야콥 블루메, 박정미 역, 『화장실의 역사』(이룸, 2005)
에드워드 사이드, 김성곤 · 정정호 역, 『문화와 제국주의』(창, 1995)
에드워드 사이드, 박홍규 역, 『오리엔탈리즘』(교보문고, 1991)
에드워드 사이드, 박홍규 역, 『오리엔탈리즘』(교보문고, 2007)
에리히 프롬, 황문수 역, 『사랑의 기술』(문예출판사, 2006)
연세대 미디어아트연구소 엮음, 『친구』(삼인, 2003)
윌리엄 셰익스피어, 최종철 역, 『햄릿』(민음사, 2001)
윤인진, 『코리안 디아스포라』(고려대출판부, 2005),

이승원, 오선민, 정여울, 『국민국가의 정치적 상상력』(소명출판, 2003)
이양자, 『현대 중국의 탐색』(신지서원, 2004)
이평래, 조관연 외, 『영화 속의 동서양문화』(집문당, 2002)
인훙, 이용욱 역, 『중국 영상문학 연구의 길』(학고방, 2007)
일레인 킴, 최정무, 박유미 역, 『위험한 여성』(삼인, 2001)
자크 데리다, 양운덕 역, 『마르크스의 유령들』(한뜻, 1996)
자크 아탈리, 이효숙 역, 『호모노마드-유목하는 인간』(웅진싱크빅, 2005)
장 보드리야르, 하태환 역, 『시뮬라시옹』(민음사, 2001)
정은경, 『디아스포라문학』(이룸, 2007)
조셉 캠벨, 이윤기 역, 『천의 얼굴을 가진 영웅』(민음사, 2004)
조혜정, 『탈식민지 시대 지식인의 글 읽기와 삶 읽기』(또 하나의 문화, 1994)
진융 소설번역연구회, 「射雕英雄傳」(김영사, 2003)
진융 소설번역연구회, 「神雕俠侶」(김영사 , 2005)
진융 소설번역연구회, 「倚天屠龍記」(김영사 , 2007)
질 들뢰즈, 김상환 역, 『차이와 반복』(민음사, 2004)
질 들뢰즈, 펠릭스 가타리, 김재인 역, 『천 개의 고원』(새물결, 2001)
질 들뢰즈, 펠릭스 가타리, 최명관 역, 『앙티 오이디푸스: 자본주의와 정신분열증』(민음사, 2000)
최병학, 『영상시대의 종교와 윤리』(인간사랑, 2002)
최상식, 『TV드라마 작법』(제3기획, 1994)
코모리 요이치, 송태욱 역, 『포스트콜로니얼-식민지적 무의식과 식민주의적 의식』(삼인, 2002)
토마스 샤츠, 한창호 역, 『할리우드 장르의 구조』(한나래, 1995)
팸 모리스, 강희원 역, 『문학과 페미니즘』(문예출판사, 1997)
푸코, 박정자 역, 『사회를 보호해야 한다』(동문선, 1998)
허버트 J. 갠스, 이은호 역, 『고급문화와 대중문화』(현대미학사, 1996)
헤이르트 홉스테이더, 차재호, 나은영 역, 『세계의 문화와 조직』(학지사, 1995)
홀거 하이데, 강수돌 외 역, 『노동사회에서 벗어나기』(박종철출판사, 2000)
황원권, 『현대철학산책』(백산서당, 1996)

외국자료

「民間從想象到消費: 馮小剛電影研究綜述」(2), 『電影文學』21期(長春電影集團期刊出版社, 2010年)

「民間從想象到消費: 馮小剛電影研究綜述」(3), 『電影文學』21期(長春電影集團期刊出版社, 2010年)

「馮小剛賀歲片〈不見不散〉精彩對白的會話含義解讀」, 『文教資料』第13期(南京師范大學, 2010年)

岡崎由美, 「金庸小說的幻想因素」, 吳曉東, 計璧瑞 編, 『2000′ 北京金庸小說國際研討會論文集』(北京大學出版社, 2002)

桂冠工作室編, 『金庸評傳』(中國社會出版社, 1994)

金庸, 『金庸作品集 』(廣州出版社, 2002)

金庸, 『金庸作品集 』(三聯書店, 1999)

魯迅, 「京派與海派」, 『申報、自由談』(1934년2월3일)

魯迅, 「有無相通」, 『新青年』第6卷, 第6期

廖可斌, 『金庸小說論爭集』(浙江大學出版社, 2000)

范伯群, 『禮拜六的蝴蝶夢』(北京: 人民文學出版社, 1989)

宋偉杰, 『從娛樂行爲到烏托邦衝動』(江蘇人民出版社, 1999)

楊金遠, 「官司」(湖南文藝出版社, 2007)

嚴家炎, 『金庸小說論稿』(北京大學出版社, 1999)

吳涤非, 「世俗之夢: “反英雄”, 中庸哲學與“平民風格”—關于馮小剛的電影創作」, 『電影創作』(2001年3期)

王力行, 『金庸茶館』(1)~(6)(北京: 中國友誼出版公司, 1998年)

王彬彬, 『文壇三戶』(大象出版社, 2001)

禹康植, 『金庸武俠小說與傳統文化精神』(南京大學博士學位論文, 2004)

曹俊兵, 「理念的朴奇到情感的素朴-張藝謀電影近作的藝術追求探析」, 『中國文學研究』제25집(한국중문학회, 2002)

陳墨, 『孤獨之俠』(上海三聯書店, 1999)

陳墨, 『海外新武俠小說論』(雲南: 人民出版社, 1994)

陳墨, 『張藝謀的電影世界』(風雲時代, 2006)

鄒欣星, 毛淑章, 「民間從想象到消費: 馮小剛電影研究綜述」, 『電影文學』 21期(長春電影集團期刊出版社, 2010年)

彭華, 趙敬立, 『金庸傳』(江蘇文藝出版社, 2001)
羅陽富, 「馮小剛賀歲電影風格轉型研究」, 『山東文學』第11期(山東文學社, 2006年)
責任編輯 原霞, 「餐飲公司員工起訴勞動爭議被告扯上股東馮小剛」, 『北京青年報』(2005年4月19日)
陳山 , 「站直了 , 就不會趴下」, 『馮小剛電影研究』序(南京師大碩士論文, 2004年)
Brah, A, 『Cartographies of Diaspora: Contesting Identities』(Routledge, New York, 1996)

기사, 인터넷 자료

「우리시대 지식논쟁」, 『한겨레신문』(2007년 12월 29일)
김재인, 「사회를 떠도는 노마디즘, 개념 불명확해」, 『고대신문』1563호(2007년 5월 20일)
홍윤기, 「실체없는 유목주의, 이미지만 떠돈다」, 『한겨레신문』(2007년 12월 29일)
http://100.naver.com/100.nhn?docid=29229
http://100.naver.com/100.nhn?docid=52470
http://news.sina.com.cn/c/2008-01-14/123514738916.shtml

찾아보기

상업영화, 중국을 말하다

초판 1쇄 발행 2016년 2월 15일

지은이 김명석
펴낸이 강수걸
편집장 권경옥
편집 윤은미 양아름 문호영 정선재
디자인 권문경 박지민
펴낸곳 산지니
등록 2005년 2월 7일 제14-49호
주소 부산광역시 연제구 법원남로15번길 26 위너스빌딩 203호
전화 051-504-7070 | 팩스 051-507-7543
홈페이지 www.sanzinibook.com
전자우편 sanzini@sanzinibook.com
블로그 http://sanzinibook.tistory.com

ISBN 978-89-6545-337-6 94680
978-89-92235-87-7(세트)

*책값은 뒤표지에 있습니다.
*이 도서의 국립중앙도서관 출판예정도서목록(CIP)은 서지정보유통지원시스템 홈페이지(http://seoji.nl.go.kr)와 국가자료공동목록시스템(http://www.nl.go.kr/kolisnet)에서 이용하실 수 있습니다.(CIP 제어번호: CIP 2016001270)